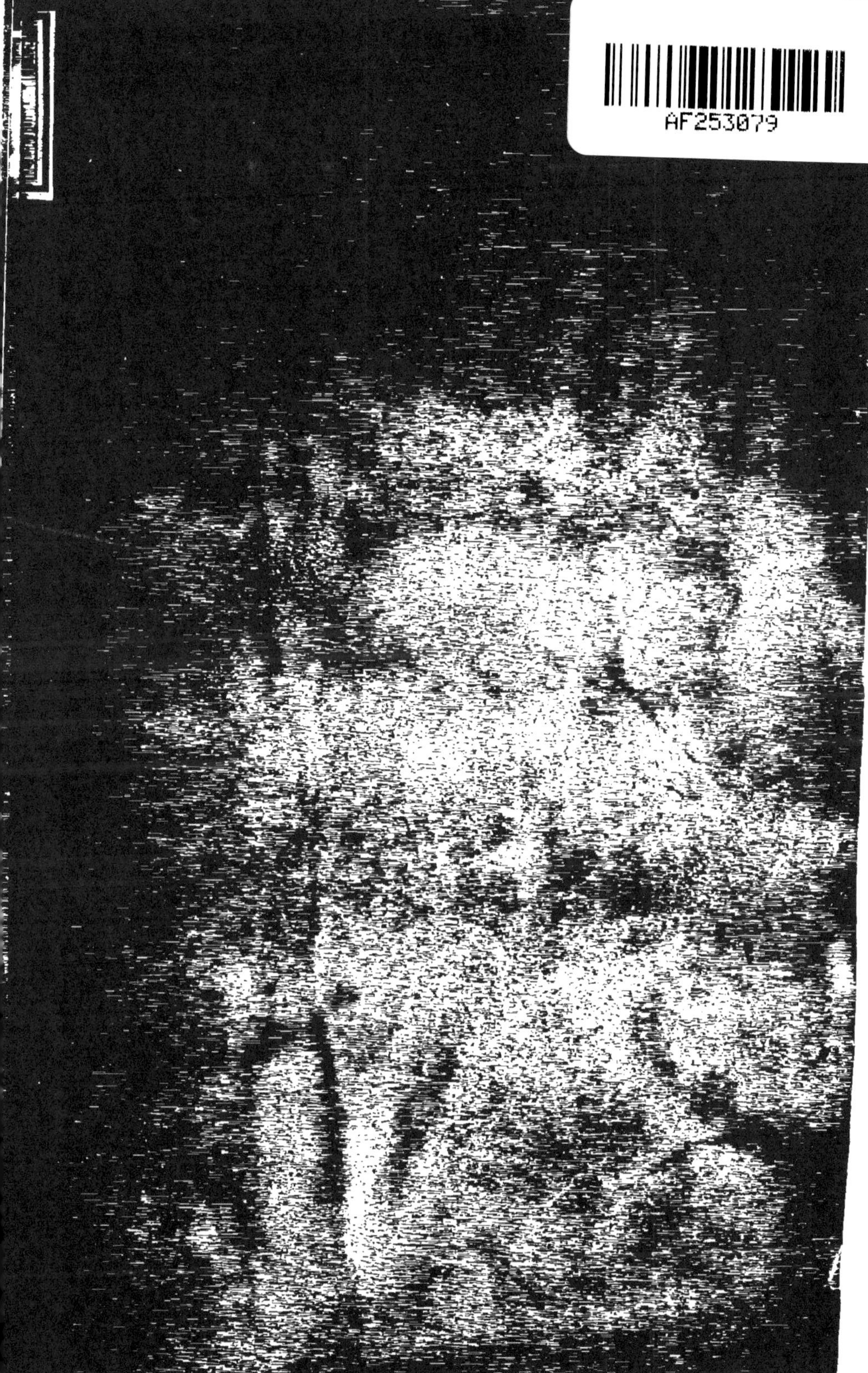
AF253079

ABRÉGÉ

DE GÉOGRAPHIE

UNIVERSELLE ET MODERNE.

A NANTES,

Imprimerie d'HÉRAULT, rue de Guérande.

1830.

AVERTISSEMENT.

L'ÉTUDE de la Géographie comprend trois branches principales : la Géographie astronomique et mathématique, la Géographie physique et la Géographie politique ou civile. On n'a traité, dans cet Ouvrage, que les deux dernières parties, le Cours de Géographie astronomique se faisant à part, dans le Pensionnat auquel ce Livre est destiné.

ABRÉGÉ

DE GÉOGRAPHIE.

Division de la Terre.

Demande. QU'EST-CE que la *Géographie* ?
Réponse. C'est une science qui enseigne le nom et la situation des divers pays de la terre.

Que signifie le mot *Géographie* ? — Il signifie *description de la terre*.

Quelle est la forme de la terre ? — La terre est à peu près ronde, elle a la forme d'une boule.

Comment peut-on déterminer la situation des divers pays de la terre ? — Par le moyen des quatre points cardinaux.

Quels sont les quatre points cardinaux ? Ce sont : *le levant, le couchant, le nord* et *le midi.*

Qu'est-ce que *le levant* ? — C'est l'endroit où le soleil semble se lever.

Qu'est-ce que *le couchant* ? — C'est le côté où le soleil semble se coucher, et qui est opposé au levant.

Qu'est-ce que *le nord* ? — C'est la partie qui se présente à nos yeux lorsque nous avons le levant à notre droite, et le couchant à notre gauche.

Qu'est-ce que *le midi?* — C'est le point opposé au nord.

Les quatre points cardinaux n'ont-ils pas d'autres noms ? — Le levant s'appelle encore *Est* ou *Orient ;* le couchant, *Ouest* ou *Occident ;* le nord, *Septentrion ;* le midi, *Sud.* Le nord s'appelle aussi quelquefois *Pôle arctique*, et le midi *Pôle antarctique.*

En quel endroit d'une carte de géographie sont marqués les quatre points cardinaux ? — Dans une carte régulière, le levant est à la droite de celui qui la regarde, le couchant est à sa gauche ; le nord, au haut de la carte, et le midi, au bas.

Principaux termes de Géographie.

En combien de parties principales divise-t-on la terre ? — En cinq parties, qui sont : *l'Europe*, *l'Asie*, *l'Afrique*, *l'Amérique* et *l'Océanie.*

Quels sont les noms qui servent à désigner les différentes parties de la terre ? — Ce sont : *continents*, *contrées*, *îles*, *îlots*, *presqu'îles*, *caps*, *isthmes*, *côtes*, *plages ; grèves*, *montagnes*, *chaînes de montagnes*, *volcans*, *collines*, *coteaux*, *plateaux*, *vallées ; vallons*, *gorges* ou *défilés*, *dunes*, *déserts*, *plaines*, *forêts*, *villes*, *capitales*, *bourgs*, *villages* et *hameaux.*

Qu'est-ce qu'un *continent?* — C'est le plus grand espace de terre qu'on puisse parcourir sans passer la mer.

Combien y a-t-il de continents? — Il y en a trois : l'ancien, qui comprend *l'Europe*, *l'Asie* et *l'Afrique ;* le nouveau, qui comprend *l'Amérique*, et *la Nouvelle-Hollande*, qui fait partie de *l'Océanie.*

Qu'est-ce qu'une *contrée?* — C'est une grande

étendue de terre qui renferme une nation entière. On entend par nation les habitants d'un même pays , vivant sous les mêmes lois et parlant la même langue.

Qu'est-ce qu'une *île* ? — C'est une portion de terre entourée d'eau de tous côtés. Un *îlot* est une très-petite île.

Qu'est-ce qu'une *presqu'île* ? — Une presqu'île ou péninsule est un espace de terre entouré d'eau excepté par un seul endroit.

Qu'est-ce qu'un *isthme* ? — C'est une langue de terre qui joint la presqu'île au continent.

Qu'est-ce qu'un *cap* , ou *promontoire* ? — C'est une terre élevée qni s'avance dans la mer.

Qu'appelle-t-on *côtes* ? — Ce sont les terres qui bordent la mer.

Qu'appelle-t-on *plage* ? — C'est un rivage plat où les vaisseaux peuvent aborder.

Qu'appelle-t-on *grève* ? — Le bord de la mer , que le flux couvre et découvre.

Qu'est-ce qu'une *montagne* ? — C'est une grande masse de terre ou de roc fort élevée au-dessus de la surface du globe : une montagne très-haute prend le nom de *pic*.

Qu'appelle-t-on *chaîne de montagnes* ? — Une suite de montagnes qui se prolongent à une grande distance.

Qu'est-ce qu'un *volcan* ? — C'est une montagne qui s'ouvre , et d'où il sort des tourbillons de feu et des matières embrâsées. L'ouverture de ce gouffre se nomme *cratère*.

Qu'est-ce qu'une *colline* ? — C'est une petite montagne : on appelle *coteau* une petite colline.

Qu'appelle-t-on *plateaux* ? — Ce sont de grandes masses de terre élevées , d'où partent les chaînes de montagnes.

Qu'est-ce qu'une *vallée* ? — C'est l'espace compris entre deux montagnes : on appelle *vallon* l'espace compris entre deux collines.

Qu'appelle-t-on *gorge*, ou *défilé*? — On appelle ainsi un chemin étroit et resserré entre deux montagnes.

Qu'appelle-t-on *dunes*? — Ce sont de petites collines de sable sur le bord de la mer.

Qu'est-ce qu'un *désert*? — C'est une plaine immense de sable, où il ne croît aucun arbre.

Qu'est-ce qu'une *plaine*? — C'est une grande étendue de terre sans élévations sensibles.

Qu'appelle-t-on *forêt*? — C'est une grande quantité d'arbres réunis dans un même lieu.

Qu'est-ce qu'une *ville*? — C'est un amas de maisons quelquefois entouré de murs, où l'on cultive les sciences et les arts.

Qu'est-ce qu'une *capitale*? — C'est la ville la plus considérable d'un état, et où réside ordinairement le souverain.

Qu'est-ce qu'un *bourg*! — C'est un amas de maisons dont les habitants sont cultivateurs, et où il se tient périodiquement des foires et des marchés.

Qu'est-ce qu'un *village*? — C'est un petit amas de maisons dont les habitants sont cultivateurs.

Qu'est-ce qu'un *hameau*? — C'est une portion de village séparée de son corps principal.

Quels sont les noms qui servent à désigner les différentes parties de l'eau? — Ce sont: *océans, mers, golfes, baies, anses, hâvres, détroits, fleuves, rivières, ruisseaux, lacs, canaux, torrents, étangs, fontaines, marais, lagunes, rades, syrtes, écueils, brisants, archipels, marées, glaciers, courants.*

Qu'appelle-t-on *océan*? — C'est une grande étendue d'eau dont la communication n'est pas interceptée par des terres.

Qu'est-ce qu'une *mer*? — C'est une grande

étendue d'eau salée où les fleuves se déchargent.

Qu'est-ce qu'un *golfe* ? — C'est une portion de mer qui s'avance dans les terres ; une *baie* est un petit golfe ; une *anse* est une petite baie, enfin on appelle *hâvre* une petite anse.

Qu'est-ce qu'un *détroit* ? — C'est une portion de mer qui passe entre deux terres fort proches l'une de l'autre.

Qu'appelle-t-on *fleuve* ? — C'est une grande quantité d'eau douce qui va se jeter dans la mer.

Qu'est-ce qu'une *rivière* ? — C'est une moindre quantité d'eau qui se décharge dans un fleuve. On appelle *ruisseau* un petit courant d'eau qui se jette dans une rivière.

Qu'appelle-t-on *confluent* ? — C'est l'endroit où deux rivières se réunissent.

Qu'est-ce que le lit d'un fleuve ou d'une rivière ? — C'est l'endroit où le courant paraît le plus sensible.

Qu'appelle-t-on l'embouchure d'un fleuve ou d'une rivière ? — C'est l'endroit où la rivière et le fleuve perdent leur nom, et se jettent dans la mer.

Qu'appelle-t-on la source d'un fleuve ? — C'est l'endroit où il commence.

Qu'est-ce que le dessus et le dessous d'un fleuve ? — Le dessus est l'endroit qui approche le plus de la source ; et le dessous, le lieu le plus près de son embouchure.

Qu'est-ce qu'un *canal* ? — C'est une rivière artificielle creusée par la main des hommes, pour établir une communication d'une mer ou d'une rivière à une autre.

Qu'est-ce qu'un *torrent* ? — C'est un courant fort rapide qui provient des pluies abondantes ou de la fonte des neiges.

Qu'est-ce qu'un *lac* ? — C'est une grande quantité d'eau dormante entourée de terre.

Qu'est-ce qu'un *étang?* — C'est un petit lac où l'on conserve du poisson.

Qu'est-ce qu'une *fontaine?* — C'est une eau de source d'où il sort presque toujours un fleuve ou une rivière.

Qu'appelle-t-on *marais?* — Ce sont des eaux dormantes qui se dessèchent quelquefois.

Qu'appelle-t-on *lagunes?* — Ce sont des parties de mer, près des terres, qui forment des espèces de marais.

Qu'est-ce qu'une *rade?* — C'est un espace de mer peu éloigné des terres, où les vaisseaux peuvent jeter l'ancre et être à l'abri de certains vents.

Qu'appelle-t-on *syrtes*, *écueils*, *brisants?* — Ce sont des parties de côtes périlleuses, des rochers sous l'eau ou qui se découvrent, sur lesquels la mer se brise en écumant, et qui causent des naufrages.

Qu'est-ce qu'un *archipel?* — C'est un endroit de la mer entre-coupé d'îles ; mais on donne particulièrement ce nom à cette partie de la Méditerranée que les anciens appelaient mer Égée.

Qu'est-ce qu'un *glacier?* — C'est un amas éternel de glaces et de neiges qui ont ordinairement une direction inclinée ; ils sont entre-coupés de profonds précipices, et ils offrent mille formes bizarres à ceux qui osent les considérer de près.

Qu'est-ce qu'un *courant?* — C'est un endroit de la mer où la vivacité du mouvement des eaux entraîne les vaisseaux hors de leur route.

Qu'appelle-t-on *marée?* — C'est le mouvement régulier de la mer, qui produit le flux et le reflux deux fois en vingt-quatre heures.

Qu'est-ce que le *flux* et le *reflux?* — C'est le mouvement de la mer par lequel elle se gonfle de manière à s'épancher sur les terres : le flux dure environ six heures, et le reflux autant.

EUROPE.

L'EUROPE est la plus petite des trois parties de l'ancien continent, mais elle est la plus peuplée et la plus civilisée. Sa température est en général douce et modérée ; au nord, elle est froide, mais pas assez pour nuire à la population et aux progrès de la civilisation ; au midi, il ne fait pas de chaleurs assez vives pour en rendre le séjour désagréable : elle produit tout ce qui suffit aux besoins des hommes, et tout ce qui fait leurs richesses.

ÉTENDUE. { Longueur 1,100 lieues.
{ Largeur..... 900 lieues.

LIMITES. — L'Europe est bornée au nord par la mer Glaciale ; à l'ouest, par l'océan Atlantique ; au sud, par la mer Méditerranée, qui la sépare de l'Afrique, et à l'est, par la partie occidentale de l'Asie.

DIVISION. — On divise l'Europe en dix-huit contrées, dont cinq au nord, huit au milieu et cinq au midi.

Les cinq au nord sont :
1.° LES ILES BRITANNIQUES, qui comprennent principalement : l'ANGLETERRE, capitale *Londres,* dont l'église métropolitaine, dédiée à Saint-Paul, est une des plus belles du monde, après Saint-Pierre de Rome ; où est une colonne bâtie en mémoire d'un incendie qui, en 1666, détruisit une grande partie de la ville ; qui contient au-delà de neuf cent mille habitants, et dont les rues ont, de chaque côté, de très-beaux trottoirs pour la commodité et la sûreté des piétons. L'ÉCOSSE, capitale *Édimbourg,* située près de l'embouchure du Forth. L'IRLANDE, capitale *Dublin,* qui a les plus grandes casernes de l'Europe.

2.º LE DANEMARCK, capitale *Copenhague*, située dans l'île de Séeland.

3.º LA SUÈDE, capitale *Stockholm*, située sur sept petites îles et deux presqu'îles, et bâtie sur pilotis. Sa situation pittoresque frappe les étrangers. Son port est spacieux et commode, l'eau en est claire comme le cristal, et ce port est si profond, que les navires les plus considérables peuvent approcher du quai.

4.º LA NORWÈGE, capitale *Christiana*, ou *Anslow*, qui a un excellent port sur le Cattégat. Elle a deux noms : l'un tiré de Christian IV, roi de Danemarck, qui la fit bâtir, et l'autre tiré de la baie sur laquelle elle est bâtie.

5.º LA RUSSIE, capitale *Saint-Pétersbourg*, dont le nom signifie *bourg de Pierre*, et qui a été bâtie par Pierre - le - Grand, en l'honneur de l'apôtre Saint Pierre.

Les huit au milieu sont :

1.º LA FRANCE, capitale *Paris*, dont le nom latin est *Lutetia*, qui possède un des plus beaux musées de peinture et de sculpture qui soit au monde.

2.º LES PAYS-BAS, qui comprennent LA HOLLANDE, capitale *Amsterdam*, qui tire son nom de la rivière *Amstel* et du mot *dam*, qui signifie *digue* ; LA BELGIQUE, capitale *Bruxelles*, qui est la plus belle ville des Pays-Bas, et est renommée par ses dentelles.

3.º L'ALLEMAGNE, ou Confédération germanique, divisée en plusieurs états dont les principaux sont : LA BAVIÈRE, capitale *Munich*, sur l'Isère; LA SAXE, capitale *Dresdè*, agréablement située sur l'Elbe, et LA BOHÉME, capitale *Prague*, sur la Moldaw, où l'on admire dans l'église de Saint-Jacques un grand autel de la Vierge, orné de deux belles colonnes en cristal de roche et d'un câdre de même matière.

4.º L'EMPIRE D'AUTRICHE , capitale *Vienne*, sur le Danube.

5.º LA PRUSSE, capitale *Berlin*, sur la Sprée.

6.º LA POLOGNE , capitale *Varsovie*, sur la Vistule.

7.º LA HONGRIE. — capitale *Presbourg*, sur le Danube.

8.º LA SUISSE, divisée en 22 cantons : villes principales *Bâle* et *Berne* dont le nom signifie *Ours*, dans la langue du pays. Elle fut ainsi nommée parce que son fondateur y tua un de ces animaux, lorsqu'il commençait à la bâtir.

Les cinq au midi sont :

1.º LE PORTUGAL , capitale *Lisbonne*, sur le Tage , son port est regardé comme un des plus grands et des meilleurs de l'Europe.

2.º L'ESPAGNE , capitale *Madrid*, sur le Mançanarès.

3.º L'ITALIE , divisée en plusieurs états dont les principaux sont : LE PIÉMONT , capitale *Turin*, qui est remarquable par la beauté de ses édifices et l'alignement de ses rues, et où l'on a construit une écluse qui distribue l'eau dans tous les quartiers pour nettoyer les rues. LE DUCHÉ DE MILAN, capitale *Milan*, qui fut détruite jusqu'aux fondements par l'empereur Frédéric Barberousse , à cause de l'insulte que les habitants avaient faite à l'impératrice sa femme, en la promenant dans les rues, sur un âne. L'ÉTAT DE VENISE , capitale *Venise*, située sur 72 îles qui communiquent entr'elles par des ponts. Les voitures ne sont pas en usage à Venise ; on se sert de bateaux que l'on nomme *gondoles* pour aller dans tous les quartiers, par le moyen des canaux. On y admire la superbe église de Saint-Marc, dont le sommet doré est terminé par une figure d'ange qui lui sert de girouette. LES ÉTATS DU PAPE , capitale *Rome* , baignée par le Tibre , fut bâtie sur 7 collines, 753 ans avant Jésus-Christ. On y admire principalement le *Vatican* , palais du Pape en hiver , qui contient une des plus riches bibliothèques qu'il y ait au monde ; l'église de Saint-Pierre , le plus bel édifice de l'univers ; et beaucoup d'anciens monuments. Hors de la ville sont les Catacombes, qui s'étendent sous terre à une assez grande distance , où l'on voit les tombeaux des martyrs que les chrétiens y enterraient secrètement pendant les trois premiers siècles. LE ROYAUME DE NAPLES, capitale *Naples*, cette ville serait une des plus délicieuses demeures de l'Europe, si le mont Vésuve, qui se trouve dans son voisinage , ne la menaçait pas d'une entière destruction , et si son territoire n'était pas infecté d'insectes et de reptiles dont plusieurs sont venimeux.

4.º LA TURQUIE , capitale *Constantinople,* qui a été bâtie sur les ruines de l'ancienne *Bysance* , par l'empereur Constantin, qui lui donna son nom. Les Turcs la nomment maintenant *Stamboul* , elle a deux grands faubourgs habités par les européens et les ministres étrangers, qui n'ont pas la permission de demeurer dans la ville. Rien de plus beau que l'extérieur de Constantinople , et il faut être dans son sein pour en connaître les désagréments. Les rues y sont étroites et mal pavées. On y remarque le palais du Sultan et des mosquées magnifiques , surtout celle de Sainte-Sophie. Constantinople a presque un million d'habitants.

5.º LA GRÈCE , villes principales *Athènes* et *Corinthe.*

Quelle est la capitale de l'Angleterre ? —

Londres. —Qu'est-ce que l'Angleterre? —C'est une des dix-huit contrées de l'Europe et une des cinq au nord.

Quelle est la capitale du Danemarck ? — *Copenhague.*—Qu'est-ce que le Danemarck?— C'est une des dix-huit contrées de l'Europe et une des cinq au nord.

Quelle est la capitale de la Suède ? — *Stockholm.* — Qu'est-ce que la Suède ? — C'est une des dix-huit contrées de l'Europe et une des cinq au nord.

Quelle est la capitale de la Norwège ? — *Christiana.* — Qu'est-ce que la Norwège ? — C'est une des dix-huit contrées de l'Europe et une des cinq au nord.

Quelle est la capitale de la Russie ?—*Saint-Pétersbourg.* — Qu'est-ce que la Russie ? — C'est une des dix-huit contrées de l'Europe et une des cinq au nord.

Quelle est la capitale de la France ? — *Paris.* — Qu'est-ce que la France ? — C'est une des dix-huit contrées de l'Europe et une des huit au milieu.

Quelle est la capitale de l'Autriche ? — *Vienne.* — Qu'est-ce que l'Autriche ? — C'est une des dix-huit contrées de l'Europe et une des huit au milieu.

Quelle est la capitale de la Pologne ? — *Varsovie.* — Qu'est-ce que la Pologne ? — C'est une des dix-huit contrées de l'Europe et une des huit au milieu.

Quelles sont les villes principales des Pays-Bas ? — *Amsterdam, Rotterdam, la Haïe.* — Qu'est ce que les Pays-Bas ? — C'est une des dix-huit contrées de l'Europe et une des huit au milieu.

Qelles sont les villes principales de la Suisse ? — *Berne, Bâle, Lucerne* et *Zurich.* — Qu'est ce que la Suisse ? — C'est une des dix-huit contrées de l'Europe et une des huit au milieu.

Quelle est la capitale de la Prusse ? — *Berlin.* — Qu'est-ce que la Prusse ? — C'est une des dix-huit contrées de l'Europe et une des huit au milieu.

Quelle est la capitale de la Hongrie ? — *Presbourg.* — Qu'est-ce que la Hongrie ? — C'est une des dix-huit contrées de l'Europe et une des huit au milieu.

Quelle est la capitale du Portugal ? — *Lisbonne.* — Qu'est-ce que le Portugal ? — C'est une des dix-huit contrées de l'Europe et une des cinq au midi.

Quelle est la capitale de l'Espagne ? — *Madrid.* — Qu'est-ce que l'Espagne ? C'est une des dix-huit contrées de l'Europe et une des cinq au midi.

Quelles sont les villes principales de l'Italie ? — *Rome*, *Turin*, *Milan*, *Venise* et *Naples*. — Qu'est-ce que l'Italie ? — C'est une des dix-huit contrées de l'Europe et une des cinq au midi.

Quelle est la capitale de la Turquie ? — *Constantinople.* — Qu'est-ce que la Turquie ? C'est une des dix-huit contrées de l'Europe et une des cinq au midi.

Quelles sont les villes principales de la Grèce ? — *Athènes* et *Corinthe.* — Qu'est-ce que la Grèce ? — C'est une des dix-huit contrées de l'Europe et une des cinq au midi.

MERS. — L'Europe est baignée par quatorze Mers, dont trois grandes et onze petites.

Les trois grandes sont : l'océan Glacial, au nord ; l'océan Atlantique, au couchant ; la mer Méditerranée, au midi.

Les onze petites sont : la mer Blanche, formée par l'océan glacial ; la mer Baltique, la mer du Nord, la mer de la Manche et la mer d'Irlande, formées par l'océan Atlantique ; la mer Adriatique, la mer Ionienne, l'Archipel, la mer de Marmara, la mer Noire et la mer d'Azof ou de Zabache, formées par la Méditerranée.

GOLFES — Il y a douze Golfes en Europe, quatre grands et huit petits.

Les quatre grands sont : le golfe de Bothnie, entre la Suède et la Russie : le golfe de Finlande, en Russie ; la Baie de Biscaye ou golfe de Gascogne, entre la France et l'Espagne, et le golfe de Venise ou mer Adriatique, entre l'Italie, l'Autriche et la Turquie.

Les huit petits sont : le golfe de Livonie ou de Riga, en Russie ; le Zuiderzée, dans les Pays-Bas : le golfe de Valence, à l'orient de l'Espagne ; le golfe de Lyon, au midi de la France ; le golfe de Gênes, au nord-ouest de l'Italie ; le golfe de Tarente, au sud-est de l'Italie ; le golfe de Lépante, en Grèce, et le golfe de Salonique ou de Théssalonique, au midi de la Turquie.

DÉTROITS. — Il y a quinze Détroits en Europe. Huit au nord, ce sont : le détroit de Waigatz, au nord de la Russie : le Cattégat, entre la Suède et le Jutland : le Sund, qui sépare le Danemarck de la Suède, à l'entrée de la mer Baltique ; le grand Belt, entre l'île de Séeland et l'île de Fionie ; le petit Belt, entre le Jutland et l'île de Fionie ; le Pas-de-Calais, qui sépare l'Angleterre de la France ; le canal de Saint-Georges, au sud de l'Irlande ; et le canal du Nord, au nord de la mer d'Irlande.

Les sept au midi sont : le détroit de Gibraltar, entre l'Espagne et l'Afrique, il joint l'Océan à la Méditerranée : le détroit de Boniface, entre l'île de Corse et la Sardaigne ; le détroit

ou phare de Messine, entre la Sicile et l'Italie;
le canal d'Otrante, entre l'Italie et la Turquie,
qui joint la mer Ionienne à la mer Adriatique;
le détroit de Gallipoli, qui joint l'Archipel à
la mer de Marmara, et le détroit de Constantinople, qui joint la mer de Marmara à la
mer Noire : ces deux derniers détroits séparent
la Turquie d'Europe de l'Asie : enfin le détroit
d'Iénikale ou de Caffa, qui joint la mer Noire
à la mer d'Azof.

ILES. — Il y a en Europe soixante-six îles
remarquables : savoir : cinq dans la mer Glaciale,
ce sont : le Spitzberg, la Nouvelle-Zemble,
l'île de Waigatz, l'île de Kalgouef et les îles
de Loffoden.

Quinze dans l'océan Atlantique, dont trois
grandes, savoir : la Grande-Bretagne, l'Irlande
et l'Islande : douze petites, savoir : les îles
Feroé, les Schetland, les Orcades, les Hébrides,
les îles Sorlingues, l'île d'Ouessant, l'île de
Groays, Belle-Ile, l'île de Noirmoutier, l'Ile-
Dieu, l'île de Ré et l'île d'Oléron.

Onze dans la Méditerranée, dont trois
grandes, savoir : la Corse, la Sardaigne et la
Sicile : huit petites qui sont : l'île de Formentera,
l'île d'Ivica, l'île Majorque, l'île Minorque,
les îles de Lipari et l'île de Malte.

Onze dans la mer Baltique, qui sont : les
îles d'Aland, de Dagho, d'Oesel, de Gothland,
d'Oeland, de Rugen, de Bornholm, de Laland,
de Falster, de Séeland et de Fionie.

Cinq dans la mer du Nord, qui sont : les
îles Sylt, d'Héligoland, de Texel, les îles
de la Zélande, et l'île de Sheppey.

Deux dans la mer d'Irlande, ce sont l'île
de Man et l'île d'Anglesey.

Quatre dans la Manche, ce sont : les îles
de Wight, d'Aurigny, de Guernesey et de
Jersey.

Sept dans la mer Ionienne , ce sont : les îles de Corfou , de Paxo , de Sainte-Maure , de Théaki , de Céphalonie , de Zante et de Cérigo.

Dans le golfe Adriatique , les îles Illyriennes.

Cinq dans l'Archipel, savoir : l'île de Candie , l'île de Négrepont , l'île de Lemnos ou de Stalimène , les Sporades et les Cyclades.

Iles de la mer Glaciale. Ce sont : le Spitzberg, la Nouvelle-Zemble , l'île de Waigatz et l'île de Kalgouef , elles appartiennent à la Russie , et les îles de Loffoden appartiennent à la Norwège.

Grandes Iles de l'Océan Atlantique. — Ce sont : la Grande-Bretagne , villes principales Londres et Édimbourg : l'Irlande , capitale Dublin ; l'Islande , Reikiavik : Il y a peu d'années encore , c'était Skalholt. La Grande-Bretagne et l'Irlande font partie des îles Britanniques , et l'Islande appartient au Danemarck.

Petites Iles de l'Océan Atlantique. — Ce sont : les îles de Féroë , qui appartiennent au Danemarck ; les îles Shetland , les Orcades , les Hébrides, les Sorlingues , qui appartiennent aux îles Britanniques ; les îles d'Ouessant , de Groays , Belle-Ile , île de Noirmoutier , île Dieu , île de Ré et d'Oléron , sur la côte de la France , à qui elles appartiennent.

Grandes Iles de la Méditerranée. — Ce sont : l'île de Corse , capitale Bastia , elle appartient à la France ; la Sardaigne, capitale Cagliari , qui appartient au roi de Sardaigne ; la Sicile , capitale Palerme , ville principale Messine , qui appartient au roi de Naples.

Petites Iles de la Méditerranée. — Ce sont : l'île de Formentera ; l'île d'Ivica, capitale Ivica ; l'île de Majorque , capitale Palma ; l'île de Minorque, capitale Citadella , ville principale, le Port-Mahon ; on les appelle îles Baléares : elles appartiennent à l'Espagne. Les îles d'Hyères, au midi de la France, à qui elles appartiennent ; l'île d'Elbe , vis-à-vis de Piombino , capitale Porto-Ferrajo , ville principale, Porto-Longone, qui appartient au grand duc de Toscane ; les îles de Lipari, dont la principale est Lipari, elles appartiennent au roi de Naples ; l'île de Malte , capitale Lavallette , elle appartient à l'Angleterre.

Iles sur la mer Baltique. — Ce sont : les îles d'Aland, de Dagho, d'Oesel, qui appartiennent à la Russie ; de Gothland, d'Oeland, qui appartiennent à la Suède ; de Rugen, qui appartient à la Prusse ; de Bornholm , de Laland , de Falster , de Séeland , capitale Copenhague , et de Fionie ou Funen, capitale Odensée , qui appartiennent au roi de Danemarck.

Iles de la mer du Nord. — Ce sont : l'île de Sylt, qui appartient au Danemarck ; l'île de Texel et celles de la Zélande, dont la principale est Walcheren , qui appartiennent aux Pays-Bas ; les îles d'Heligoland et de Sheppey , qui appartiennent à l'Angleterre.

Iles de la mer d'Irlande. — Ce sont : l'île de Man , capitale Douglas ; l'île d'Anglesey, capitale Beaumaris ; elles font partie des îles Britanniques.

Iles de la Manche. — Ce sont : l'île de Wight , capitale New-port ; l'île d'Aurigny , capitale Sainte-Anne ; l'île de Guernesey, capitale Saint-Pierre , et l'île de Jersey, capitale Saint-Hélier ; elles appartiennent à l'Angleterre.

Iles Illyriennes. — La principale est Cherzo, elles appartiennent à l'Autriche.

Iles de la mer Ionienne. — Ce sont : les îles de Corfou , de Paxo, de Sainte-Maure , de Téaki , de Céphalonie , de Zante et de Cérigo, autrefois Cythère. Elles forment un état séparé, sous la protection de l'Angleterre.

Iles de l'Archipel. — Ce sont : l'île de Candie , capitale Candie ; les Cyclades , îles principales , Andros , Tine , Myconi , Naxos , Paros et Milo ; les Sporades , îles principales , Lemnos , Mytilène , Scio , Samos et Cos ; elles appartiennent à la Turquie.

PRESQU'ILES. — Il y a six presqu'îles en Europe , dont trois grandes et trois petites.

Les trois grandes sont : la Suède avec la Norwège , entourées par le golfe de Bothnie , la mer Baltique , la mer du Nord et l'océan Atlantique ; l'Espagne avec le Portugal , entre l'Océan et la Méditerranée ; et l'Italie , entourée par la Méditerranée , la mer Ionienne , le golfe de Tarente et le golfe de Venise.

Les trois petites sont : le Jutland , en Danemarck , entre la mer du Nord et la mer Baltique ; le Péloponèse ou la Morée , en Grèce , entouré par le golfe de Lépante , la mer Ionienne , la Méditerranée et l'Archipel : la Crimée , en Russie , entre la mer Noire et la mer d'Azof.

CAPS. — Il y a dix-sept Caps en Europe , qui sont : le cap Nord , au nord de la Laponie ; le cap Nase ou Lindsness , au midi de la Norwège ; le cap Skagen , au nord du Jutland ; le cap Cleark , au sud-ouest de l'Irlande ; le cap Landsend et le cap Lezard , au sud-ouest de l'Angleterre ; le cap de la Hogue , au nord-ouest de la France ; les caps Ortégal et Finistère , au nord-ouest de l'Espagne ; le cap Saint-Vincent , au sud du Portugal ; le cap Trafalgar , au sud-ouest de l'Espagne ; le cap Saint-Martin , à l'orient de l'Espagne , vis-à-vis de l'île d'Ivica ; le cap Corse , au nord de la Corse ; le cap Tavalaro , au midi de la Sardaigne ; le cap Passaro , au midi de la Sicile ; le cap Spartivento , au midi de l'Italie ; et le cap Matapan , au sud du Poloponèse.

ISTHMES. — Il y a deux Isthmes en Europe, qui sont : l'isthme de Corinthe , qui joint la Morée à la Turquie, et l'isthme de Pérécop , qui joint la Crimée à la Russie.

LACS. — Il y a vingt-cinq Lacs en Europe, dont neuf au nord , sept au milieu et neuf au midi. Les neuf au nord sont : les lacs Wener, Wetter , Meler , en Suède ; les lacs Saïma, Onéga, Ladoga , Peipus , Ilmen et le lac Blanc ou Bielo , en Russie. Les sept au milieu sont : les lacs de Neufchâtel , de Genève , de Lucerne et de Zurich, en Suisse ; le lac de Constance, entre la Suisse et l'Allemagne ; les lacs Neusiedel et Balaton , en Hongrie. Les neuf au midi sont : le lac Majeur et le lac de Lugano, entre la Suisse et l'Italie : les lacs de Côme , de Garde , de Comarchio , de Pérouse , de Bolsena et de Célano , en Italie ; le lac de Zante ou de Scutari , en Turquie.

CHAINES DE MONTAGNES. — Il y a en Europe seize Chaînes de Montagnes dont huit grandes et huit petites. Les huit grandes sont : les monts Ourals , entre l'Europe et l'Asie ; les monts de Kolen ou Alpes Scandinaves, entre la Norwège et la Suède ; les Pyrennées, entre la France et l'Espagne ; les Alpes, entre la France et l'Italie ; les Apennins , qui parcourent toute la longueur de l'Italie ; les monts Krapaks , dans l'empire d'Autriche ; les monts Balkans, ou la chaîne de l'Hémus, en Turquie ; le mont Caucase , qui s'étend depuis la mer Noire jusqu'à la mer Caspienne.

Les huit petites sont : les monts Cheviots , entre l'Angleterre et l'Écosse ; les Vosges , à l'orient de la France ; le Jura, entre la France et la Suisse ; les Cévennes, au midi de la France ; les Asturies, la sierra d'Estrella, la sierra Morena et la sierra Nevada, en Espagne.

MONTS PRINCIPAUX DANS LES GRANDES CHAINES DE MONTAGNES. — Le mont Maudit et le mont Perdu, dans les Pyrennées; le mont Simplon, le mont Rose, le mont Furca, le mont Saint-Gothard, le mont Saint-Bernard, le mont Blanc, point le plus élevé de l'Europe ; le mont Cénis, le mont Viso, dans les Alpes ; et le mont Gargano ou Saint-Ange, dans les Apennins.

MONTS PRINCIPAUX DANS LES PETITES CHAINES DE MONTAGNES. — Le mont Lozere, dans les Cévennes, les monts d'Auvergne, dont les points les plus élevés sont : le Cantal, le Puy-de-Dôme et le mont d'Or

VOLCANS PRINCIPAUX. — Il y en a trois qui sont : le mont Etna ou Gibel, en Sicile ; le mont Vésuve, en Italie, près de Naples ; et le mont Hécla, en Islande.

FLEUVES. — Il y a quarante deux Fleuves en Europe.

Un qui se jette dans la mer Glaciale, c'est la Petchora.

Un qui se jette dans la mer Blanche, c'est la Dwina.

Six qui se jettent dans la mer Baltique, ce sont : la Tornéa, la Néva, la Duna, le Niémen, la Vistule et l'Oder.

Neuf qui se jettent dans la mer du Nord, ce sont : le Glaumen, au nord du Cattégat, l'Elbe, le Wéser, le Rhin, la Meuse, l'Escaut, la Tamise, la Twecd et le Tay.

Deux qui se jettent dans la Manche, ce sont : la Seine et la Somme.

Onze qui se jettent dans l'océan Atlantique, ce sont : Shannon, la Saverne, la Loire, la Charente, la Garonne, l'Adour, le Minho, le Douro, le Tage, la Guadiana et le Guadalquivir.

Quatre qui se jettent dans la Méditerranée, l'Ebre, le Rhône, l'Arno et le Tibre.

Deux qui se jettent dant le golfe de Venise, ce sont : le Pô et l'Adige.

Trois qui se jettent dans la mer Noire, ce sont : le Danube, le Dniester et le Dniéper.

Un qui se jette dans la mer d'Azof, c'est le Don.

Deux qui se jettent dans la mer Caspienne, ce sont : le Volga et l'Oural ou Jaïck.

RIVIÈRES. — Il y en a trente-deux, ce sont : le Bug, qui se jette dans la Vistule ; la Warthe, qui se jette dans l'Oder ; le Necker, l'Aar, le Mein et la Moselle, qui se jettent dans le Rhin ; la Sambre, qui se jette dans la Meuse ; la Scarpe et la Lys, qui se jettent dans l'Escaut ; l'Yonne, la Marne et l'Oise, qui se jettent dans la Seine ; l'Allier, le Cher, la Vienne et la Mayenne, qui se jettent dans la Loire ; le Tarn, le Lot et la Dordogne, qui se jettent dans la Garonne ; la Saône, l'Isère et la Durance, qui se jettent dans le Rhône ; le Tésin et l'Odda, qui se jettent dans le Pô ; le Lech, l'Isère, l'Inn, la Drave, la Save, la Theiss et le Pruth, qui se jettent dans le Danube ; la Kama, qui se jette dans le Wolga.

PRINCIPAUX SOUVERAINS de l'Europe. — Ce sont : Un *Prince Ecclésiastique*, le Pape, qui réside à Rome.

Trois Empereurs : celui d'Autriche, qui est aussi Roi de Bohême, de Hongrie et du royaume Lombard - Vénitien, et qui fait sa résidence à Vienne ; celui de Russie, qui est aussi Roi de Pologne, et qui réside à Saint-Pétersbourg ; celui de Turquie, qui est appelé Grand-Seigneur, et qui réside à Constantinople.

Treize Rois, ce sont : au nord, le Roi d'Angleterre, qui est aussi roi d'Écosse, d'Irlande et de Hanovre ; le Roi de Danemarck ; le Roi de Suède et de Norwège : au milieu, le Roi de France et de Navarre ; le Roi des Pays-Bas ; le Roi de Prusse, le Roi de Bavière ; le Roi de Wurtemberg ; le Roi de Saxe : au midi, le Roi de Portugal ; le Roi d'Espagne ; le Roi de Sardaigne, et le Roi de Naples ou des deux Siciles.

Une République, c'est la République Helvétique ou la Suisse.

Quatre princes d'Italie, savoir :

Un grand Duc de Toscane, qui est aussi prince de Piombino.

Un Duc de Modène.

Une Duchesse de Lucques.

Une Duchesse de Parme et de Plaisance.

~~~~~~

EUROPE SEPTENTRIONALE.

Îles Britanniques.

On donne le nom général d'*Iles Britanniques* à l'île qui renferme l'Écosse et l'Angleterre, à un assez grand nombre de petites îles qui avoisinent ces deux pays et qui en
~~~~~~

dépendent, et à l'île d'Irlande. On donne le nom particulier de *Grande-Bretagne* à l'île qui renferme l'Écosse et l'Angleterre.

Écosse.

Limites. — L'Écosse est bornée, au nord, par la mer du Nord ; à l'ouest, par la mer d'Irlande, qui la sépare de l'Irlande ; au sud, par l'Angleterre, et à l'est, par la mer du Nord.

Noms ancien et moderne. — L'Écosse s'appelait autrefois la *Calédonie*. Son nom moderne vient des Scots, un des anciens peuples qui l'habitaient.

Climat et sol. — Le climat de l'Écosse est plus tempéré qu'on ne le croirait : c'est l'effet du voisinage de la mer, d'où viennent des vents chauds qui adoucissent l'air. — Le sol n'en est pas aussi fertile que celui de l'Angleterre.

Rivières. — La principale rivière de l'Écosse est le *Forth* ; les autres rivières remarquables sont : le *Tay*, la *Tweed* et la *Clyde*.

Productions végétales. — L'Écosse produit du blé, du foin et des pâturages.

Population et religion. — On évalue la population de l'Écosse à 1,600,000 habitants ; la religion est le calvinisme.

Mœurs. — C'est dans la haute Écosse, et surtout dans les montagnes, qu'il faut aller chercher les anciens habitants, pour étudier les mœurs vraiment écossaises. Les Écossais ont presque tous une figure un peu allongée, une physionomie caractéristique, où se peint une âme forte. Ils sont très-hospitaliers, c'est une des belles vertus qu'ils tiennent de leurs ancêtres. Ces bonnes gens vivent contents dans les bornes de la plus rigide économie : la nature les récompense de leurs privations, par une santé robuste et imperturbable. Ce peuple, plus qu'aucun autre, a conservé un saint respect pour la mémoire de ses ancêtres et pour l'idiôme qu'ils parlaient, qui est un dialecte de la langue celtique. Les paysans écossais des montagnes, ceux surtout des îles Hébrides, ont leurs bardes, qui chantent communément les poésies d'Ossian: leur instrument favori est la cornemuse. L'habitant des plaines a perdu ses anciennes mœurs, mais les Hébridiens sont encore ce qu'ils étaient autrefois, et rappellent toujours les anciens Calédoniens, leurs ancêtres. C'est dans l'île de Staffa, qui n'a qu'un tiers de lieue, et dans laquelle, dit-on, le barde Ossian est né, qu'on trouve cette fameuse grotte naturelle que les Hébridiens appellent la *Grotte de Fingal*, du nom du roi Fingal, père d'Ossian.

Histoire. — L'Écosse était habitée, du temps des Romains, par deux peuples redoutables qu'ils ne purent soumettre : les Pictes, au sud, et les Scots, au nord. Ces deux peuples formèrent pendant long-temps deux états distincts; mais enfin les Scots exterminèrent les Pictes, et l'Écosse entière ne fut plus qu'un royaume. On voit encore, en Écosse, les restes d'une muraille bâtie par les Romains, pour empêcher les incursions des Pictes.

DIVISION ET TOPOGRAPHIE.

L'Écosse est divisée en trente-trois comtés, dont les villes principales sont :

Édimbourg, capitale de l'Ecosse, située près de l'embouchure du Forth. On y voit trois rues qui sont peut-être les plus belles de l'Europe.

Glascow, sur la Clyde, est la seconde ville de l'Écosse, pour le commerce et les richesses, et la première de la Grande-Bretagne, pour l'élégance de la construction.

Iles voisines de l'Écosse.

Les îles qui avoisinent l'Écosse et qui en dépendent sont : les îles *Schetland*, les *Orcades* et les *Hébrides*. Le climat de ces îles est à peu près le même ; l'air y est froid, mais néanmoins salubre.

Angleterre.

Limites. — L'Angleterre est bornée au nord par l'Écosse ; à l'ouest, par la mer d'Irlande ; au sud, par la Manche, et à l'est, par la mer du Nord.

Noms ancien et moderne. — L'Angleterre s'appelait autrefois *la Bretagne*. Son nom moderne vient des *Angles*, qui s'y établirent, dans le cinquième siècle.

Climat et sol — L'Angleterre jouit d'un climat très-varié. On n'y remarque que deux saisons : l'hiver, qui dure huit mois, et l'été. Rien n'égale la beauté des aspects qu'offrent les parties cultivées de l'Angleterre.

Forêts. — La principale forêt de l'Angleterre est celle de *Windsor.*

Rivières. — La principale rivière de l'Angleterre est *la Tamise*, qui prend sa source sur les frontières du Glocestershire, et après avoir passé à Exfort et à Londres, se jette dans la mer du Nord.

Eaux minérales. — L'Angleterre a beaucoup d'eaux minérales dont les habitants font usage : Les plus célèbres sont celles de *Bath* et de *Bristol.*

Productions végétales et animales. — L'Angleterre produit du blé superbe ; mais il

’est point de culture où les Anglais aient plus éussi que dans celle du trèfle, du sainfoin, de luzerne et des autres fourrages. La culture du oublon est devenue une branche considérable e commerce ; les animaux sont à peu près les lèmes que ceux des pays voisins.

Population et Religion. — La population de Angleterre est évaluée à 10 millions d’habitants, t celle de toutes leurs possessions en Europe, 17 millions. — L’Église anglicane est soumise à la suprématie spirituelle du roi : on tolère en Angleterre un grand nombre de sectes religieuses, et beaucoup de familles y professent la religion catholique.

Commerce et Manufactures. — Les étoffes de laine sont la base du commerce que les Anglais font avec les étrangers. Leurs chevaux sont généralement estimés pour la force et la beauté. Presque toutes les manufactures ont été portées à leur perfection en Angleterre. Celles d’étoffes de laine sont les plus considérables; la quincaillerie y est également excellente. Les Anglais vont à la pêche de la morue, au banc le Terre-Neuve, et à celle de la baleine, sur es côtes du Spitzberg et du Groënland ; leurs flottes couvrent toutes les mers, et ils commercent avec l’univers entier.

Histoire. — Les premiers habitants de l’Angleterre étaient les *Bretons* ; ils furent chassés de leur pays par les *Angles* et les *Saxons*, et vinrent s’établir dans une province de la Gaule, qui a pris le nom de *Bretagne*.

Mœurs. — L’Anglais est sérieux, fier et peu communicatif : il aime les sciences et les arts, et les cultive avec succès. Une de ses belles qualités est l’amour qu’il porte à sa patrie. La langue est formée du saxon, du celte et du rançais : c’est un jargon dur et barbare, que le grands écrivains ont rendu immortel. Newton est le plus célèbre des philosophes ; Yong s'est distingué dans le genre sombre ; Shakespear, dans le tragique ; Pope, dans la poésie philosophique ; Driden, dans les vers érotiques ; Locke est le premier des métaphysiciens ; Richardson, le meilleur des romanciers. Les Anglais passent pour les premiers marins de l'Europe, et ils excellent dans les arts mécaniques. On cultive beaucoup l'éducation en Angleterre : les femmes y sont généralement très-instruites, et ne sont point exclues du trône.

Division. — L'Angleterre est divisée en 52 comtés, comme il est marqué dans le tableau suivant :

SITUATION.	COMTÉS , 52.	CAPITALES.
Au Nord.	Northumberland	Newcastle.
	Cumberland	Carlisle.
	Westmoreland......	Kendal.
	Durham............	Durham.
	Yorck.............	Yorck.
	Lancastre	Lancastre.
Au Centre.	Chester ou Cheshire..	Chester.
	Derby	Derby.
	Nottingham	Nottingham.
	Lincoln............	Lincoln.
	Shrop.............	Shrewsbury.
	Stafford...........	Stafford.
	Leicester..........	Leicester.
	Rutland...........	Okeham.
	Hereford..........	Hereford.
	Worcester..........	Worcester.
	Warwick...........	Warwick.
	Northampton.......	Northampton
	Huntingdon	Huntingdon.
	Monmouth	Monmouth.
	Glocester..........	Glocester.
	Oxford............	Oxford.
	Buckingham	Buckingham.
	Bedford...........	Bedford.

SITUATION.	COMTÉS , 52.	CAPITALES.
A l'Est.	Norfolk............	Norwich.
	Suffolk............	Ipswich.
	Cambridge.........	Cambridge.
	Hertford..........	Hertford.
	Essex.............	Chelmsford.
	Middlesex.........	LONDRES.
Au Sud.	Kent..............	Cantorbery.
	Sussex............	Chichester.
	Surry.............	Guilford.
	Hants ou Hampshire.	Winchester.
	Berks.............	Reading.
	Wilts.............	Salisbury.
	Somerset..........	Bath.
	Dorset............	Dorchester.
	Devon............	Exeter.
	Cornouaille........	Launceston.
A l'Ouest. Principauté de Galles.	Anglesey...........	Beaumaris.
	Caernarvon........	Caernarvon.
	Denbigh...........	Denbigh.
	Flint.............	Flint.
	Merionet..........	Harleigh.
	Montgomery.......	Montgomery.
	Cardigan..........	Cardigan.
	Radnor...........	New-Radnor.
	Brecknock.........	Brecknock.
	Pembroke.........	Pembroke.
	Caermarthen.......	Caermarthen.
	Glamorgan.........	Cardiff.

TOPOGRAPHIE.

Les principales villes de l'Angleterre sont :

LONDRES, cette ville fameuse située sur
la *Tamise*, toujours couverte de flottes qui
partent pour les climats les plus éloignés,
s'étend le long des deux rives de cette belle
rivière. Elle a six lieues de circonférence.
Les rues en sont peu régulières, et bien
inférieures à celles de Paris ; mais elles ont
toutes des trottoirs de chaque côté, pour la

commodité et la sûreté des piétons. Londres est divisée en trois parties : la Cité , le quartier de Westminster et le faubourg de Southwark. On y admire l'église métropolitaine dédiée à Saint Paul, une des plus belles du monde après Saint-Pierre de Rome , et la colonne bâtie en mémoire d'un incendie qui , en 1666 , détruisit une grande partie de la ville. Londres contient 1,099,100 habitants.

Greenwick , près de Londres , a un hôpital pour les marins invalides , et un observatoire où les Géographes anglais placent le premier méridien. Les reines Marie et Elisabeth y naquirent.

Bristol , renommée pour ses eaux minérales. Elle est la patrie de Locke , philosophe illustre et l'ami des enfants.

Oxford , où est une université célèbre , et où les deux rivières *Tam* et *Ise* se joignent et forment la Tamise.

Cambridge , fameuse par son université.

Plymouth est, après Portsmouth , le port le plus considérable de l'Angleterre.

Bath doit son nom à ses eaux minérales , qui ont une grande célébrité.

Windsor , où est la maison de campagne des Rois d'Angleterre. Edouard III y institua l'Ordre de la Jarretière , à l'occasion de la jarretière que la comtesse de Salysbury , sa favorite , laissa tomber dans un bal. Le Roi la releva en criant :

« Honni soit qui mal y pense ! »

Portsmouth , située dans une île appelée *Portsea* , a un port excellent. Près de Portsmouth est la rade de *Spithead* , où s'assemble la flotte royale , en temps de guerre.

Douvres , qui a un port sur le Pas de Calais. On y voit un canon de bronze qui a 22 pieds de long. Il fut présenté par les États d'Utreck à la Reine Elisabeth, et fut surnommé son pistolet de poche.

Epsom, remarquable par ses eaux minérales, d'où l'on extrait un sel purgatif.

Cantorbery, où, sous Henri II, S.¹ Thomas, archevêque de cette ville, fut massacré devant l'autel de la cathédrale.

York, qui donne le titre de Duc à l'un des enfants du roi d'Angleterre, et où sont morts l'empereur Sévère et le père du grand Constantin.

Halifax, dans le comté d'York. On fabrique dans cette ville beaucoup de draps très-renommés.

Yarmouth, qui est un des meilleurs ports de l'Angleterre.

Lincoln, où est né Isaac Newton, illustre géomètre anglais, qui découvrit le principe du mouvement de la nature. Une pomme qu'il vit tomber dans son jardin, lui fit naître des réflexions qui l'amenèrent à cette grande découverte.

Chester. Les montagnes de ses environs sont couvertes de vaches, dont le lait sert à faire le fromage qui est connu sous le nom de Chester, dont on fait des envois considérables.

New-Market, célèbre par ses courses de chevaux.

New-Castle, qui fait un commerce considérable en charbon de terre.

Iles voisines de l'Angleterre.

Les îles qui avoisinent l'Angleterre, et qui en dépendent, sont: l'île de Man, l'île d'Anglesey, qui fut la principale retraite des Druides, les îles Sorlingues, l'île de Wight, et celles de Jersey et de Guernesey.

Irlande.

Limites. — L'Irlande est bornée au nord , à l'ouest et au sud par l'océan Atlantique , et à l'est par la mer d'Irlande.

Nom. — L'Irlande s'appelait autrefois Hybernie.

Climat et sol. — Le climat est plus humide en Irlande qu'en Angleterre. Le sol y est généralement fertile. Les productions sont à-peu-près les mêmes que celles de l'Ecosse et de l'Angleterre.

Rivières. — La principale rivière de l'Irlande est le Shannon.

Population et religion. — La population de l'Irlande est évaluée à 5,400,000 habitants. La religion catholique est celle de l'Irlande.

Mœurs. — Les mœurs des Irlandais sont semblables à celles des anciens Bretons. Des cabanes fort basses , construites en argile ou en paille servent à loger à-la-fois la famille et les possessions. La fumée de tourbe qu'on allume au milieu de la pièce principale , s'évapore par un trou pratiqué au haut du toît : l'autre pièce est occupée par une vache et par tous les ustensiles du ménage qui ne sont pas d'un usage journalier. Toutes les richesses de la famille consistent en un terrain qui produit des pommes de terre , en une vache , et quelquefois un cheval. La nourriture habituelle de ces familles est du pain grossier, des pommes de terre , des œufs , du lait, et quelquefois du poisson ; ils mangent rarement de la viande de boucherie. Les Irlandais , comme les Ecossais , chérissent beaucoup la cornemuse. Ils sont très-hospitaliers envers l'étranger ; ils parlent l'ancien Irlandais, qu'on dit être un dialecte de la langue Celtique :

elle a beaucoup d'analogie avec celle qui est parlée dans les montagnes d'Ecosse et dans les Hébrides.

Les Irlandais d'un rang supérieur ont à peu près les mêmes mœurs que les personnes qui occupent le même rang en Angleterre.

DIVISION ET TOPOGRAPHIE.

L'Irlande est divisée en 33 Comtés, dont les villes principales sont : *Dublin*, capitale ; cette ville est située au fond d'une baie qui porte le même nom. On y remarque la bourse royale et les casernes. Dublin a une université. —*Limerich*, sur le Shannon, est une ville riche par son commerce.

Danemarck.

Limites. — Le Danemarck est borné, au nord, par le Cattégat ; à l'ouest, par la mer du Nord ; au sud, par l'Allemagne et la mer Baltique, et à l'est, par le Sund, qui le sépare de la Suède, et par la mer Baltique.

Noms ancien et moderne. — La presqu'île du Jutland s'appelait autrefois la Chersonnèse cimbrique, du nom des *Cimbres*, ses premiers habitants. Le nom moderne du Danemarck vient des Danois.

Climat. — Le printemps et l'automne sont deux saisons inconnues dans le Danemarck. On y passe subitement du froid au chaud. Dans la partie septentrionale, l'hiver est si rigoureux, que les habitants passent la mer en patinant sur la glace.

Productions végétales. — Le Danemarck produit toutes sortes de grains et d'excellents légumes. Il produit uné belle race de chevaux dont on vend un grand nombre à l'étranger.

Population et religion. — Le luthéranisme est la religion du Danemarck. Population 1,600,000 habitants.

Mœurs. — Les habitants du Danemark se distinguaient autrefois par le courage. Les Danois en général cultivent peu la littérature. Jusqu'en 1787, les paysans Danois furent totalement serfs. La langue du Danemarck est un dialecte du Teutonique. On y voit deux universités, celle de Copenhague et celle de Kiel. Ticho-Brahé a rendu de grands services à l'astronomie. Les Danois tâchent d'imiter l'habillement et les manières des Français.

DIVISION ET TOPOGRAPHIE.

On divise le Danemarck en partie continentale et en îles.

La partie continentale comprend :

Le Jutland, qu'on appelait autrefois la Chersonnèse cimbrique, du nom des Cimbres, ses premiers habitants, capitale *Wibourg*.

Le duché de Holstein, au sud du Jutland, son territoire est si bas qu'il serait inondé par la mer, s'il n'en était garanti par de fortes digues. Villes principales *Kiel*, belle ville sur la mer Baltique, et *Altona*, sur l'Elbe. Cette ville envoie tous les ans plus de 30 vaisseaux à la pêche du hareng et de la morue.

Le duché de Lawenbourg, capitale *Lawenbourg*, sur l'Elbe.

La partie des îles comprend :

L'Islande, qui est située dans l'océan Atlantique. *Reïkiavik*, nouvelle capitale, a 100 maisons ; *Skalholt*, ancienne capitale. Près de cette dernière ville, on trouve 40 fontaines bouillantes, dont les eaux sont de différentes couleurs : au centre, est la principale source appelée Geyser.

Les îles de Feroë, dans l'Océan.

L'île de Sylt, dans la mer du Nord.

L'île de Bornholm, dans la mer Baltique.

L'île de Laland, qui produit de bon froment, dans la mer Baltique.

L'île de Séeland, qui a des lacs abondants en poissons, des forêts remplies de gibier et des eaux minérales. *Copenhague*, capitale de l'île et de tout le Danemarck, est située sur le Sund, et présente un aspect magnifique. Son port est formé par un canal spacieux qui traverse la ville. Plusieurs rues ont des canaux et des quais, et les vaisseaux viennent jusqu'aux portes des maisons. Malgré cet avantage, rien dans cette ville n'annonce l'activité et l'industrie, et son port, l'un des plus beaux de l'Europe, est peu commerçant. La police se fait exactement à Copenhague, et l'on peut sans danger parcourir la ville à toutes les heures de la nuit. Le musée de Copenhague contient beaucoup de curiosités naturelles et artificielles. On y voit des horloges et un superbe buffet d'ivoire et d'ébène fait par un artiste norwégien qui était aveugle.

L'île de Fionie, qui est très-fertile, capitale *Odensée*, ville ancienne, où l'on voit le mausolée d'Alfred.

Islande.

L'Islande est une île située dans l'Océan Atlantique. Elle a 120 lieues de long sur 75 de large.

Nom et division. — L'Islande est divisée en quatre parties, qui répondent aux quatre points cardinaux. Elle tire son nom des énormes glaces qui s'y trouvent.

Climat et sol. — Le ciel de l'Islande offre des prodiges : à travers un air rempli de petites particules glacées , le soleil et la lune paraissent doubles, ou prennent des formes extraordinaires. L'aurore boréale se joue, en mille reflets de diverses couleurs. Le climat de l'Islande est moins rigoureux que sa latitude ne le ferait présumer ; mais l'atmosphère y subit de fréquentes variations. Le vent amène du Groënland des montagnes de glaces qui s'élèvent à plus de 50 pieds au-dessus du niveau de la mer. Avec ces glaces , il arrive un grand nombre d'ours blancs , qui font beaucoup de ravages parmi les brebis. Le sol est très-peu fertile.

Population et religion. — 60,000 habitants. La religion est le luthéranisme.

Animaux. Les principaux animaux sont les chevaux , les bœufs et les vaches , dont la plupart n'ont point de cornes ; les moutons en ont deux , quelquefois trois. On distingue parmi les oiseaux l'édredon , renommé par son duvet délicat.

Curiosités naturelles. — Outre le mont Hécla, qui est le plus fameux volcan de l'Islande, il y a différents endroits de l'île où l'on entend le bruit souterrain des feux qui brûlent dans l'intérieur de la terre. Herwreval, ou la Colline mugissante , est dans la partie septentrionale. La source étonnante du Geyser est à trois lieues de Skalholt. Un bruit souterrain, des détonations, sont le signal de l'élancement , et ce jet d'eau s'élève jusqu'à 90 pieds. Parmi les curiosités naturelles de l'Islande , rien ne mérite autant de fixer l'attention que les sources d'eau chaude dont cette île abonde. Les habitants voisins de ces sources , y font cuire leurs légumes et leur viande. Ils se baignent aussi dans les ruisseaux qui en découlent , et qui se tempèrent peu-à-peu en se joignant à des ruisseaux d'eau froide.

Commerce. — Le commerce de l'Islande consiste en poissons secs , moutons et bœufs salés. Ils reçoivent en échange du bois , et des hameçons pour la pêche.

Histoire. — Des personnes de distinction avaient été forcées de sortir de la Norwège , en 870 , elles se réfugièrent dans l'Islande , et s'y établirent avec leur famille.

Mœurs. — Les Islandais sont graves , taciturnes et mélancoliques ; leur boisson ordinaire est le petit lait. Les personnes riches font presque toutes usage de beurre salé , et considèrent même le beurre rance comme une friandise. Chanter est un talent que l'on estime beaucoup parmi les Islandais. Le jeu des échecs les intéresse , et l'on trouve un grand nombre de paysans qui y possèdent une supériorité étonnante : mais le plus grand amusement des Islandais , pour charmer la longueur de leurs soirées , c'est la lecture de l'histoire de leur pays ; ils se plaisent aussi à réciter des vers.

Suède.

Limites. — La Suède est bornée , au nord , par l'océan Glacial ; à l'ouest, par la Norwège , le Cattégat et le Sund ; au sud , par la mer Baltique ; et , à l'est, par la Russie d'Europe.

Noms ancien et moderne. — La Suède , jointe à la Norwège , s'appelait autrefois la Scandinavie. Son nom moderne vient des Suèves , un des anciens peuples qui l'habitaient.

Climat et sol. — Le climat de la Suède est à-peu-près , semblable à celui de la Norwège et du Danemarck : l'été y suit de près l'hiver. Les poêles et les fourrures tempèrent le froid qui est quelquefois si rude, que les habitants ont

le nez gelé. En général , le sol est mauvais ;
on y trouve cependant des vallées fertiles.

Productions végétales. — Les Suédois ,
jusqu'à ces derniers temps , n'avaient pas
assez d'industrie pour remédier à l'aridité de
leur terrain : mais à présent ils suivent les
principes d'agriculture des Français et des
Anglais , et recueillent assez de blé pour
l'approvisionnement de leur pays.

Animaux. — La pêche du hareng est une
branche considérable de commerce. Les poissons
que fournissent les lacs et les rivières sont si
abondants , qu'on sale les brochets pour les
exporter.

Métaux et minéraux. — La Suède abonde
en mines d'argent et de cuivre ; elle fournit
aussi des cristaux et des topazes.

Commerce et manufactures. — Le commerce
des Suédois consiste en bois de construction ,
goudron , résine et poissons secs. Ils reçoivent
en échange du sel, des vins, des épiceries. On
travaille maintenant en Suède une grande quantité de cuivre rouge et jaune , d'acier et de fer.

Population et religion. — La population de
la Suède est évaluée à 3,000,000 d'habitants ,
dont 900,000 pour la Norwège. La religion est
le luthéranisme ; mais la religion catholique s'y
exerce avec beaucoup de liberté.

Histoire. — La Suède est un des plus anciens
royaumes de l'Europe ; mais l'histoire de ses
premiers habitants est très-peu connue. Sa
partie méridionale était habitée par les Goths ,
qui l'ont rendue célèbre par les émigrations
qu'ils ont faites sous le nom de Visigoths et
d'Ostrogoths.

Mœurs. — Les Suédois sont courageux et
guerriers : sous Gustave-Adolphe et Charles XII ,
ils portèrent la terreur de leur nom dans les
contrées les plus éloignées , et ils ébranlèrent

les plus grands Empires. Les Suédois sont hospitaliers , ils aiment aussi les sciences. Le peuple est si vif et si agréable , et les gens de bon ton sont tellement entichés des goûts et des modes françaises qu'on les a surnommés *les Français du Nord.*

DIVISION ET TOPOGRAPHIE.

La Suède est divisée en trois parties, qui sont :

1.º L A Suède proprement dite , capitale *Stockholm* , située sur sept îles et deux presqu'îles , et bâtie sur pilotis. Sa situation pittoresque et agréable frappe les étrangers. Son port est spacieux et commode , l'eau en est claire comme le cristal , et elle est si profonde , que les navires les plus considérables peuvent approcher du quai. — Villes principales : *Calmar* , qui est fameuse par l'acte d'union qu'on y fit des trois couronnes de Suède, de Danemarck et de Norwège , sous la reine Marguerite. *Upsal* , qui a une université ; la cathédrale est la plus belle du royaume , on y voit les tombeaux des rois de Suède. *Tornea*, petite ville au fond du golfe de Bothnie , et *Coperberg* , où les fumées des forges sont si considérables que lorsque le vent d'ouest les ramène sur les maisons , on est obligé d'avoir de la lumière en plein midi.

2.º L A Norwège , capitale *Christiana* , ou *Anslow* , qui a un excellent port sur le Cattégat. Elle a deux noms : l'un tiré de Christian IV , roi de Danemarck , qui la fit bâtir , et l'autre tiré de la baie sur laquelle elle est bâtie. — Villes principales : *Bergen* , qui a un port sur la mer du Nord , et qui est le seul des ports de Norwège qui ait le droit de distribuer à ce pays le blé qu'on apporte de l'étranger. *Drontheim* , où résidaient jadis les rois de Norwège , et qui fait un commerce considérable en bois, poissons et cuivre. *Frédérickstadt*, où Charles XII, roi de Suède, fut tué en faisant le siége de cette ville.

3.° LES ILES; savoir; *l'île de Gothland*, où l'on trouve beaucoup de pierres précieuses, et *l'île d'Oland*, qui fournit beaucoup de gibier, elles sont situées dans la mer Baltique.

Les îles de *Loffoden*, sur la côte de la Norwège, dont les principales sont *Hindoen* et *Langoen*; elles ont de bonnes pêcheries.

Norwège.

Limites. — La Norwège est bornée, au nord, par l'océan Glacial; à l'ouest, par la mer du Nord; au sud, par le Cattégat, qui la sépare du Danemarck; à l'est, par la Suède; et, au nord-est, par la Russie.

Noms ancien et moderne. — La Norwège, jointe à la Suède, s'appelait autrefois la *Scandinavie*, son nom moderne signifie Chemin du Nord.

Climat. — Le climat varie beaucoup à cause de l'étendue de la Norwège : le froid y commence vers le milieu d'octobre, et est très-rigoureux jusqu'au milieu d'avril. Ce pays passe pour le plus montagneux de l'univers. Les rivières et les cataractes qui entrecoupent ses montagnes rendent les voyages très-difficiles. Les habitants montrent une adresse admirable à retirer leurs brebis et leurs chèvres d'entre les rochers, quand un faux pas les y précipite. Celui à qui l'animal appartient, se fait descendre dans le précipice, à califourchon sur un bâton attaché à une longue corde. Lorsqu'il arrive à l'endroit où est la brebis, il la lie avec le bout de cette corde; et on la remonte avec lui.

Forêts. — La principale richesse de la Norwège consiste dans ses forêts : elles fournissent des mâts , des poutres et du bois de construction.

Animaux. — La Norwège est le pays où l'on trouve la plus grande variété d'oiseaux. On y trouve l'aigle de terre et celui de mer ; le premier est si vigoureux , qu'on l'a vu quelquefois enlever un enfant de deux ans. On y pêche aussi une grande quantité de harengs. D'innombrables essaims de cette espèce de poisson sortent de dessous les glaces du pôle , et , à la hauteur de l'Islande , ils se séparent en trois corps , dont un va fournir les côtes occidentales de l'Irlande ; un autre dirige sa course vers la partie occidentale de la Grande Bretagne jusqu'à la Manche ; et le troisième entre dans la mer Baltique.

Population et religion. — 900,000 habitants. La religion est le luthéranisme.

Curiosités naturelles. — Le dangereux courant que les navigateurs appellent Malstrom , passe entre la côte et l'île de Moskoë : lorsque la marée monte , il se jette dans le pays avec beaucoup de vîtesse, et descend avec la même impétuosité. Il forme un tournant , dont le courant est si fort , que , pour peu qu'un navire en approche , il l'engloutit et le fait se briser contre les rochers. Quand ce gouffre est agité par une tempête , il entraîne quelquefois, d'un mille de la Norwège, les vaisseaux qui se croient à l'abri de ses atteintes.

Commerce. — Le commerce de la Norwège consiste en bois de construction , pelleteries et poissons secs.

Histoire. — La Norwège formait autrefois un royaume particulier ; mais en 1395 , elle fut unie au Danemarck, par la reine Marguerite, jusqu'en 1815 , qu'elle fut cédée à la Suède.

Mœurs. — Les Norwégiens sont forts, vigoureux, robustes et propres à soutenir le climat rude de leur contrée. Ils sont tous artisans, le dernier paysan est en même-temps artiste, et quelquefois poëte. Pour suppléer au pain, qui est très-rare chez eux, ils broient l'écorce du sapin avec du gruau d'avoine, et font de ce mélange une sorte de farine. Ils bravent l'inclémence de l'air et s'exposent au froid sans couvrir leur cou ni leur poitrine. A l'âge de cent ans, un Norwégien ne passe pas pour être hors d'état de travailler.

Laponie.

Limites. — La Laponie est bornée, au nord, par la mer Glaciale et la Norwège ; à l'ouest, par la Norwège : au sud, par la Suède, et à l'est, par la Russie d'Europe et la mer Blanche.

Division. — La Laponie est divisée en trois parties : la Laponie danoise, la Laponie suédoise, et la Laponie russe.

Climat et aspect du pays. — La Laponie est un pays triste, misérable, couvert de neige la plus grande partie de l'année. Pendant un certain temps de l'été, le soleil ne s'y couche point, et pendant un certain temps de l'hiver, il ne s'y lève point. Mais les habitants tirent un si grand secours du crépuscule et des aurores boréales, qu'ils n'interrompent point leurs travaux pendant la saison de l'obscurité ; l'hiver, il n'est pas extraordinaire de voir, chez les Lapons, le vase se coller aux lèvres, en buvant, et cependant les chaleurs sont excessives en été.

Animaux. — L'animal le plus remarquable de la Laponie est la *renne.* La nature semble en avoir fait présent aux Lapons, pour les dédommager de la privation des autres avantages qu'elle leur a refusés. Cet animal leur donne son lait et tire leurs traîneaux. Il ne lui faut qu'un peu de mousse pour sa subsistance. Le chien, de son côté, leur rend le même service: il voiture son maître, le réchauffe dans sa cabane, lui donne sa peau pour vêtement, sa chair pour nourriture. Ce mets exquis est le plus grand régal d'un Lapon. La zibeline, petit animal qui ressemble à la martre, se trouve aussi en Laponie, et sa peau est très-estimée.

Commerce. — Le commerce des Lapons consiste en poissons secs, fourrures, corbeilles, joujoux et fromages de lait de rennes. Ils reçoivent en échange des étoffes de laine, des liqueurs spiritueuses, du tabac et d'autres objets.

Religion et population La religion est un mélange de christianisme et de paganisme. Population, 60,000 habitants.

Mœurs. — Les Lapons sont d'une petite taille, communément de quatre pieds. Ils ont la tête grosse, la bouche grande, les lèvres épaisses, les cheveux noirs et courts, et le teint basané. On les divise en pêcheurs et en montagnards : les premiers habitent toujours dans le voisinage de quelques lacs, d'où ils tirent leur subsistance ; les seconds la cherchent sur les montagnes, et possèdent des troupeaux de rennes plus ou moins nombreux ; ils aiment beaucoup le sang de cet animal, tout chaud. Ils vivent dans des cabanes en forme de tentes.

Empire Russe.

L'Empire Russe comprend deux parties : la Russie d'Europe et la Russie d'Asie.

Russie d'Europe.

Etendue. { Longueur 650.
{ Largeur 550.

Limites. — La Russie d'Europe est bornée, au nord, par la mer Glaciale ; à l'ouest, par la Suède, la Prusse et l'empire d'Autriche ; au sud, par la Turquie d'Europe et la mer Noire, et, au nord-est, par les monts Ourals.

Noms ancien et moderne. — La Russie d'Europe faisait autrefois partie de la Sarmatie européenne. Son nom moderne vient des Ruthnis, un des anciens peuples qui l'habitaient : celui de Moscovie vient de Moscou, son ancienne capitale.

Climat. — Le climat est très-varié dans la Russie, à cause de sa grande étendue. L'hiver est très-rigoureux dans la partie septentrionale. A Pétersbourg, lorsque les habitants sortent de leurs maisons, le froid leur fait verser des larmes qui gèlent aussitôt, et restent suspendues aux cils en forme de glaçons. Les paysans ont l'habitude de porter leur barbe, ce qui leur est d'un grand secours, et souvent on y voit pendre de longs glaçons. Toutes les parties du visage qui sont découvertes sont sujettes à être gelées, et le moyen le plus utile pour les dégeler est de les frotter avec de la neige. Cependant les Russes sont habillés si chaudement, que quand ils sortent ils peuvent pour ainsi dire braver la neige et la gelée. Quand la neige est suffisamment durcie, les Russes, comme leurs voisins les Suédois, voyagent dans des traîneaux tirés par des rennes : on y adapte des espèces de carosses dans lesquels on peut courir jour et nuit, enveloppé dans de bonnes fourrures. Catherine II, dans ses voyages, était menée par 24 chevaux de poste , dans une maison qui contenait un lit , une table , des siéges et d'autres commodités pour quatre personnes , et cette maison était fixée sur un traîneau.

Un avantage que les Russes tirent de la rigueur de leur climat , c'est de pouvoir conserver leurs provisions. Les bonnes ménagères , vers la fin d'octobre , tuent leurs volailles et leurs bestiaux , et les entassent dans des cuves avec des couches de neige qui les séparent. Par ce moyen elles épargnent la nourriture de ces animaux pendant plusieurs mois. Pour dégeler ces viandes , on les plonge dans l'eau froide.

Fleuves. — Les principaux fleuves de la Russie sont : le Volga , le Don , le Dniéper et le Dniester.

Animaux. — Les animaux sont les mêmes que ceux de la Suède , de la Norwège et du Danemarck. Les Russes sont cependant mieux approvisionnés que leurs voisins en poissons de différentes espèces.

Productions végétales. — La Russie produit du bois de construction et de charpente. Les habitants de la campagne font beaucoup d'hydromel , qui est leur boisson ordinaire.

Population et religion. — 42 millions d'habitants. Les Russes font partie de l'église grecque.

Commerce. — Le commerce des Russes consiste principalement en bois de construction et de charpente.

Histoire. — Ce n'est qu'au commencement du 18.me siècle que le vaste Empire de Russie est devenu célèbre en Europe. Pierre-le-Grand monta sur le trône en 1682. Il alla en Hollande, en Angleterre et en France, pour s'instruire de tout ce qui pouvait être utile à sa nation. Il attira chez lui des savants et des artistes de tous les pays. Il prit le titre d'*Empereur*.

Avant lui, les souverains portaient celui de *Czar*. Ses successeurs, parmi lesquels on compte plusieurs Impératrices, ont marché constamment sur ses traces, et ont soutenu la gloire à laquelle il avait élevé cet Empire.

Mœurs. — Les Russes sont durs au travail, qu'ils endurent avec beaucoup de patience et de grandes fatigues. Ils se contentent d'une nourriture extrêmement médiocre, et ils couchent tout habillés sur des planches, quoiqu'ils puissent facilement se faire un lit de plumes. Ce peuple paraît avoir la vue faible, ce qui est occasionné par la neige que chaque année ils ont sous les yeux pendant si long-temps. Pétersbourg est le siége de la politesse dans l'Empire ; on y cultive les sciences et les arts avec succès. C'est là que Pierre-le-Grand a commencé à civiliser les Russes ; mais ils sont encore plongés dans l'ignorance et la barbarie partout ailleurs que dans Pétersbourg et Moscou. Les nobles Russes sont très-hospitaliers ; leur manière de vivre ressemble à celle des Français, dont ils savent parfaitement la langue : ils ne pensent qu'à jouir de la vie. Les négociants Russes ne sont pas aussi civilisés, et se livrent à toute espèce de travaux, pourvu qu'ils leurs soient lucratifs. Le peuple mène une vie sauvage, et les paysans sont serfs, c'est-à-dire esclaves de leurs seigneurs.

DIVISION ET TOPOGRAPHIE.

On divise la Russie en quatre parties : celle du nord, celle du milieu, celle du midi, la Turquie Russe, et en plusieurs îles. Les villes principales sont :

Saint-Pétersbourg, située sur les bords de la Néva, a été bâtie par Pierre-le-Grand, en l'honneur de l'Apôtre Saint Pierre. Son nom signifie *bourg de Pierre*. En 1703, cette ville ne consistait qu'en misérables cabanes de pêcheurs : elle a deux lieues d'étendue en tous sens , et elle est la capitale de tout l'Empire de Russie. On y admire la statue de Pierre-le-Grand , faite par un sculpteur français.

Archangel , capitale du gouvernement de ce nom , a un port sur la Mer Blanche. Elle est toute bâtie en bois. Son commerce maritime était jadis fort étendu ; mais il est devenu moins considérable depuis la fondation de Pétersbourg.

Riga , située à deux lieues de l'embouchure de la Dwina , est , après Pétersbourg , la ville la plus considérable de la Russie.

Narva est célèbre par la victoire que Charles XII, roi de Suède , y remporta sur Pierre-le-Grand. Le czar Pierre dit à cette occasion : « Je me doutais bien que les Suédois » nous auraient battus , mais je suis sûr qu'ils » nous apprendront à les battre à notre tour. »

Moscou , ancienne capitale de la Russie , tient encore un rang distingué parmi les grandes cités de l'Europe. Aucune ville n'offre un plus grand contraste de magnificence et de pauvreté dans les bâtiments. L'hospice des Enfants trouvés, fondé par Catherine II , est un bâtiment considérable , où l'on élève 3,000 orphelins. On voit dans l'église de l'Assomption la plus grosse cloche qu'il y ait au monde.

Pultava , est célèbre par la victoire que Pierre-le-Grand y remporta sur Charles XII , roi de Suède , qui fut vaincu , et y vit la fin de ses prospérités.

Astracan , située dans une des îles que forme le Volga , à son embouchure , fait un commerce considérable de fourrures qui en portent le nom.

PARTIE DE LA POLOGNE.

Mittau , grande ville sur l'Aa.

Grodno, grande ville près du Niémen.

Wilna, où l'on voit, dans l'église cathédrale de Saint-Stanislas, le tombeau de Saint Casimir, roi de Pologne. Sigismond III y fit mettre une tombe et un autel d'argent ; il fit présent à cette église d'une cloche si grosse, qu'il faut 24 hommes pour la sonner.

Varsovie, capitale du nouveau royaume de Pologne, située sur la Vistule ; elle était aussi la capitale de l'ancien, et la résidence de ses rois.

Turquie russe, elle comprend : la Moldavie russe, capitale Choczim, et la Bessarabie, capitale Bender.

PARTIE DES ILES.

La partie des îles comprend les îles d'Aland, de Dago, d'OEsel, dans la mer Baltique ; l'île de Kalgouef, le Spitzberg, dans la mer Glaciale.

Spitzberg. — Ce pays comprend trois grandes îles et un nombre considérable de petites. Il a pris son nom des rochers escarpés qui le bordent.

Climat, sol et aspect du pays. — Les montagnes du Spitzberg, couronnées de neiges éternelles et flanquées de glaciers, réfléchissent de loin l'aurore boréale, ou la lumière du nord. Dans cette région, le jour est de cinq mois et forme l'été. Le coucher et le lever du soleil distinguent les deux saisons.

Animaux. — On voit dans ces parages les phoques, les chiens de mer, la baleine et l'ours polaire, qui est redoutable par sa force et sa voracité ; les autres animaux terrestres sont la renne et le renard. Les Russes d'Archangel ont formé des établissements pour la chasse en divers endroits du Spitzberg.

EUROPE CENTRALE.

France.

Etendue. { Longueur , 240 lieues.
{ Largeur , 220.

Limites. — La France est bornée , au nord, par les Pays-Bas et l'Allemagne ; à l'ouest , par l'océan Atlantique ; au sud , par les Pyrénées , qui la séparent de l'Espagne , et par la Méditerranée ; à l'est , par le Rhin , qui la sépare de l'Allemagne , et par la Suisse ; au sud-est , par le royaume de Sardaigne.

Noms anciens et moderne. — La France se nommait autrefois la Gaule ou les Gaules. Ses habitants s'appelaient les Gaulois, une partie d'entr'eux portait le nom de Celtes ; le nom moderne de ce pays vient des Francs ou des Français , qui sortirent de la Germanie pour s'établir dans la Gaule.

Division de la France sous les Romains. — Les Romains étant entrés dans la Gaule , en conquirent une partie , dont ils formèrent une province à laquelle ils donnèrent le nom de *Narbonnaise* , parce que *Narbonne* était sa capitale. Jules César ayant obtenu le gouvernement de cette province , fit en dix ans la conquête du reste de la Gaule. Ce pays, sans y comprendre la province romaine , était alors divisé en trois parties : la Belgique au nord , la Celtique au centre ; et l'Aquitaine au sud.

Ancienne division. — Avant la révolution, on divisait la France en 34 provinces, comme il est marqué dans le tableau suivant :

SITUATION.	PROVINCES, 34.	CAPITALES.
Au Nord.	Flandre.............	Lille.
	Artois	Arras.
	Picardie	Amiens.
	Normandie.........	Rouen.
	Ile de France.......	PARIS.
	Champagne	Troyes.
	Lorraine...........	Nancy.
	Alsace	Strasbourg.
	Bretagne	Rennes.
Au Centre	Maine	Le Mans.
	Perche.............	Mortagne.
	Anjou	Angers.
	Touraine...........	Tours.
	Orléanais	Orléans.
	Berry..............	Bourges.
	Nivernais	Nevers.
	Bourgogne	Dijon.
	Franche-Comté.....	Besançon.
	Poitou.............	Poitiers.
	Marche............	Gueret.
	Limousin	Limoges.
	Bourbonnais........	Moulins.
Au Midi.	Aunis..............	La Rochelle.
	Saintonge..........	Saintes.
	Angoumois.........	Angoulême.
	Auvergne	Clermont.
	Lyonnais...........	Lyon.
	Dauphiné..........	Grenoble.
	Guyenne...........	Bordeaux.
	Béarn.............	Pau.
	Languedoc.........	Toulouse.
	Comté de Foix......	Foix.
	Roussillon	Perpignan.
	Provence...........	Aix.

Division nouvelle. — On divise maintenant la France en quatre-vingt-six départements, dont quatre-vingt-quatre ont leurs chefs-lieux dans les anciennes provinces, et deux sont hors des anciennes provinces de la France :

PROVINCES	DÉPARTEMENS.	CHEFS-LIEUX.	VILLES principales.
NORMANDIE 5 *dép.*	Seine-Infér	Rouen	Dieppe et Yvetot.
	Eure......	Evreux....	Pont-Au-demer et Louvier
	Calvados ..	Caen	Bayeux et Falaise.
	Manche...	Saint-Lô..	Valogne, Coutances, Avranches.
	Orne......	Alençon...	....
PICARDIE, 1 *dép.*	Somme....	Amiens ...	....
ARTOIS, 1 *dép.*	Pas-de-Cal.	Arras	Calais, Boulogne, Saint-Omer, Montreuil.
FLANDRE frse 1 *dép.*	du Nord...	Lille	Dunkerque, Douay et Avesnes.
LORRAINE, 4 *dép.*	Meurthe ..	Nancy.....	Sarrebourg, Lunéville.
	Vosges. ..	Epinal	....
	Meuse	Bar-le-Duc	....
	Moselle ...	Metz......	....
ALSACE, 2 *dép.*	Bas-Rhin..	Strasbourg	Vissembourg Schelestadt.
	Haut-Rhin	Colmar...	Altkirck, Béfort.
FRANCHE-COMTÉ, 3 *dép.*	Doubs	Besançon..	St-Hippolyte et Pontarl.
	H.te-Saône	Vesoul....	....
	Jura......	Lons le Saulnier	Dôle.
BOURGOGNE, 4 *dép.*	Côte-d'Or.	Dijon.....	Beaune et Sémur.
	Yonne	Auxerre...	Tonnerre Avallon
	Saône-et-Loire.	Mâcon	....
	Ain.......	Bourg.....	Nantua.

PROVINCES.	DÉPARTEMENS.	CHEFS-LIEUX.	VILLES principales.
LYONNAIS, 2 dép.	Rhône	Lyon	....
	Loire	Montbrison	S.-Etienne.
DAUPHINÉ, 3 dép.	Isère......	Grenoble..	....
	Drôme.....	Valence...	....
	H.tes Alpes	Gap	....
PROVENCE, 3 dép.	Basses Alpes	Digne.....	Barcelonnette et Forcalquier.
	Var........	Draguignan	Toulon, Grace et Fréjus.
	Bouch.-du-Rh.	Marseille..	Aix
LANGUEDOC 8 dép.	Haute-Garonne.	Toulouse..	....
	Tarn......	Alby......	....
	Aude......	Carcassonne	Castelnaudary et Narbonne.
	Hérault...	Montpellier	Lodève et Béziers
	Gard......	Nîmes.....	Alais et Uzès.
	Lozère....	Mende....	....
	H.te-Loire.	Le Puy...	....
	Ardèche...	Privas	....
ROUSSILLON 1 dép.	Pyrénées-Orient	Perpignan.	....
COMTÉ DE FOIX, 1 dép.	Ariège.....	Foix......	....
BÉARN, 1 dép.	B. Pyrénées	Pau.......	Orthez, Oleron.
GUYENNE, 9 dép.	Gironde....	Bordeaux.	....
	Dordogne..	Périgueux..	....
	Lot-et-Garonne	Agen......	....
	Lot.......	Cahors....	Figeac ..
	Aveyron...	Rhodez ...	....
	Tarn-et-Garonn	Montauban	....
	Landes....	Mont de Marsan	....
	Gers......	Auch	Condom, Lectoure
	H.-Pyrén..	Tarbes.....	....

PROVINCES.	DÉPARTEMENS	CHEFS-LIEUX.	VILLES principales.
AUNIS ET SAINTONGE, 1 *dép.*	Charente-Infér.	La Rochelle	Saintes et St-Jean d'Angely
ANGOUMOIS, 1 *dép.*	Charente..	Angoulême.	....
POITOU, 3 *dép.*	Vienne....	Poitiers ...	....
	Deux-Sèvr.	Niort	Bressuire
	Vendée....	Bourbon-Vend.	Fontenay le Comte
BRETAGNE, 5 *dép.*	Ille-et-Vil.	Rennes....	St-Malo, Vitré.
	Loire-Infér.	Nantes ...	....
	Morbihan..	Vannes....	Ploërmel Lorient, P^t Louis
	Finistère ..	Quimper..	Brest.
	Côtes-du-N.	St-Brieuc .	....
ILE-DE-FRANCE, 5 *dép.*	Seine	PARIS	St-Denis, Sceaux.
	Seine-et-Oise..	Versailles .	....
	Seine-et-Marne	Melun	Coulommiers Provins et Fontaine-bleau.
	Aisne	Laon	Soissons.
	Oise	Beauvais...	Senlis.
ORLÉANAIS, 3 *dép.*	Loiret.....	Orléans ...	Pithiviiers et Montargis.
	Loir-et-Cher..	Blois......	....
	Eure-et-Loire..	Chartres...	Dreux.
MAINE, 2 *dép.*	Sarthe....	Le Mans ..	....
	Mayenne ..	Laval	....
ANJOU, 1 *dép.*	Maine-et-Loire	Angers	Ségré, Beau-gé et Beaupreau.
CHAMPAGNE 4 *dép.*	Aube	Troyes....	....
	H.^{te}-Marne	Chaumont.	....
	Marne	Châlons...	Rheims, Sainte-Ménéh^{ld}
	Ardennes..	Mézières ..	....
NIVERNAIS, 1 *dép.*	Nièvre....	Nevers.....	....

PROVINCES.	DÉPARTEMENS.	CHEFS-LIEUX.	VILLES principales.
BOURBONNAIS, 1 dép	Allier.....	Moulins...	....
AUVERGNE, 2 dép.	Puy-de-Dôme..	Clermont..	Riom.
	Cantal....	Aurillac...	....
LIMOUSIN, 2 dép.	Corrèze...	Tulle.....	Brives-la-Gaillarde
	Hte-Vienne	Limoges...	....
MARCHE, 1 dép.	Creuse....	Guéret....	....
BERRY, 2 dép.	Cher......	Bourges ...	Sancerre
	Indre.....	Châteauroux...	....
TOURAINE, 1 dép.	Indre-et-Loire.	Tours.....	Loches.
ILE DE CORSE 1 dép.	Corse	Ajaccio....	Bastia, Calvi et Corté.
COMTAT D'AVIGNON, 1 dép.	Vaucluse..	Avignon...	Oranges, Carpentras.

Climat et sol. — La France jouit, en général, d'une température douce , quoique dans les parties septentrionales de ce beau pays l'hiver soit quelquefois très-rigoureux ; l'air y est pur et salubre. Le sol de la France est généralement très-bon , et l'on peut considérer cette région comme une de celles que la nature a le plus favorisées.

Fleuves. — Les principaux fleuves de la France sont : la Seine , la Loire , la Garonne, le Rhône , le Rhin , l'Escaut et la Meuse.

La Seine , prend sa source en Bourgogne, dans le département de la Côte-d'Or , près de Saint-Seine ; elle arrose Châtillon , Bar-sur-Seine , Troye , Nogent-sur-Seine , Montereau , Melun , Corbeil , Paris , Meulan , Mantes , Rouen , et se jette dans la Manche , entre le Havre-de-Grâce et Honfleur.

Les rivières qu'elle reçoit dans son cours sont : l'Aube , l'Yonne , la Marne , l'Oise et l'Eure.

Elle devient navigable à Nogent , département de l'Aube. La longueur de son cours est de 160 lieues.

La Loire, prend sa source dans les Cévennes, au mont Gerbier-le-Joux , dans le département de l'Ardèche. Elle arrose le Puy , Feurs , Roanne , Nevers , Briare , Gien , Orléans , Beaugencis , Blois , Tours , Saumur, Ancenis, Nantes , et se jette dans l'Océan, à Paimbœuf.

Les rivières qu'elle reçoit dans son cours sont: l'Allier , le Cher, l'Indre , la Creuse , la Mayenne , la Sarthe. Elle devient navigable à Roanne , département de Saône-et-Loire. La longueur de son cours est de 200 lieues.

La Garonne prend sa source au Val-d'Aran, dans les Pyrénées , passe par Muret , Toulouse , Castel – Sarrasin , le bourg du Bec-d'Ambez , où elle reçoit la Dordogne , et prend le nom de Gironde , jusqu'à son embouchure dans l'Océan.

Les rivières qu'elle reçoit dans son cours sont: le Tarn, le Gers , le Lot et la Dordogne ; elle a 140 lieues de cours , et elle fait communiquer l'Océan à la Méditerranée , par le moyen du superbe canal du Languedoc. Elle devient navigable à Muret , département de la Haute-Garonne.

Le Rhône prend sa source au mont Saint-Gothard , dans les montagnes de la Fourche , au Valais , en Suisse , passe près de Sion. traverse le lac de Genève , passe par Genève, Lyon, Vienne, Tournon, Valence , Pont-Saint-Esprit, Avignon, Tarascon , Beaucaire, Arles, et se jette dans la Méditerranée , au golfe de Lyon , par trois bouches , au-dessous d'Arles.

Les rivières qui se jettent dans ce fleuve sont : l'Ain, la Saône , l'Isère et la Durance. Il devient navigable à Seyssel , département de l'Ain. La longueur de son cours est de 150 lieues.

Le Rhin prend sa source au mont Saint-

Gothard, dans le canton des Grisons, en Suisse, arrose Coire, traverse le lac de Constance, sépare la Suisse et la France de l'Allemagne, arrose Schaffhouse, Bâle, Huningue, Spire, Manheim, Worms, Mayence, Coblentz, Bonn, Cologne, Dusseldorff, Wesel; puis il forme successivement trois grandes branches, savoir : le Wahal, l'Yssel et le Leck, et se perd dans les sables près de Leyde, dans les Pays-Bas.

Les rivières qu'il reçoit dans son cours, sont : l'Aar, l'Ill, le Necker, le Mein et la Moselle. Il devient navigable à Coire, en Suisse. La longueur de son cours est de 300 lieues.

L'Escaut prend sa source au village de Beaurevoir, département de la Somme, arrose la Flandre, et se divise en deux bras, à quelques lieues au-dessous du fort Lillo, dont l'un passe près de Berg-op-Zoom, et se nomme *Escaut oriental*; l'autre, à Flessingue, et se nomme *Escaut occidental.* Il se jette dans la mer du Nord.

La Meuse prend sa source dans la Lorraine, près du village de Meaux, traverse la Lorraine, la Champagne, la Belgique, la Hollande, et se jette dans la mer du Nord, entre Briel et Gravesand

Petits fleuves et rivières qui donnent leurs noms à des départements. — Il y en a 29, ce sont : l'Orne, qui se jette dans la Manche; la Vilaine et la Sèvre-Niortaise, qui se jettent dans l'Océan; l'Aude, l'Hérault et le Var, qui se jettent dans la Méditerranée; la Meurthe, qui se jette dans la Moselle; l'Aube et l'Eure, qui se jettent dans la Seine; l'Aisne, qui se jette dans l'Oise; l'Ille, qui se jette dans la Vilaine; la Nièvre, le Loiret, l'Indre et la Sèvre-Nantaise, qui se jettent dans la Loire; la Creuse, qui se jette dans la Vienne; la Sarthe, qui se jette dans la

Mayenne ; le Loir, qui se jette dans la Sarthe ; la Vendée, qui se jette dans la Sèvre-Niortaise ; l'Ariège et le Gers, qui se jettent dans la Garonne ; l'Aveyron, qui se jette dans le Tarn ; la Corrèze, qui se jette dans la Vezère, celle-ci se jette dans la Dordogne ; l'Ain, la Drôme, l'Ardèche et le Gard, qui se jettent dans le Rhône ; le Doubs, qui se jette dans la Saône.

Canaux. — Les principaux canaux sont : le canal de Picardie ou de Crozat, qui joint la Seine à l'Oise ; le canal de Saint-Quentin, qui joint la Somme à l'Escaut ; le canal de l'Ourcq, qui amène à Paris l'eau de la petite rivière de ce nom ; le canal de Saint-Denis, qui joint le canal de l'Ourcq à la Seine ; le canal des Ardennes, qui joint la Meuse à l'Aisne ; le canal de Monsieur, qui joint le Rhin au Doubs ; les canaux de Briare, d'Orléans et de Loing, qui joignent la Seine à la Loire ; le canal de Bourgogne, qui joint l'Yonne et la Saône ; le canal de Digoin, ou du Centre, qui joint la Saône à la Loire ; le canal de Languedoc, ou du Midi, qui joint la Garonne à la Méditerranée, et fait ainsi communiquer cette mer avec l'Océan.

Eaux minérales. — Les plus renommées sont : celles de Saint-Amand, dans le département du Nord ; de Forges, dans la Seine-Inférieure ; de Passy et d'Enghien, près de Paris ; de Bourbonne-les-Bains, dans la Haute-Marne ; de Plombières, dans le département des Vosges ; de Bourbon-l'Archambault et de Vichy, dans le département de l'Allier ; du Mont-d'Or, dans le département du Puy-de-Dôme ; de Balaruc, dans le département de l'Hérault ; de Bagnères et de Barèges, dans les Hautes-Pyrénées.

Ports militaires. — Ce sont : Brest, Rochefort, Toulon, qu'on appelle du premier ordre :

Lorient et Cherbourg , qu'on appelle du second ordre.

Ports marchands. —Ce sont : Dunkerque , Calais , Boulogne , Dieppe , Saint-Valery-sur-Somme , le Havre , Saint-Malo , Morlaix, le Port-Louis , le Croisic , Nantes , les Sables-d'Olonne , la Rochelle , Bordeaux , Bayonne , Cette , Marseille et Antibes.

Productions végétales. —La France abonde en racines , qui sont meilleures que celles d'Angleterre , pour faire la soupe. Les herbes potagères y sont aussi très-abondantes et très-bonnes. Elle produit des grains , sur-tout du blé , des fruits de beaucoup d'espèces. L'Alsace , la Lorraine et les Pyrénées fournissent du bois de construction. Les récoltes d e soie sont très-considérables en Languedoc. L es vins de Champagne , de Bourgogne , de Bordeaux et d'autres provinces sont assez connus. Dans les provinces voisines de la Méditerranée, on fait une grande quantité d'huile d'olive. On fait beaucoup de sel dans l'île de Ré, dans les environs de Rochefort , sur les côtes de la Saintonge. Le Languedoc produit une herbe que l'on nomme *kali* : on la brûle, et ses cendres forment une excellente potasse pour la fabrique des savons. On récolte en France des oranges , des citrons , des amandes et des olives. Les mûriers alimentent les vers à soie , qui font la richesse du pays.

Animaux. — La France possède de belles races de chevaux : on distingue sur-tout ceux de la Normandie , qui sont propres à l'agriculture ; ceux du Limosin et de la Navarre, qui sont propres au manège. Les bœufs de la Normandie, de l'Alsace, du Poitou et de l'Auvergne, sont très-estimés. Les moutons des Ardennes , et de Présalé , en Normandie , sont renommés pour l'excellence de leur chair. Les côtes de la France abondent en poissons de différentes espèces. Deux insectes célèbres lui fournissent trois branches de commerce : l'abeille et le ver-à-soie ; le premier donne la cire et le miel.

Religion et langue. — Toutes les religions ont, en France, le libre exercice de leur culte ; mais la religion catholique y est la plus suivie. La langue française est dérivée du celte, du latin et de la langue teutonique ; elle est la plus répandue de toutes les langues vivantes.

Population. — 32 millions d'habitants.

Manufactures. — La manufacture des glaces, celles des tapisseries connues sous le nom de Gobelins, celle des tapis de la Savonnerie, qui toutes trois sont établies à Paris, et celle de porcelaine, qui est établie à Sèvres, sont les principales manufactures de France. Les étoffes de soie, de Lyon, ont une célébrité méritée : les draps d'Abbeville, de Louviers, de Sédan, ne le cèdent à ceux d'aucun pays pour la finesse de l'étoffe et la vivacité des couleurs : les toiles de Flandre, de Bretagne, les dentelles de Valenciennes, les manufactures de faïence établies à Sceaux, près Paris, tout cela forme des branches d'industrie qui sont' très-avantageuses à la France.

Commerce. — Le commerce de la France consiste en vins, vinaigre, eau-de-vie, huile, soie et colifichets. Elle reçoit en échange les denrées de l'Asie, de l'Afrique et de l'Amérique.

Histoire. — Les Francs habitaient d'abord la Germanie, sur les bords du Rhin : après avoir fait plusieurs incursions dans la Gaule, ils obtinrent des terres des Romains. Pharamond fut leur premier Roi ; ses successeurs subjuguèrent peu à peu la Gaule, et finirent par l'envahir entièrement.

Mœurs. — Les Français sont enjoués, spirituels, doux, aimant les autres nations. Henri IV et Louis XIV sont leurs plus grands Rois ; Turenne fut leur plus grand général, il sut vaincre et épargner le sang. Il n'y a aucun genre de gloire où les Français n'aient excellé : avant Newton, Descartes était le plus grand philosophe des siècles modernes ; Buffon, savant naturaliste, a mérité une place auprès d'Aristote et de Pline. Les gens de lettres qui ont vécu sous le règne de Louis XIV et de Louis XV, sont trop nombreux pour qu'on puisse les compter : Corneille et Racine ont excellé dans le genre tragique ; Molière aurait épuisé tous les sujets du genre comique, s'ils n'étaient pas inépuisables ; Boileau a brillé dans la satire et la critique ; Voltaire a excellé dans beaucoup de genres ; Bossuet, Bourdaloue, Fléchier, Massillon, ont porté l'éloquence à un grand degré de perfection ; Fénélon et son *Télémaque* sont connus de toute l'Europe ; l'inimitable Lafontaine n'a point d'égal. Parmi les peintres, le Brun, le Poussin et le Sueur ont obtenu une juste célébrité, et les édifices dont la France est remplie, seront à jamais des preuves du progrès qu'y a fait l'architecture. Voilà les titres de gloire que les arts et les sciences ont acquis à notre nation. Enfin, les Gaulois et les Francs, réunis sous le nom de Français, ont maintenu leur empire et leur nom pendant quatorze siècles. Tels sont les Français, et ce peuple qui fait de si grandes choses est peut-être en même-temps le plus frivole de toute la terre. Les Français sont humains, généreux, magnanimes, l'esprit et la gaieté brillent dans leurs conversations : les Françaises ont généralement des grâces et des charmes. La France est par excellence le pays des modes, et la constance est si insupportable aux Français, qu'ils changent presque journellement la forme de leur habillement : c'est à leur école que les étrangers viennent apprendre le bon ton de la société, et recevoir des leçons de politesse.

TOPOGRAPHIE.

DÉPARTEMENTS AU NORD.

Normandie. (5 *départements*.)

1.º SEINE – INFÉRIEURE. — Chef-lieu, ROUEN, où Jeanne-d'Arc fut brûlée comme sorcière, et où sont nés les deux Corneille et Fontenelle. On y voit un pont pavé, construit sur des bateaux, et qui s'ouvre pour laisser passer les vaisseaux. Villes remarquables : *Dieppe*, dont les habitants ayant découvert la Guinée, en rapportèrent des dents d'éléphant, et s'appliquant à les travailler, se firent, par la suite, un riche commerce de toutes sortes d'ouvrages d'ivoire. A deux lieues de cette ville, se trouve Arques, où Henri IV remporta une grande victoire sur le duc de Mayenne, chef de la ligue. — *Neufchatel*, qui commerce en fromages estimés. — *Le Havre*, à l'embouchure de la Seine, qui est une des villes les plus commerçantes de la France. — *Elbeuf*, renommée par ses draps.

2.º EURE. — Chef-lieu, ÉVREUX. A six lieues de cette ville, se trouve le village d'Ivry, célèbre par la victoire d'Henri IV sur le duc de Mayenne. Villes remarquables : *Pont-Audemer*. — *Louviers*, connue par ses manufactures de draps.

3.º CALVADOS. — Chef-lieu, CAEN, où Guillaume le Conquérant est enterré dans une ancienne abbaye, qu'il avait fondée et dédiée à Saint Étienne. Villes remarquables : *Bayeux.* — *Falaise*, où il se tient tous les ans une foire considérable, dans un de ses faubourgs nommé *Guibray.*

4.º MANCHE. — Chef-lieu, SAINT-Lô. Villes remarquables : *Valogne.* — *Cherbourg*, qui a un port qui peut recevoir des vaisseaux de guerre. — *Coutances.* — *Avranches.*

5.º ORNE. — Chef-lieu, ALENÇON, où l'on fabrique beaucoup de dentelles connues sous le nom de *point d'Alençon.*

Picardie. (1 *département.*)

SOMME. — Chef-lieu, AMIENS, que les Espagnols prirent en 1597, au moyen d'une ruse assez plaisante : déguisés en paysans, ils firent semblant de vouloir introduire dans la ville une charrette de noix ; la porte étant ouverte, ils en délièrent un sac, que les soldats de la garde s'avisèrent de piller : alors les prétendus paysans tombèrent sur eux, et, soutenus des espagnols, ils se rendirent maîtres de la ville. Villes remarquables : *Abbeville.* — *Péronne*, dans le château de laquelle, Charles-le-Simple et ensuite Louis XI, furent retenus prisonniers.

Artois. (1 *département.*)

PAS-DE-CALAIS. — Chef-lieu, ARRAS. Villes remarquables : *Calais*, dont les habitants, assiégés par les Anglais, se défendirent avec un courage incroyable contre Édouard III, roi d'Angleterre. Ce prince ne voulant capituler qu'à condition que six des principaux bourgeois viendraient, en chemise et la corde au cou, lui présenter les clefs de la ville, et subir la mort. Eustache de Saint-Pierre et cinq autres se dévouèrent généreusement au salut de leur patrie. Edouard, attendri par les prières de son épouse, leur pardonna. — *Saint-Omer*, où l'on voit des îles flottantes : ce sont de petites pièces de terre, avec des arbres, qui flottent sur l'eau, et qu'on peut aisément faire aller d'un lieu à un autre. — *Boulogne*, qui a un bon port. — *Montreuil*, renommée pour ses belles pêches.

Flandre française. (1 département.)

NORD. — Chef-lieu, LILLE, où l'on voyait dernièrement deux hôpitaux magnifiques, dans l'un desquels, appellé *l'Hôpital Comtesse*, les malades étaient servis en vaisselle d'argent. A trois lieues de Lille, est le village de Bouvines, où Philippe-Auguste remporta une victoire célèbre. Villes remarquables : *Dunkerque*, qui a un bon port. Cette ville est la patrie de Jean Bart, célèbre marin. — *Douay*. — *Avesnes*. — *Valenciennes*, dont la dentelle est fort estimée. A deux lieues, se trouve *Denain* ; village célèbre par la victoire de Villars sur le prince Eugène.

DÉPARTEMENTS AU LEVANT.

Lorraine. (4 départements.)

1.° MEURTHE. — Chef-lieu, NANCY, ancienne capitale de la Lorraine, est une des plus jolies villes de France. Villes remarquables : *Sarrebourg*, renommée par ses verreries. — *Lunéville*, qui a un château magnifique, où les anciens Ducs de Lorraine faisaient leur résidence.

2.º VOSGES — Chef-lieu, ÉPINAL. Villes remarquables : *Plombières*, renommée pour ses eaux minérales. — *Remiremont*, où l'on recueille beaucoup de cerises, avec lesquelles on fabrique une sorte d'eau-de-vie nommée en allemand *kirschwaser*. C'est dans ce département que se trouve le village de Domremi, où Jeanne d'Arc est née.

3.º MEUSE. — Chef-lieu, BAR-LE-DUC, connu par ses confitures de groseilles. Villes remarquables : *Verdun*, dont le principal commerce consiste en dragées excellentes, confitures et liqueurs.

4.º MOSELLE. — Chef-lieu, METZ, sur la Moselle.

Alsace. (2 *départements.*)

1.º BAS-RHIN. — Chef-lieu, STRASBOURG ; dont la cathédrale a pour clocher une tour haute de 574 pieds, et une horloge fort renommée. Cette horloge a différents cadrans pour marquer les heures, les jours, les semaines, les mois et le cours de plusieurs planètes. On fait dans cette ville un grand commerce de tabac. Villes remarquables : *Vissembourg.* — *Schelestadt.*

2.º HAUT-RHIN. — Chef-lieu, COLMAR. Villes remarquables : *Altkirch.* — *Béfort.*

Franche-Comté. (3 *départements.*)

1.º DOUBS. — Chef-lieu, BESANÇON. Villes principales : *Saint-Hippolyte.* — *Pontarlier.*

2.° HAUTE-SAONE. — Chef-lieu, Vezoul.
C'est dans ce département que l'on voit la
caverne de Leugne, qui renferme une glacière
naturelle et inépuisable, et un petit ruisseau
qui est glacé en été et coule en hiver. Quand
il y a du brouillard dans la caverne, c'est une
marque certaine de pluie pour le lendemain:
les paysans viennent consulter ce baromètre
naturel.

3.° JURA.—Chef-lieu, Lons-le-Saulnier.
Ville remarquable : *Dole*.

Bourgogne. (4 départements.)

1.° COTE-D'OR. — Chef-lieu, Dijon, où
sont nés Bossuet et Crébillon. Villes remarquables : *Beaune*, au pied d'une côte qui
donne des vins excellents. — *Sémur*. C'est
dans ce département qu'était située la fameuse
abbaye de Cîteaux.

2.° YONNE. — Chef-lieu, Auxerre. Villes
remarquables: *Tonnerre.—Avalon.—Chablis*,
connu par ses vins blancs.

3.° SAONE-ET-LOIRE.—Chef-lieu, Macon.

4.° AIN. — Chef-lieu, Bourg. Ville principale : *Nantua*.

Lyonnais. (2 départements.)

1.° RHONE. —Chef-lieu, Lyon, au confluent
de la Saône et du Rhône, est la ville la plus
considérable de la France après Paris. Ses
manufactures d'étoffes de soie sont très-
renommées. Elle fournit des vins excellents,
connus sous le nom de *Vins de Rivage*, qui
se recueillent le long du Rhône et de la Saône.
Population 110,000 habitants.

2.° LOIRE. — Chef-lieu, Montbrisson.
Villes remarquables: *Saint-Etienne. —Roanne*

sur la Loire, qui commence à y porter bateau, et qui est très-commerçante.

Dauphiné. (3 *départements.*)

1.º ISÈRE. — Chef-lieu, GRENOBLE, où sont les restes de la *Tour sans Venin* (ainsi nommée parce qu'on n'y a jamais vu d'insectes venimeux, et que ceux qu'on y a portés s'en sont retirés aussitôt), qui est à trois lieues de *Fontaine Ardente* : c'est un terrain de huit pieds de long sur quatre de large, dont il sort des flammes rouges et bleues, de la hauteur d'un demi-pied ; elles brûlent le papier, la paille et le bois ; la poudre à tirer, seule, n'y prend pas feu. On y fabrique beaucoup de gants de peau. Ville remarquable : *Vienne*, où, dit-on, fut exilé et mourut Ponce-Pilate, et où l'on tint un fameux concile pour y prononcer l'abolition de l'ordre des Templiers. C'est dans le voisinage de cette ville qu'on recueille les vins de *Côte-Rôtie*. Dans ce département est le château où naquit le chevalier Bayard.

2.º DROME. — Chef-lieu, VALENCE, sur le Rhône. Le Pape Pie VI y est mort. Près de Valence est le coteau de l'Hermitage, qui produit des vins délicieux.

3.º HAUTES-ALPES. — Chef-lieu, GAP. Ville remarquable : *Briançon*, ses environs fournissent de la manne qu'on recueille sur les feuilles du mélèze.

DÉPARTEMENTS AU MIDI.

Provence. (3 *départements.*)

1.º BASSES-ALPES. — Chef-lieu, DIGNE.

Villes remarquables *Barcelonnette*. — *For-calquier*.

2.º VAR. — Chef-lieu, Draguignan. Villes remarquables : *Toulon*, son port, sur la Méditerranée, un des plus vastes de l'Europe, est destiné aux vaisseaux de guerre. — *Grasse*. — *Fréjus*.

3.º BOUCHES-DU-RHONE. — Chef-lieu, Marseille, qui fut fondée 539 ans avant Jésus-Christ, par les Phocéens échappés de l'Asie en France, pour se sauver de la tyrannie des Perses. Cette ville reçut, de l'Asie mineure, il y a 2,300 ans, la première vigne plantée en France. Elle fut appelée, par Cicéron, l'Athènes des Gaules, et, par Pline, la Maîtresse de l'Éducation. Marseille, située au fond d'un golfe couvert et défendu par plusieurs îles, a un des plus vastes et des meilleurs ports de la Méditerranée. Le sol aux environs est peu fertile ; mais la quantité de bastides ou maisons de campagne qui entourent la ville, en rend le coup-d'œil fort riant. Villes remarquables : *Aix*, auparavant capitale de la Provence. Dans un de ses faubourgs sont des eaux minérales d'où elle a pris son nom. — *Arles*, qui a sur le Rhône un pont de bateaux, des deux côtés duquel sont placés des bancs, où, dans la belle saison, on va jouir du riant aspect de la campagne voisine, et du tableau mouvant de la rivière.

Languedoc. (8 *départements.*)

1.º HAUTE-GARONNE. — Chef-lieu, Toulouse, auparavant capitale du Languedoc, est située sur la Garonne, près de l'endroit où se termine le canal de Languedoc. Son hôtel-de-ville, décoré du nom de Capitole, est un des plus magnifiques de la France.

2.º TARN. — Chef-lieu, ALBY , sur le Tarn.
Ville remarquable : *Sorrèze* , où se trouvait
autrefois un excellent collège.

3.º AUDE. —Chef-lieu, CARCASSONNE. Villes
remarquables : *Castelnaudary* , sur le canal
de Languedoc. — *Narbonne* , qui est la patrie
de l'Empereur Marc-Aurèle , et dont le miel est
fort estimé en France.

4.º HÉRAULT. —Chef-lieu, MONTPELLIER ,
célèbre par l'air salubre qu'on y respire , et
dont le jardin botanique est le plus ancien de
la France. Villes remarquables : *Lunel* et
Frontignan , renommées par leurs vins muscats.
— *Lodève*. — *Beziers* , surnommé le Paradis-
Terrestre. — *Cette* , port de mer , située à
l'embouchure du canal de Languedoc.

5.º GARD. —Chef-lieu , NISMES , qui, jadis,
recevait l'eau par le magnifique aqueduc sur
le pont du Gard. Ce pont construit , dit-on ,
sous l'Empereur Antonin , joint deux montagnes par trois étages d'arcades les unes sur
les autres. Villes remarquables : *Alais*. —*Uzès*.
— *Beaucaire* , sur le Rhône , qui est célèbre
par la foire qu'on y tient tous les ans, dans l'été.

6.º LOZÈRE. — Chef-lieu , MENDE.

7.º HAUTE-LOIRE. —Chef-lieu, LE PUY.
Ville remarquable : *Brioude* , qui a sur l'Allier
un pont d'une seule arche , construit par les
Romains , dont la structure est admirable.

8.º ARDÈCHE. — Chef-lieu, PRIVAS.

Roussillon. (1 *département.*)

PYRÉNÉES - ORIENTALES. — Chef-lieu,
PERPIGNAN, auparavant capitale du Roussillon.
Ville remarquable : *Rivesaltes* , qui fournit des
vins muscats renommés.

Comté de Foix. (1 *département.*)

ARIÈGE. — Chef-lieu, FOIX. Ville remarquable : *Pamiers* , qui a des eaux minérales dans son voisinage.

Béarn. (1 *département.*)

BASSES-PYRÉNÉES. — Chef-lieu , Pau , ancienne capitale du Béarn , est la patrie d'Henri IV. Villes remarquables : *Bayonne* , dernière ville de France , sur les frontières de l'Espagne. Son principal commerce consiste en vins , eau-de-vie , chocolat et jambons. Cette ville est l'ancienne capitale du pays des Basques. — *Orthès.* — *Oleron.* — *Saint-Jean - Pied - de - Port* , dont le nom vient de ce que cette ville est située à l'entrée d'un des passages par où l'on peut traverser les Pyrénées , lesquels passages se nomment *ports* , dans le langage du pays.

Guyenne. (9 *départements.*)

1.º GIRONDE. —Chef-lieu , Bordeaux , situé sur la Garonne ; son port est un des plus beaux et des plus commerçants de la France. Le canal du Languedoc procure à cette ville une communication très-avantageuse avec la Méditerranée. Son commerce consiste en vins , eaux-de-vie , prunes et anisettes. Sa population est de 90,000 habitants. — Ville principale : *Blaye* , sur le Gironde , a un port très-fréquenté.

2.º DORDOGNE. —Chef-lieu , Périgueux , qui commerce en châtaignes , truffes et pâtés de perdrix.

3.º LOT-ET-GARONNE.—Chef-lieu, Agen, sur la Garonne.

4.º LOT.—Chef-lieu , Cahors , qui fut prise d'assaut par Henri IV , et où les pétards furent

employés pour la première fois. Ville principale : *Figeac*.

5.° TARN-ET-GARONNE. — Chef-lieu,
Montauban , sur le Tarn.

6.° LANDES. — Ce département a pris son
nom des landes qui en couvrent la plus grande
partie. Les habitants se servent de hautes
échasses pour marcher dans les sables. Chef-
lieu, Mont-de-Marsan. Ville principale : *Dax*,
où l'on voit au milieu de la ville un bassin
large et profond , qui est toujours plein d'une
eau bouillante ; l'eau qui s'échappe de ce bassin
va se perdre dans l'Adour. C'est à Paule ,
village des environs , que naquit Saint Vincent
de Paule , qui fonda l'établissement des Sœurs
de la Charité , la plus belle institution en faveur
de l'humanité.

7.° GERS. — Chef-lieu , Auch , qui était
autrefois la capitale de la Gascogne. Villes
principales : *Condom. — Lectoure*.

8.° HAUTES - PYRÉNÉES. — Chef-lieu,
Tarbes , sur l'Adour. Villes remarquables :
Bagnères , dans la vallée de Campan , sur
l'Adour, a des eaux minérales qui sont très-
renommées. — *Barèges* , qui a aussi des eaux
minérales. Cette ville est dangereuse à habiter
l'hiver , à cause de sa situation au milieu des
montagnes , où elle est exposée à être écrasée
par la chûte des neiges.

9.° AVEYRON.—Chef-lieu, Rhodez , ville
ancienne , près de l'Aveyron.

Saintonge. (1 *département.*)

CHARENTE-INFÉRIEURE. — Chef-lieu,
La Rochelle , dont le port est défendu par
deux tours , éloignées l'une de l'autre de
sept toises , avec une chaîne qui en ferme
l'entrée pendant la nuit. Villes remarquables :

Saintes, où l'on voit un bel amphithéâtre, des aqueducs et un arc de triomphe construit sur le pont de la Charente. — *Rochefort*, dont le port, très-commode, est défendu par plusieurs forts. — *Saint-Jean-d'Angely* et *Marennes*, où l'on pêche, dans le voisinage, des huîtres très-estimées.

Angoumois. (1 *département.*)

CHARENTE. — Chef-lieu, ANGOULÊME, sur la Charente. Ville principale : *Cognac*, qui est la patrie de François I.ᵉʳ, et qui fournit des eaux-de-vie très-estimées.

Poitou. (3 *départements.*)

1.º VIENNE. — Chef-lieu, POITIERS, où Édouard, le Prince noir., fit prisonnier le Roi de France Jean et son fils Philippe, qu'il emmena ensuite en Angleterre. Ville principale : *Chatellerault*, dont la coutellerie est renommée.

2.º DEUX-SÈVRES. — Chef-lieu, NIORT, sur la Sèvre Niortaise. C'est dans une des prisons de cette ville que naquit M.ᵐᵉ de Maintenon. Ville principale : *Bressuire*.

3.º VENDÉE.—Chef-lieu. BOURBON-VENDÉE, ville nouvelle, qu'on rebâtit et qui s'agrandit considérablement. Villes principales : *Fontenai-le-Comte.* — *Les Sables-d'Olonne*, port de mer sur l'océan Atlantique.

Bretagne. (5 *départements.*)

ILLE-ET-VILAINE.—Chef-lieu, RENNES, ancienne capitale de la Bretagne, située sur la Vilaine, fait un grand commerce de beurre.

Villes remarquables : *Saint-Malo*, qui a un port très-fréquenté, sur la Manche. Les habitants, qui portent le nom de Malouins, entretiennent un commerce considérable avec l'étranger. Elle a donné la naissance à Duguay-Trouin, célèbre marin. — *Cancale*, qui a un port sur la Manche. On pêche une quantité d'excellentes huîtres dans la rade voisine de cette ville. — *Vitré* et *Redon*.

2.º LOIRE-INFÉRIEURE. — Chef-lieu, NANTES, sur la rive droite de la Loire, fleuve magnifique qui va se jeter à sept lieues de là dans la mer, et une des villes les plus considérables, les plus commerçantes et les plus riches de la France. Elle a tous les avantages d'un port de mer. Elle a 77,000 habitants. Les anciens ducs de Bretagne y faisaient leur résidence, et Henri IV y publia le fameux Édit de tolérance, qui fut révoqué dans la suite par Louis XIV. Villes remarquables : *Savenay*, ville peu considérable. — *Ancenis*, sur la Loire. — *Paimbœuf*, près de l'embouchure de la Loire, a un port où s'arrêtent et se déchargent les vaisseaux qui ne peuvent pas remonter la rivière jusqu'à Nantes. — *Le Croisic*, qui a un bon port, et des marais salants dans son voisinage. — *Châteaubriand*, renommée pour ses confitures sèches d'angélique.

3.º MORBIHAN. — Chef-lieu, VANNES, à deux lieues de la mer, avec laquelle elle communique par un petit bras appelé Morbihan. Ses habitants ont été les plus anciens navigateurs, sans en excepter même les Phéniciens. Jules-César, dans ses Commentaires, décrit leur puissance et les victoires qu'il remporta avec peine sur eux. Villes principales : *Ploërmel*. — *Lorient*, qui a un port, et fait un commerce assez considérable. —*Port-Louis*.

Auray, port sur le Morbihan. Près de cette ville, est la presqu'île de Quiberon.

4.º FINISTÈRE.—Chef-lieu, QUIMPER, ou QUIMPER-CORENTIN. Villes principales : *Brest*, qui est le plus beau port de France, par ses magasins, ses arsenaux, ses quais, et où 500 vaisseaux de ligne peuvent être en sûreté dans la rade. Cette rade a une entrée, nommée *le Goulet*, étroite et difficile, à cause des rochers qui sont cachés sous l'eau. Le port de Brest est entièrement consacré à la marine militaire. Son principal commerce consiste en sardines, qu'on pêche dans le voisinage. — *Morlaix*, port sur la Manche, commerce en toiles et en chandelles.

5.º CÔTES-DU-NORD. — Chef-lieu, SAINT-BRIEUX. Villes remarquables : *Guingamp*, qui commerce en toiles de coton qui en portent le nom. — *Dinan*, qui a une source d'eau minérale.

DÉPARTEMENTS DU MILIEU, AU NORD.

Ile-de-France. (5 *départements.*)

1.º SEINE. — Chef-lieu, PARIS, capitale de toute la France, est une des plus grandes, des plus peuplées, des plus commerçantes et des plus riches villes du monde. Elle a sept lieues de tour, et est située sur la Seine, qui la partage en deux parties. Cette rivière y forme, en outre, deux îles, dont la principale, qu'on nomme aujourd'hui *la Cité*, s'appelait autrefois *Lutetia*. Paris renferme un grand nombre d'édifices magnifiques, et fournit au commerce les objets les plus précieux. Cette ville est le rendez-vous des artistes en tous genres ; et, dans tout ce qui concerne les arts,

le Parisien est le Français par excellence.
Les manufactures qui méritent le plus d'être
citées, sont celles des Gobelins, où l'on
fait des tapisseries de la plus grande richesse,
qui réunissent à la beauté des sujets la
correction du dessin, la vivacité des couleurs
et la perfection du tissu; celle de la Savonnerie,
où l'on fait des tapis magnifiques, et celle des
glaces, où l'on en polit qui ont jusqu'à huit pieds
de haut. Les Champs-Élysées, les Tuileries,
le Jardin du Luxembourg, les Boulevards, sont
les principales promenades. Paris possède le plus
fameux Musée de peinture et de sculpture qu'il
y ait au monde. On y trouve encore le Jardin
des Plantes, vaste local, où l'on voit réunies
presque toutes les plantes connues, avec une
ménagerie et un magnifique cabinet d'histoire
naturelle. Sa cathédrale est un bâtiment
gothique très-vaste et très-élevé, accompagné de deux tours d'une hauteur et d'une
masse imposante; les églises de Saint-Eustache,
de Saint-Roch, de Saint-Sulpice et de Sainte-
Géneviève, méritent d'être remarquées. L'hôtel
des Invalides, érigé par Louis XIV, pour loger
et nourrir les soldats infirmes ; l'Hôtel-Dieu,
qui peut recevoir plus de 4,000 malades, méritent aussi d'être visités. Paris renferme six
palais, dont les deux principaux sont les
Tuileries et le Louvre. On évalue sa population à 550,000 habitants.—Sous-préfectures :
Saint-Denis, située dans une plaine agréable
qu'arrose la Seine. L'ancienne église de l'abbaye est un édifice gothique, d'une grande
légéreté, qui sert à la sépulture de nos Rois.
Sceaux a une manufacture de faïence qu'on
estime beaucoup.—*Neuilly*, bourg sur la Seine,
a un beau port.

SEINE-ET-OISE.—Chef-lieu, Versailles.
Cet endroit n'était d'abord qu'un village ; mais

il est devenu une grande et belle ville depuis que Louis XIV y a fait bâtir un superbe château pour sa résidence. On y voit une orangerie magnifique, à laquelle on descend par deux escaliers de plus de 60 marches. On trouve dans le parc les jardins du grand et du petit Trianon, qui sont fort agréables. — *Marly*, bourg à une demi-lieue duquel il y a, sur la Seine, une machine qui fournit de l'eau à Versailles. — *Saint-Germain-en-Laye*, a un château que nos Rois habitaient autrefois. — *Saint-Cloud*, village sur la Seine, a un très-beau château que nos Rois habitent souvent, et dans lequel Henri III fut assassiné par Jacques Clément ; le parc est une des plus délicieuses promenades des environs de Paris. — *Malmaison*, à une lieue et demie de Versailles, est une maison de plaisance qui ressemble à un lieu enchanté. — *Sèvres*, bourg, a une manufacture de porcelaine très-estimée. — *Pontoise*, qui a un port sur l'Oise, d'où elle prend son nom, que les anglais prirent par un stratagême singulier : dans un temps de neige, et pendant la nuit, ils s'approchèrent de la ville, sous des draps blancs, habillés en blanc eux-mêmes, avec des échelles blanches ; et, par ce moyen, ils escaladèrent les murs sans qu'on les aperçût. — *Corbeil*. — *Étampes*. *Mantes*, où mourut Philippe-Auguste. — *Jouy*, qui a une manufacture de toiles peintes.

3.º SEINE-ET-MARNE. — Chef-lieu, Melun, sur la Seine. Villes remarquables : *Meaux*, qui commerce en fromages excellents, connus sous le nom de fromages de Brie. — *Coulommiers*, renommée pour ses bons melons et ses fromages. — *Provins*, où l'on cultive des roses qui portent son nom, et sont employées dans la médecine. — *Fontainebleau*, qui a un château, accompagné de jardins très-vastes et d'une forêt très-étendue , où les Rois vont de temps en temps.

4.° AISNE. — Chef-lieu, LAON. On cultive , dans ses environs , des artichauts très-estimés. Près de Laon , dans la forêt de la Fère , est le village de Saint-Gobin , renommé pour sa manufacture de glaces. Villes remarquables : *Soissons* , dans un vallon agréable et fertile , commerce en haricots excellents. — *Château-Thiery* , sur la Marne , a donné naissance au célèbre La Fontaine , si connu par ses fables. — *Saint-Quentin.* Sous les murs de cette ville , les espagnols gagnèrent une victoire , en mémoire de laquelle Philippe II fit bâtir le palais de l'Escurial. — *La Ferté-Milon* , patrie de Racine.

5.° OISE. — Chef-lieu , BEAUVAIS , dont les femmes jouissaient dernièrement de la prérogative de marcher les premières dans une procession. C'était , dit-on , en mémoire de l'intrépidité avec laquelle elles avaient repoussé les troupes de Charles-le-Téméraire , duc de Bourgogne , après que leurs maris eurent commencé à plier. Villes remarquables : *Compiègne*, qui a dans son voisinage une forêt considérable. — *Senlis.* — *Chantilly* , bourg qui avait un château et un parc magnifique , qui appartenait au prince de Condé.

Orléanais. (3 *départements.*)

1.° LOIRET. — Chef-lieu , ORLÉANS , qui a soutenu deux sièges mémorables : l'un contre le redoutable Attila , et l'autre contre les Anglais , qui furent repoussés par la célèbre Jeanne d'Arc. Sous les quatre Rois enfants de Clovis , Orléans fut la capitale du royaume échu à Gontran. Parmi ses monuments , on distingue la cathédrale et le pont construit sur la Loire. On y fait le meilleur vinaigre de la France. Villes remarquables : *Pithiviers* , où l'on fait d'excellents pâtés d'alouettes , qu'on envoie à Paris. On y récolte une grande quantité de safran. — *Montargis* , située sur le Loing. Cette petite rivière , depuis Montargis jusqu'à la Seine, où elle se jette , sert à continuer les canaux de Briare et d'Orléans , qui tous deux partent de la Loire.

2.º LOIR-ET-CHER.—Chef-lieu , Blois, sur la Loire , dans une des plus agréables contrées de la France. Elle a un beau château , des fontaines élégantes et un pont magnifique. C'est dans cette ville que , dans une assemblée des États généraux , Henri III fit assassiner le Duc de Guise et son frère le Cardinal. Ville remarquable : *Vendôme* , qui a donné naissance au poëte Ronsard.

3.º EURE – ET – LOIR. — Chef – lieu, Chartres , qui a un clocher renommé pour sa hauteur. Ville remarquable : *Dreux* , fort ancienne , dont on prétend que le nom vient des Druides , prêtres des Gaulois , qui , en effet, habitaient les forêts voisines de ce lieu.

Maine. (2 *départements.*)

1.º SARTHE. — Chef – lieu , Le Mans , ville grande et bien peuplée. Les oies , poulardes , chapons , perdrix grises et rouges y ont un goût exquis. Ville remarquable : *La Flèche* , située sur le Loir , dans un agréable vallon dont les coteaux sont couverts de vignes. Elle produit du vin , des chapons et des poulardes très-estimés.

2.º MAYENNE.—Chef-lieu, Laval, célèbre par ses manufactures de toile.

Anjou. (1 *département*)

MAINE-ET-LOIRE. — Chef-lieu, Angers.

sur la Mayenne , un peu au-dessus de l'endroit où cette rivière reçoit le Loir et la Sarthe , et prend le nom de Maine , après cette jonction. On voit maintenant , dans le jardin botanique , une urne de porphyre qu'on croit avoir été employée aux noces de Cana. Angers est renommée pour les carrières de belles ardoises qu'on trouve dans ses environs. Villes remarquables : *Ségré.* — *Beaugé.* — *Beaupreau.* — *Saumur* , où l'on a construit sur la Loire un superbe pont , et où est née la célèbre Mme Dacier.

DÉPARTEMENTS DU MILIEU , A L'ORIENT.

Champagne. (4 *départements.*)

1.º AUBE. — Chef-lieu , Troyes , située sur la Seine.

2.º HAUTE-MARNE. — Chef-lieu , Chaumont. Ville remarquable : *Bourbonne* , renommée par ses eaux minérales.

3.º MARNE. —Chef-lieu, Chalons, où l'on fait du vinaigre et de la moutarde fine qu'on envoie dans les pays étrangers. Villes remarquables : *Rheims* , où l'on sacre les Rois de France , et où Clovis reçut le baptême. On y fait d'excellent pain-d'épice. — *Sainte-Ménéhould.*

4.º ARDENNES. — Chef-lieu , Mézières , sur la Meuse. Ville remarquable : *Rocroy,* qui est célèbre par la victoire que le prince de Condé y remporta sur les Espagnols. —*Sédan,* célèbre par sa manufacture de draps , et par la naissance de Turenne , un des plus illustres généraux de Louis XIV.

Nivernais. (1 *département*)

NIÈVRE. — Chef-lieu , Nevers , sur la Loire.

Bourbonnais. (1 *département.*)

ALLIER. — Chef-lieu , Moulins , agréablement situé sur l'Allier. Villes remarquables : *Bourbon-l'Archambault*, distinguée par ses bains , dont les eaux sont salées et colorent les bords du vase d'une teinte jaunâtre ; elles sont si chaudes , qu'on ne peut y tenir longtemps la main. — *Vichy*, sur l'Allier , qui a aussi des eaux minérales qu'on estime.

Auvergne. (2 *départements.*)

1.º PUY-DE-DOME. — Chef-lieu, Clermont , ancienne capitale de l'Auvergne , située au pied d'une montagne. On y fait des pâtes d'abricots et de pommes , les meilleures que l'on connaisse. Les environs fournissent d'excellents fromages connus sous le nom de *fromages d'Auvergne*. Ville remarquable : *Riom* , qui a des eaux minérales.

2.º CANTAL. — Chef-lieu , Aurillac.

DÉPARTEMENTS DU MILIEU , A L'OCCIDENT.

Limosin. (2 *départements.*)

1.º CORRÈZE. — Chef-lieu , Tulle , célèbre par les premières manufactures de dentelles , auxquelles elle a donné son nom. Ville remarquable : *Brives-la-Gaillarde.*

2.º HAUTE-VIENNE. — Chef-lieu, LIMOGES.
Elle est la patrie du chancelier d'Aguesseau.

Marche. (1 *département.*)

CREUSE. — Chef-lieu, GUÉRET.

Berry. (2 *départemens.*)

1.º CHER. — Chef-lieu, BOURGES. Ville
principale : *Sancerre*, qui est célèbre par le
long siège qu'elle soutint, et l'horrible famine
qu'elle endura sous Charles IX. On y mangea
des cuirs, des parchemins et toutes sortes
d'animaux.
2.º INDRE. — Chef-lieu, CHATEAUROUX.

Touraine. (1 *département.*)

INDRE-ET-LOIRE. — Chef-lieu, TOURS.
C'est une des plus anciennes villes de France.
Elle est située sur la rive gauche de la Loire,
et on y arrive par un très - beau pont.
La rue qui est en face de ce pont, passerait
pour une des plus belles de Paris ; elle traverse
toute la ville. On a nommé la Touraine *le
Jardin de la France*, à cause des fruits
excellens dont elle abonde. Villes remarquables : *Amboise*, depuis Tours jusqu'à cette
ville, c'est-à-dire, dans un espace de six
lieues, les rives de la Loire, sur-tout la droite,
sont un village continuel. — *Loches*.

Ile de Corse. (1 *département.*)

CORSE. — Chef-lieu, AJACCIO. Villes remarquables : *Bastia*, *Calvi* et *Corté*.

Comtat d'Avignon. (1 *département.*)

VAUCLUSE. — Chef-lieu, AVIGNON, patrie du brave Crillon. Ce département a pris son nom d'une fontaine qui s'y trouve, et qui est devenue célèbre par les poésies de Pétrarque. Villes remarquables : *Orange* et *Carpentras.*

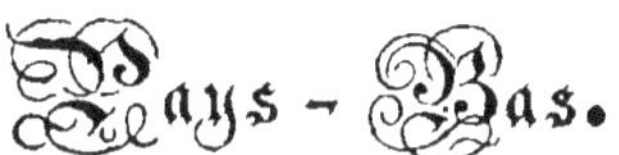

On donnait, ci-devant, le nom de Pays-Bas à plusieurs provinces ; elles étaient ainsi appelées, parce qu'elles sont situées vers la mer, et que plusieurs grandes rivières y ont leur embouchure.

Limites. — Le royaume des Pays-Bas est borné, au nord et à l'ouest, par la mer du Nord ; au sud, par la France ; à l'est, par la Prusse et le nouveau royaume de Hanovre.

Division. — Les Pays-Bas comprennent deux parties : la Hollande et la Belgique.

Climat, sol et aspect du pays. — Le territoire de la Hollande est généralement bas. Les habitants ont successivement gagné du terrain sur la mer, au moyen des digues qu'ils ont élevées à force de travaux et de dépenses. On ne trouve, dans ce pays, ni coteaux, ni montagnes. Quand on contemple sa surface, du haut d'une tour ou d'un clocher, on croit voir un vaste marais entrecoupé de fossés. Les canaux, qui servent de grandes routes, sont remplis, pendant l'été, d'eaux fangeuses, qui exhalent une odeur désagréable et malsaine. Le sol est propre aux pâturages. Le sol de la Belgique, plus élevé que celui de la Hollande, est d'une fertilité extrême.

Rivières. — Les principales rivières de la Hollande sont : le Rhin, la Meuse et l'Ems. La Belgique est arrosée par l'Escaut, la Lys, la Sambre, la Dyle et la Scarpe.

Canaux. — Les canaux sont très-multipliés dans la Hollande. Les habitants, pour aller d'une ville à une autre, se servent de bateaux couverts, qui sont tirés par des chevaux.

Productions végétales. — Le territoire de la Hollande ne produit pas beaucoup de grains ; mais, en desséchant les marais, les habitants ont formé d'excellents pâturages, où ils engraissent des bestiaux qui leur donnent, en grande quantité, le meilleur beurre et les meilleurs fromages de l'Europe.

Animaux. — La Hollande a une excellente race de brebis dont la laine est fort estimée.

Pêche du hareng, de la morue et de la baleine. — La Hollande emploie beaucoup de monde à la pêche du hareng et à celle de la morue, qu'on prend dans la mer du Nord, à la hauteur de l'Islande. Cette espèce de morue, que l'on nomme *cabéliau*, quand elle est fraîche, est à-peu-près semblable à celle que les Français et les Anglais pêchent sur le banc de Terre-Neuve, et que l'on nomme *morue verte*, ou *morue sèche*, selon la préparation qu'on lui donne. Les Hollandais vont pêcher la baleine sur les côtes du Groëland.

Population et religion. — 4,800,000 habitants, dont environ 2,800,000 pour la Belgique. Le calvinisme est la religion la plus répandue en Hollande ; mais les autres religions y ont le libre exercice de leur culte.

Mœurs. — Les Hollandais sont froids et très-économes ; l'intérêt est leur premier mobile ;

la température de leur climat les rend en général lents et flegmatiques. Les paysans ont l'esprit lourd et la conception lente. L'habitude de fumer du tabac est commune aux deux sexes de tout âge. Les Hollandais tirent de la mer leur principale nourriture , qui consiste en harengs ; car l'amour du gain les porte à vendre leurs meilleurs poissons aux Anglais et aux autres nations. Ils ont couvert leurs frontières et leurs villes d'une infinité d'écluses , au moyen desquelles quelques heures suffisent pour inonder toute la surface de leur pays , et le rendre inaccessible. C'est dans la Hollande qu'on sait le mieux patiner sur la glace : les personnes des deux sexes se livrent à cet exercice avec une adresse admirable. Les Belges sont légers et inconstants.

TOPOGRAPHIE.

Ce royaume comprend neuf provinces , qui sont :

1.º LA HOLLANDE proprement dite , capitale , AMSTERDAM , qui tire son nom de la rivière *Amstel* et du mot *dam* , qui signifie *digue*. Elle est située sur un bras du golfe de Zuydersée , à l'endroit où se jette la rivière d'Amstel. Sa situation est très-avantageuse pour le commerce. Les canaux partagent la ville en une infinité d'îles qui communiquent entr'elles par des ponts. L'amirauté , qui renferme tout ce qui est nécessaire pour équiper les vaisseaux, et l'hôtel-de-ville , sont les plus beaux monuments d'Amsterdam. Cette ville abonde en manufactures, et elle peut être regardée comme l'entrepôt de toutes les marchandises de l'univers. Villes remarquables : *Rotterdam*, sur la Meuse, qui est, après Amsterdam, la ville la plus considérable de la Hollande. Elle tire son nom d'un petit ruisseau appelé *Rotter*, qui la traverse. Le célèbre Érasme y est né, et sa statue en bronze est placée au milieu de la ville. — *Leyde*, sur le Rhin, est une ville considérable. — *La Haye*, près de la mer. On trouve dans la plupart de ses rues de larges canaux qui sont renfermés entre des quais plantés de tilleuls. — *Harlem*, qui fait un grand commerce d'oignons de fleurs. — *Dordrecht*, ville forte.

2.º UTRECHT, capitale, Utrecht, sur le Vieux-Rhin et le Wecht, est une grande ville, belle et bien peuplée, qui a une université, un jardin botanique et des manufactures de velours. On voit, le long du canal de cette ville à celle d'Amsterdam, un grand nombre de jolies maisons de campagne, qui ont des jardins charmants. Utrecht est célèbre par le congrès qui s'y tint, en 1712 et 1713, pour la paix de l'Europe, et par le traité d'union qui fut conclu, en 1579, entre les Provinces-Unies.

3.º LA ZÉLANDE, capitale, Middelbourg, qui est aussi la capitale de l'île de Walcheren, dans laquelle elle est située. Ville principale : *Flessingue*.

4.º LE BRABANT SEPTENTRIONAL. Villes principales : *Bois-le-Duc*, *Breda* et *Berg-op-Zoom*.

5.º La province de GUELDRE, capitale, Arnheim. Ville principale : *Nimègue*, sur le bras du Rhin appelé *Wahal*.

6.º La province de L'OVER-YSSEL, capitale, Zwol. Ville principale : *Deventer*, sur l'Yssel.

7.º La province de DRENTHE , capitale , Assen.

8.º La province de GRONINGUE , capitale , Groningue.

9.º LA FRISE , capitale , Leuwarden.

Belgique.

La Belgique se divise en neuf parties :

1.º LE BRABANT MÉRIDIONAL , capitale, Bruxelles , qui est aussi la capitale de la Belgique , et qui est la plus belle ville des Pays-Bas. On y voit une promenade magnifique appelée *le Parc.* Villes principales : *Louvain.* — *Nivelles* , où l'on voit sur une tour , auprès d'une horloge , un homme de fer qui frappe les heures avec un marteau. C'est ce *Jean de Nivelles* dont le nom est vulgairement connu.

2.º La province d'ANVERS, capitale, Anvers, sur l'Escaut. Cette ville faisait autrefois un commerce considérable , mais il est bien diminué. Ville principale : *Malines* , sur la Dyle , qui a des manufactures de dentelles renommées.

3.º Le territoire de LIMBOURG , capitale , Maestricht , sur la Meuse.

4.º La province de LIÉGE, capitale, Liége , sur la Meuse. — Ville principale : *Spa* , qui a des eaux minérales renommées.

5.º La province de NAMUR , capitale, Namur , qui fut prise par Louis XIV en personne , après six jours de siège. Cette ville est située au confluent de la Sambre et de la Meuse. Ville principale : *Dinant.*

6.º LE HAINAUT , capitale , Mons. Ville principale : *Tournay* , près de laquelle est le village de Fontenoy, où Louis XV vainquit les Anglais et les Hollandais.

7.º LA FLANDRE ORIENTALE, capitale, GAND, au confluent de l'Escaut et de la Lys, qui la partagent en 26 îles , dont le plus grand nombre sont bordées de quais magnifiques. Son étendue a fait dire à Charles-Quint : *qu'il mettrait Paris dans son Gand*. Elle a donné naissance à l'Empereur Charles-Quint. On voit dans la cathédrale une chaire de marbre blanc dont le travail est parfait.

8.º LA FLANDRE OCCIDENTALE, capitale, BRUGES , située sur le canal qui va de Gand à Ostende , est une grande ville. Villes principales: *Ostende.—Nieuport.—Courtray. — Ypres.*

9.º LE GRAND DUCHÉ DE LUXEMBOURG, capitale, LUXEMBOURG , qui est une des villes les plus fortes de l'Europe.

ALLEMAGNE,

OU

Confédération Germanique.

Limites. — L'Allemagne est bornée , au nord, par la mer Baltique ; à l'ouest, par la France et les Pays-Bas ; au sud, par la Suisse et l'Italie ; et à l'est, par l'empire d'Autriche et la Prusse.

Division. — L'Allemagne , sous le nom de Confédération Germanique , comprend les États marqués dans le tableau ci-contre :

PROVINCES ou ÉTATS.	CAPITALES.	VILLES PRINCIPALES.
PARTIE DE L'EMPIRE D'AUTRICHE.		
L'Archiduché d'Autriche...	Vienne ...	Lintz et Baden.
La Styrie	Gratz.....	....
Salzbourg.....	Salzbourg.	....
Tyrol Allemand	Inspruck..	....
Tyrol Italien..	Trente....	....
Vorarlberg	Bregentz ..	....
La Bohême....	Prague....	....
La Moravie....	Brunn. ...	Austerlitz .
Silésie autrichi.	Troppau ..	....
PARTIE DU ROYAUME DE PRUSSE.		
Le Brandebourg	Berlin.....	Postdam et Francfort-sur-l'Oder
Silésie prussien	Breslau ...	....
La Poméranie..	....	Stettin et Stralsund
La prov. de Saxe	....	Magdebourg et Erfurth.
La Westphalie	Munster..	Paderborn.
Duché de Clèves et de Berg.	....	Cologne , Clèves et Dusseldorf
Le duché du Bas Rhin.	....	Coblentz , Aix-la-Chap. et Trèves.
4 ROYAUMES.		
Saxe.........	Dresde....	Léipsick.
Hanovre	....	Ebden , Gottingue , Lunebourg
Bavière	Munich...	Augsbourg, Ratisbonne, Nuremberg Wartzbourg Deux-Ponts.
Wurtemberg ..	Stuttgard .	Ulm , Weinsberg

	PROVINCES ou ÉTATS.	CAPITALES.	VILLES PRINCIPALES.
7 GRANDS DUCHÉS.	Bade............	Carlsruhe.	Bade, Constance, Manheim, Heidelberg, Doneschingen.
	Luxembourg...	Luxembourg...	....
	Hesse-Darmstadt	Darmstadt.	Mayence.
	Saxe-Weymar.	Weimar...	Iéna.
	Oldenbourg...	Oldenbourg	....
	Mecklenbourg-Schwerin....	Schwerin.	....
	Mecklenbourg-Strelitz.......	Strelitz...	....
8 DUCHÉS.	Hesse-Electorale	Cassel.....	....
	Le Holstein...	....	Kiel, Altona.
	Lauenbourg...	Lauenbourg	....
	Brunswick.....	Brunswick.	....
	Saxe-Gotha...	Gotha.....	....
	Saxe-Cobourg..	Cobourg...	....
	Nassau........	Wisbaden	....
	Le landraviat de Hes.-Hombourg	Hombourg.	....
4 VILLES LIBRES.	Lubeck.......	....	....
	Hambourg....	....	....
	Brême........	....	....
	Francfort-sur-le-Mein.......	....	....

12 PRINCIPAUTÉS, dont les capitales sont peu importantes.

Noms ancien et moderne. — Les Romains donnaient à l'Allemagne le nom de *Germanie.* Son nom moderne vient des Allemands, un des anciens peuples qui l'habitaient.

Climat et sol. — L'Allemagne étant très-étendue, le climat et le sol y sont nécessairement très-variés. Le milieu de l'Allemagne est couvert d'immenses forêts , dont la plus remarquable est la Forêt-Noire , en Souabe , qui est une partie de la forêt Hercynienne : du temps de César , elle couvrait une grande partie de l'Allemagne.

Rivières. — Les principales rivières de l'Allemagne sont : le Danube , l'Elbe , l'Oder et le Weser.

Le Danube prend sa source dans la Forêt-Noire , dans le grand duché de Bade , baigne Sigmarengen , Ulm , Donawert , Neubourg , Ingolstadt , Ratisbonne , Straubing , Passau , Lintz , Vienne , Presbourg , Bude , Pest , Peterwaradin , Belgrade , Widin , Nicopoli , Silistria , Ismaïl , et se jette dans la mer Noire , par plusieurs embouchures.

L'Elbe prend sa source dans la Silésie , et se jette dans la mer du Nord.

L'Oder prend sa source aux monts Krapacks , et se jette dans la mer Baltique , par trois embouchures.

Le Weser se forme du concours des rivières de Werra et de Fulde , et se jette dans la mer du Nord.

Lacs. — Le principal lac est celui de Constance , en Souabe.

Eaux minérales et bains. — Les eaux de Wisbaden sont célèbres : celles de Pyrmont sont le rendez-vous de tout le beau monde.

Productions végétales. — La vigne fait les richesses d'une grande partie de l'Allemagne. Les superbes montagnes qui bordent le Rhin , produisent des vins qui tiennent un rang distingué parmi ceux de l'Europe. On cultive en Allemagne beaucoup de tabac : mais la culture des légumes est sur-tout poussée, dans quelques provinces , au même degré de perfection que dans la Hollande. La betterave qui fournit du sucre , et la chicorée sauvage , dont la racine sert à faire du café agréable , sont aussi des articles de commerce important.

Animaux. — Les chevaux de l'Allemagne sont estimés. Les porcs font une richesse des habitants de l'ancien cercle de Westphalie : les fameux jambons de Mayence viennent pour la plupart de ces contrées. Les oies sont aussi un des principaux objets des soins domestiques dans la Bavière et la Franconie : on les enfume , et on les vend alors avec un très-grand profit.

Population et religion. — La population de la Confédération Germanique est de 30,000,000 d'habitants , dont 17,000,000 pour les états d'Autriche et de Prusse. Il y a en Allemagne trois religions : la religion catholique , celle de Luther et celle de Calvin.

Curiosités naturelles. — Les cavernes sont les principales curiosités naturelles de l'Allemagne. Il y en a une , dans la forêt d'Harz , près de Blanckenbourg , dont on n'a pas encore trouvé le bout , quoique plusieurs personnes y aient parcouru une surface de plus de sept lieues.

Commerce. — Le commerce de l'Allemagne consiste , principalement, en blé , chanvre , lin , houblon , tabac et bestiaux.

Histoire. — L'ancienne Germanie était couverte de forêts, et habitée par différents peuples barbares qui avaient chacun leur chef. Ils faisaient souvent des incursions sur les terres de la domination romaine. Auguste et ses successeurs envoyèrent des armées nombreuses, qui s'avancèrent jusqu'au centre de la Germanie : mais ils ne purent y conserver aucune conquête, et les Germains continuèrent leurs incursions, jusqu'à ce qu'enfin ils s'emparèrent de la moitié de l'Empire romain. Au cinquième siècle, on les vit tous se jeter , comme de concert, sur les provinces de cet empire. Ce fut alors que les Bourguignons et les Francs passèrent dans la

Gaule , et les Angles et les Saxons dans la Grande - Bretagne. Les Allemands , qui ont depuis donné leur nom à l'ancienne Germanie, voulurent aussi s'établir dans la Gaule ; mais Clovis 1.er les arrêta, et , après les avoir défaits à la bataille de Tolbiac , il les soumit à sa domination. Ses successeurs continuèrent d'étendre leur empire en Allemagne , et, l'an 800 , Charlemagne acheva de la subjuguer, en domptant les Saxons. Ce prince possédait déjà la France et l'Italie. Il fut couronné Empereur , à Rome , le jour de Noël de l'an 800 , et il rétablit ainsi l'Empire d'occident. Après la mort de Louis—le—Débonnaire , l'Allemagne échut à son fils Louis , qu'on appela *le Germanique.* Louis IV, un de ses descendants , mourut sans laisser d'enfants mâles , l'Allemagne devait alors appartenir à Charles-le-Simple , Roi de France, dernier rejeton de la race de Charlemagne ; mais les Allemands élurent pour roi Conrad , duc de Franconie. L'Empire passa successivement à des princes de différentes maisons ; enfin, depuis plusieurs siècles , il est possédé par la maison d'Autriche , et c'est encore un de ses princes qui occupe le trône impérial.

Mœurs. — Les Allemands sont , en général, grands , bien faits , francs , généreux , et plus laborieux qu'ingénieux. Ils ont produit plus de savants que d'hommes de génie. Il est difficile de trouver un peuple plus constant dans ses affections , plus patient dans le travail et plus imperturbable dans le malheur , par-tout où il est question de persévérance et d'exactitude. Les noms de Gesner , de Goet, et ceux de quelques autres écrivains allemands , sont connus avec gloire en Europe.

Le peuple de la Prusse est un mélange de différentes nations , qui conservent en partie leurs anciennes mœurs et leurs anciens usages. Frédéric II , roi de Prusse, fut un des plus grands hommes de l'Europe.

Les Bohémiens ressemblent aux Allemands , quant à la figure , aux vêtements , aux mœurs et aux usages. Les Hongrois sont bien faits ; les naturels du pays sont indolents , et laissent le commerce et le travail des manufactures aux Grecs établis chez eux.

TOPOGRAPHIE.

ROYAUME DE SAXE. — Ce royaume est borné , au nord, par la Prusse ; au sud , par la Bavière et la Bohême. La Saxe possède presque tous les minéraux connus. DRESDE , capitale du royaume , est agréablement située sur l'Elbe. Ville principale : *Leïpsick* , dont le commerce consiste principalement en librairie. On y tient , tous les ans , à Pâques , une foire qui est le rendez-vous des libraires de tous les pays. Le savant Leïbnitz y est né.

ROYAUME DE HANOVRE. — Ce royaume appartient au roi d'Angleterre. HANOVRE , capitale , a de jolies maisons de campagne dans ses environs. Villes principales : *Embden.* — *Gottingue* , célèbre par son université. — *Lunebourg.*

ROYAUME DE BAVIÈRE. — Ce royaume, érigé par la France , en 1805 , est borné , au nord , par la Saxe ; à l'est et au sud , par l'empire d'Autriche, et à l'ouest, par le royaume de Wurtemberg. On y suit la religion catholique. MUNICH , capitale, sur l'Isère , est une des plus belles villes de l'Allemagne. Villes principales : *Augsbourg* , remarquable par ses édifices. — *Ratisbonne* , sur le Danube , était autrefois le siège de la Diète de l'Empire. — *Passau.*

— *Nuremberg*, qui fait un grand commerce de jouets d'enfants. — *Wurzbourg.* — *Deux-Ponts*, qui possède une mine d'agathes, la seule, dit-on, qui existe en Europe.

ROYAUME DE WURTEMBERG. — Ce royaume est borné, à l'est, par celui de Bavière ; au sud, par la Suisse ; à l'ouest, par le grand duché de Bade. Il renferme les montagnes de la Forêt-Noire. STUTTGARD, capitale, est située dans une pleine fertile. Villes principales : *Ulm*, sur le Danube. — *Weinsberg*, petite ville. L'empereur Conrad l'ayant prise, avait menacé de faire passer au fil de l'épée tous les hommes en état de porter les armes. Les femmes demandèrent et obtinrent la permission d'emporter avec elles ce qu'elles avaient de plus précieux : elles sortirent, portant chacune leur mari sur leur dos. L'empereur, touché d'un tel spectacle, leur pardonna.

GRAND DUCHÉ DE BADE. — Capitale CARLSRUHE. Villes principales : *Bade*, célèbre par ses eaux minérales. — *Constance*, agréablement située, sur le lac du même nom, à l'endroit où le Rhin en sort, produit des vins estimés. — *Manheim.* — *Heidelberg.* — *Doneschingen* est remarquable, en ce que le Danube y prend sa source dans la cour du château.

DUCHÉ DE LUXEMBOURG. — (Voyez, pour la description de ce duché, qui dépend de l'Allemagne, *les Pay-Bas*, page 84.)

GRAND DUCHÉ DE HESSE-DARMSTADT. — Capitale DARMSTADT. Ville principale : *Mayence*, qui commerce en jambons renommés.

GRAND DUCHÉ DE SAXE-WEIMAR. — Capitale WEIMAR. Ville principale : *Iena*, célèbre par la victoire remportée par les Français sur les Prussiens.

GRAND DUCHÉ D'OLDENBOURG. — Capitale, OLDENBOURG.

MECKLENBOURG-SCWERIN. — Capitale, SCWERIN.

MECKLENBOURG-STRELITZ. — Capitale, STRELITZ.

HESSE-ÉLECTORALE. — Ce duché est au sud du Hanovre. CASSEL, capitale, sur la Fulde, superbe ville, avec de belles rues, sur-tout celle de Bellevue, qui est magnifique.

HOLSTEIN et LAUENBOURG. — (Voyez, pour la description, *le Danemarck*, page 32.)

BRUNSWICK. — Capitale, BRUNSWICK.

SAXE-GOTHA. — Capitale, GOTHA.

SAXE-COBOURG. — Capitale, COBOURG.

NASSAU. — Capitale, WISBADEN.

HESSE-HOMBOURG. — Capitale, HOMBOURG.

VILLES LIBRES. — LUBECK, où est né Henri Heinecken, enfant qui savait parler à dix mois, connaissant à deux ans et demi la géographie, l'histoire ancienne et l'histoire moderne, et s'énonçait avec facilité en latin et en français. — HAMBOURG, sur l'Elbe, est la ville la plus commerçante de l'Allemagne. On y prépare beaucoup de viandes salées et fumées. — BRÊME, sur le Weser. — FRANCFORT-SUR-LE-MEIN. On y remarque l'église catholique de Saint-Bartholomé, avec des tableaux et des vitrages curieux. On tient, tous les ans, à Francfort, deux foires très-fréquentées.

Empire d'Autriche.

Limites. — Cet empire est borné, au nord, par le royaume de Saxe, la Prusse et la Russie; à l'ouest, par la Bavière, la Suisse et la

Sardaigne ; au sud , par la Turquie , la mer Adriatique , l'État de l'Église , les duchés de Modène et de Parme ; et à l'est , par la Turquie.

Division. — L'empire d'Autriche comprend deux parties , savoir : les états en Allemagne , faisant partie de la Confédération Germanique ; les états hors l'Allemagne.

EMPIRE D'AUTRICHE.

SITUATION.	PROVINCES ou ÉTATS.	CAPITALES.	VILLES PRINCIPALES.
ÉTATS EN ALLEMAGNE.	Archiduché d'Autriche ..	Vienne ..	Lintz et Baden.
	Styrie.........	Gratz....	....
	Salzbourg	Salzbourg	....
	Tyrol Allemand	Inspruck.	....
	Tyrol Italien..	Trente...	....
	Vorarlberg	Bregentz,.	....
	Bohême.......	Prague...	....
	Moravie.......	Brünn ...	Austerlitz..
	Silésie.........	Troppau .	....
ÉTATS HORS L'ALLEMAGNE.	Hongrie.......	Presbourg	Bade , Pest , Tokay ,
	Transylvanie ..	Hermanstadt.	....
	Esclavonie.....	Poséga...	....
	Croatie septent.	Agram ..	....
	Gallicie orient.	Lemberg ou Léopold ...	....
	Bukowine ,.....	Tchernowitz.	....
	R.me d'Illyrie.	Laybach.	Klagenfurt, Trieste , Spalatro , Raguse.
ÉTATS EN ITALIE.	R.me Lombard-Vénitien....	Milan....	....

TOPOGRAPHIE.

États de l'Autriche en Allemagne.

ARCHIDUCHÉ D'AUTRICHE. — Capitale, Vienne, sur le Danube. Les places, les édifices publics, les palais en sont très-beaux. Sous le rapport de l'industrie, Vienne est, comme Paris, la première ville manufacturière de l'Empire. On y fait beaucoup d'instruments de musique, sur-tout des piano-forte. Les environs de cette ville sont superbes et peuplés de châteaux et de maisons de plaisance. Villes principales : *Lintz*, près de laquelle on remarque un gouffre très-dangereux, dans le Danube. — *Baden*, ville très - ancienne, renommée par ses bains chauds.

STYRIE. — Capitale, Gratz, qui fait un grand commerce de volailles.

SALZBOURG. — Capitale, Salzbourg, dont la cathédrale est bâtie sur le modèle de Saint-Pierre de Rome.

TYROL ALLEMAND. — Le Tyrol offre le tableau de la Suisse : on y trouve des glaciers nommés *Fernes*, des avalanches, des cascades. Inspruck, capitale. On y remarque la colonne en l'honneur de la Conception de la Vierge, et la statue équestre de l'archiduc Léopold.

TYROL ITALIEN. — Capitale, Trente, sur l'Adige, est située dans une vallée délicieuse, au pied des Alpes, entre l'Italie et l'Allemagne. Trente est célèbre par le concile qui s'y tint de 1545 à 1563.

VORARLBERG. — Chef-lieu, Bregentz, sur le lac de Constance.

BOHÊME. — Ce royaume est au nord-ouest de l'Autriche. Prague, capitale de tout le royaume, située sur la Moldau. On y admire, dans l'église de Saint-Jacques , un grand autel de la Vierge , orné de deux belles colonnes en cristal de roche , et d'un cadre de même matière.

MORAVIE. — Capitale , Brunn. Ville principale : *Austerlitz* , célèbre par la victoire que remportèrent les Français sur les Autrichiens et les Russes , en 1805.

SILÉSIE AUTRICHIENNE. — Capitale , Troppau.

États de l'Autriche hors l'Allemagne.

Hongrie.

Limites. — Les montagnes et les rivières ont fixé presque partout les limites de la Hongrie , qui est séparée de la Moravie , de la Silésie , de la Gallicie , de la Bukowine et de la Transylvanie , par les monts Krapacks. La Bosnie , la Servie et le Danube la bornent au sud.

Climat et sol. — Le climat de la Hongrie est très-varié : dans les plaines , la température diffère extrêmement de celle des montagnes. Le sol de ce royaume , dans la partie sud-est, produit les plus beaux blés , sans engrais et sans culture.

Rivières. — La Hongrie est baignée par un grand dombre de fleuves et de rivières. Les plus remarquables sont : le Danube , le plus grand fleuve de l'Europe , après le Volga , et la Theiss.

Lacs. — Les principaux sont ceux de Balaton et de Nieusiedler.

Productions végétales, — La Hongrie produit une immense quantité de blé. On y cultive le safran et le tabac. On trouve dans ce royaume beaucoup de pierres précieuses et diverses espèces de marbre. Les vins de la Hongrie sont estimés, sur-tout celui de Tokay.

Animaux. — Les chevaux de la Hongrie sont renommés. La pêche est très-abondante dans ce royaume, et le gibier s'y trouve en profusion.

DIVISION ET TOPOGRAPHIE.

La Hongrie est divisée en quatre grands cercles, dont les villes principales sont :

Presbourg, capitale du royaume, située sur le Danube.

Bude ou *Ofen*, qui a des bains dont l'eau est si chaude, qu'on peut y faire cuire un œuf en très-peu de temps, quoiqu'on y voie nager des poissons vivants. Les melons de Bude sont délicieux. On conserve dans cette ville la couronne hongroise.

Pest, sur le Danube, vis-à-vis Bude, avec qui elle communique par un pont de bateaux long d'un quart de lieue.

Tokay, bourg considérable, renommé par son vin, le meilleur de tous ceux de la Hongrie.

TRANSYLVANIE. — La Transylvanie est à l'est de la Hongrie. Son nom moderne, qui signifie *pays au-delà des forêts*, vient de ce qu'elle est environnée de montagnes couvertes de bois. HERMANSTADT, capitale.

ESCLAVONIE. — Les habitants de cette contrée sont les seuls qui conservent le nom de *Slaves* ou *Esclavons*, peuple autrefois célèbre. POSÉGA, capitale.

CROATIE SEPTENTRIONALE. —Capitale, AGRAM.

BUKOWINE. — Capitale, TCHERNOWITZ, sur le Pruth.

GALLICIE ORIENTALE. — La Gallicie orientale forme un gouvernement qui comprend une partie de la Pologne, que la maison d'Autriche a acquise en 1772. Lemberg, ou Léopold, capitale.

CRACOVIE, sur la Vistule, est reconnue comme ville libre, avec son territoire, sous la protection de la Russie, de l'Autriche et de la Prusse.

ROYAUME D'ILLYRIE.—Ce royaume a été érigé en 1816. Layback, capitale. Villes principales : *Klagenfurt*. — *Trieste*, au fond du golfe du même nom. — *Spalatro*, sur la mer Adriatique. Dans le voisinage de cette ville, sont les ruines de l'ancienne *Salona*, où l'empereur Dioclétien naquit, et où il se retira, après avoir abdiqué l'empire. — *Raguse*. Près de cette ville, sont les ruines de l'ancienne *Épidaure*.

Iles de la mer Adriatique.

ILES DE LA DALMATIE. — Ces îles sont au nord des îles Ioniennes. Les plus remarquables sont : Veglia, Chervo et Brazza.

ROYAUME LOMBARD - VÉNITIEN. — (Voyez, pour sa description, *Europe Méridionale*.)

———

Monarchie Prussienne.

Cette monarchie comprend : les états en Allemagne, faisant partie de la Confédération Germanique, et les états hors l'Allemagne.

MONARCHIE PRUSSIENNE.

SITUATION.	PROVINCES ou ÉTATS.	CAPITALES.	VILLES PRINCIPALES.
ÉTATS EN ALLEMAGNE.	Brandebourg...	Berlin.....	Postdam et Francfort-sur-l'Oder
	Silésie Prussiene	Breslau ...	....
	Poméranie.....	....	Stettin et Stralsund.
	Prov.e de Saxe	....	Magdebourg et Erfurth.
	Westphalie....	Munster...	Paderborn.
	Duché de Clèves et de Berg...	....	Cologne, Clèves, Dusseldorf
	Duché du Bas-Rhin,.......	....	Coblentz, Aix-la-Chap Trèves.
ÉTATS hors l'Allemagne.	Prusse orientale	Konigsberg	Tilsitt et Pillau.
	Prusse occident.	Dantzick..	Marienwerder, Thorn, Marienbourg.
	Duché de Posen	Posen.....	....

Possessions Prussiennes
en Allemagne.

Limites. — Les possessions de la Prusse en Allemagne sont bornées, au nord, par la mer Baltique et le royaume de Hanovre ; à l'est, par la Prusse proprement dite et le grand duché de Posen ; au sud, par la Saxe, les duchés du même nom et la France ; à l'ouest, par le Mecklembourg, le royaume de Hanovre, le duché de Brunswick et les Pays-Bas.

TOPOGRAPHIE.

BRANDEBOURG. — Capitale, BERLIN, qui est aussi la capitale de toute la monarchie Prussienne, est située sur la Sprée. Le roi de Prusse y réside. On admire les promenades de cette ville. Les rues et les places en sont spacieuses et bâties d'une manière régulière. Près de Berlin, est le château de Charlottenbourg, qui a un riche cabinet d'antiquités et une des plus belles orangeries de l'Europe. Villes principales : *Postdam*, belle ville, qui a un château royal. Près de Postdam est le château de Sans-Souci, dont la construction est très-élégante : c'était le séjour de Frédéric II. — *Francfort-sur-l'Oder*, où l'on tient, tous les ans, trois foires très-fréquentées.

SILÉSIE PRUSSIENNE. — Capitale, BRESLAU, sur l'Oder. Cette ville fait un commerce considérable. On y remarque l'église des Augustins, dont le maître-autel est un chef-d'œuvre.

POMÉRANIE. — Villes principales : *Stettin*, sur l'Oder, et *Stralsund*.

PROVINCE DE SAXE. — Villes principales : *Magdebourg*, sur l'Elbe, et *Erfurth*.

WESTPHALIE. — Capitale, MUNSTER. C'est dans cette ville que fut signé le fameux traité de Westphalie. Ville principale : *Paderborn*, sur la Pader, qui prend sa source au milieu de la ville.

DUCHÉ DE CLÈVES ET DE BERG. — Villes principales : *Cologne*, sur la rive gauche du Rhin. On y fabrique une eau spiritueuse qui est très-salutaire, et qu'on connaît sous le nom d'*Eau de Cologne*. C'est dans cette ville que mourut, dans la misère, Marie-de-Médicis, veuve de Henri IV, et mère de Louis XIII, qui l'avait chassée de la cour et du royaume. — *Clèves*, près du Rhin, avec lequel elle communique par un canal. — *Dusseldorf*, où l'on admire la galerie des tableaux, justement célèbre dans toute l'Europe, contenant les chef-d'œuvres de Van-Dick et de Rubens.

DUCHÉ DU BAS-RHIN.—Villes principales : *Coblentz*, au confluent de la Moselle et du Rhin, a des promenades charmantes. — *Aix-la-Chapelle*, dans le duché de Juliers, est renommée par ses eaux minérales. On y remarque la cathédrale, bâtie par Charlemagne, dont il reste encore la nef du temps de ce monarque. — *Trèves*, sur la Moselle, est la ville la plus ancienne de l'Allemagne.

États hors de l'Allemagne.

russe.

Limites. —Ce royaume est borné, au nord, par la mer Baltique ; à l'est, par le nouveau royaume de Pologne ; à l'ouest, par le duché de Mecklembourg et par ses états en Allemagne ; au sud, par l'Autriche.

Climat et sol. — Le climat de la Prusse proprement dite est froid et humide ; mais il est plus sain dans la basse Silésie. On trouve dans la Prusse beaucoup de bois et de terres très-fertiles. La Silésie présente des aspects très-variés ; mais sa partie septentrionale est sablonneuse.

Rivières. —Les fleuves les plus remarquables de la Prusse sont : l'Oder et la Vistule.

Productions végétales. — La culture des pommes de terre est poussée aussi loin dans la Prusse que dans l'Islande , et elles servent de nourriture à la plupart des habitants. Le chanvre et le lin forment deux articles d'une exportation considérable , sur-tout en Silésie. La production la plus précieuse de la Prusse , et qui lui est particulière , est l'ambre jaune ou succin , qu'on trouve sur le bord de la Baltique , près de Samland , sur un banc de terre. On le pêche à la profondeur d'environ 100 pieds , mais souvent les tempêtes le jettent sur le rivage.

Animaux. — Les abeilles sauvages , qu'on trouve dans les forêts , donnent des produits plus abondants et moins coûteux que ceux des abeilles domestiques de l'Allemagne. Le gibier abonde en Prusse , et la pêche fournit au peuple un grand moyen de subsistance.

Religion et population. — Le gouvernement de la Prusse tolère toutes les religions. La population est évaluée à 4,500,000 habitants.

TOPOGRAPHIE.

PRUSSE ORIENTALE. —Capitale, Konigs-berg , dont le commerce est considérable. Villes principales : *Tilsitt* , sur le Niémen, célèbre par le traité de paix entre la France et la Prusse. — *Pillau* , sur le golfe de Dantzick. Les côtes voisines abondent en esturgeons , qu'on pêche , et de leurs œufs on fait le caviar ; un seul esturgeon en fournit quelquefois 10 à 12 barils. La presqu'île de Pillau est appelée *le Paradis de la Prusse.*

PRUSSE OCCIDENTALE. — Capitale , Dantzick , située sur la Vistule , près de son embouchure , fait un commerce consi-dérable en grains et en bois de construction. Villes principales : *Marienwerder* , qui est très-commerçante. — *Thorn* , sur la Vistule , a donné le jour à Nicolas Copernic , fameux astronome , connu par son *Système du Monde*, adopté aujourd'hui. Elle est renommée par son pain-d'épice , ses excellents navets et son bon savon. — *Marienbourg* , grande ville , dans les environs de laquelle est un canal appelé *Muhlengraben* , qui offre un ouvrage digne de la grandeur des aqueducs de l'ancienne Rome.

DUCHÉ DE POSEN. — Capitale , Posen ou Posna , sur la Wartha , est l'entrepôt des marchandises qu'on apporte d'Allemagne en Pologne , ou de Pologne en Allemagne.

Pologne.

Limites. — La Pologne est bornée, au nord , par la Russie d'Europe ; à l'ouest , par la mer Baltique et la Prusse ; au sud , par la Hongrie et la Turquie d'Europe , et à l'est par la Russie d'Europe.

Noms ancien et moderne. — La Pologne s'appelait autrefois la Sarmatie Européenne. Son nom moderne vient du mot *Polu* , qui , dans la langue esclavonne , signifie un pays propre à la chasse. Elle est très-favorable à cet exercice , parce que les forêts qu'elle renferme abondent en gibier de toute espèce.

Climat et sol. — Le climat de la Pologne est très-inconstant , mais généralement froid et humide. Cependant l'insalubrité de l'air est diminuée par la violence des vents qui parcourent sans obstacle ses plaines immenses , et soulèvent , sur les bords de la Baltique , d'épais tourbillons de sable qui forment des collines, et couvrent souvent des fermes entières. Les pluies tombent, tantôt avec abondance, tantôt avec une violence extrême.

On a remarqué que les qualités de l'air et du sol influent sur les fleuves et les lacs, dont les eaux changent de couleur.

Quelquefois, l'hiver offre les prodiges d'une seconde végétation, occasionnée par la douceur de la température ; mais, au mois de mars, il exerce son empire, et, en une seule nuit, il détruit cet été précoce.

Forêts. —La Pologne est hérissée de vastes forêts, sur-tout dans la Lithuanie.

Fleuves et rivières. — La Pologne est arrosée par deux beaux fleuves : le Dniéper ou Borystène et la Vistule. *Le Dniéper* prend sa source en Russie, dans le gouvernement de Smolensk, et se jette dans la mer Noire. Il forme, à son embouchure, une espèce de lac marécageux, appelé *Liman. La Vistule* descend des montagnes de la Silésie, et se jette dans le golfe de Dantzick.

Les autres principales rivières sont : le Niémen, le Bug, la Warthe, le Dniester et le Bog, qu'il ne faut pas confondre avec le Bug.

Productions. — La Pologne produit beaucoup de blé. Les pâturages sont fournis d'herbes si épaisses et si hautes, qu'on peut à peine apercevoir les bestiaux dans les prairies. Près de Velisca, on voit la plus abondante mine de sel gemme qui soit connue : on y descend par six ouvertures, et l'on trouve, au fond de la mine, une ville souterraine ornée de chapelles, de palais, de colonnades, qui semblent construites d'émeraudes et de topazes, et dont les flambeaux, qui les éclairent, font jaillir des étincelles.

Animaux. —Les forêts de la Pologne offrent aux bêtes fauves un vaste repaire. Les abeilles fourmillent en Pologne ; un autre insecte , en déposant ses œufs sur les feuilles d'un chêne , produit le kermès, qu'on recueille au mois de mai.

Population et religion. — La population de la Pologne , avant les trois partages , était évaluée à 15,000,000 d'habitants. La religion catholique est celle de la Pologne.

Mœurs. — Les Polonais ont bonne mine : ils ont le teint brun , ils sont courageux , honnêtes et hospitaliers ; leurs femmes sont vives et animées. Pour saluer , les Polonais inclinent la tête , se frappent l'estomac avec une main , et ils étendent l'autre vers la terre. Ils couchent volontiers sur la neige ou sur la glace , sans lits ni couvertures ; ils ne logent jamais qu'au rez-de-chaussée , et leurs appartements ne se touchent point. En Pologne, les auberges sont de grandes écuries , bâties en planches et couvertes de paille , sans meubles ni fenêtres. Les étrangers sont obligés de porter avec eux leurs vivres : lorsque leurs provisions sont finies , ils s'adressent au seigneur du village , qui leur fait donner ce qui leur est nécessaire. Les divertissements des Polonais consistent à danser , courir à cheval , chasser et faire battre ensemble des taureaux ou des ours. Les Polonais sont divisés en noblesse , clergé , bourgeois et paysans : les nobles ne font aucun cas des titres honorifiques , et ils s'imaginent que la plus belle dénomination est celle de gentilhomme polonais. Les nobles qui sont pauvres sont souvent forcés de servir les riches ; mais leur maître a ordinairement des égards pour eux : il permet au plus ancien d'entre-eux de manger à sa table , la tête nue ; et chacun a , pour le servir, un jeune paysan entretenu aux dépens du maître. Un gentilhomme a l'habitude de donner à son domestique une partie de ce qu'on lui a servi ;

ce dernier mange debout, derrière son maître, et boit dans le même vase que lui.

Commerce. — Le commerce de la Pologne consiste principalement en bois, résine, poix, chanvre, lin et bestiaux.

Histoire. — Les premiers Souverains de la Pologne n'avaient que le titre de Ducs. On peut partager en quatre classes les Princes qui l'ont gouvernée jusqu'à présent. L'histoire des premiers Ducs est peu connue. Vers l'an 840, Piast, simple paysan, fut élevé à la dignité Ducale, et la transmit à ses descendants. Boleslas obtint le titre de Roi ; son père établit la religion chrétienne en Pologne. Casimir-le-Grand fut le dernier Prince de la race des Piast qui régna sur les Polonais.

Le dernier Souverain qui régnait en Pologne était Stanislas-Auguste Poniatowski. L'Empereur d'Allemagne, l'Impératrice de Russie et le Roi de Prusse ont partagé une portion de son royaume, et ce Prince a été conduit à Pétersbourg, pour y terminer sa vie dans l'état de simple particulier.

Division. — Avant les partages qu'on a faits de la Pologne, ce pays était divisé en trois parties : la Grande-Pologne, au nord-ouest ; la Lithuanie, au nord-est ; la Petite-Pologne, au sud.

SUISSE,

OU

République Helvétique.

Limites. — La Suisse est bornée, au nord et à l'est, par l'Allemagne ; à l'ouest, par la France ; au sud, par la France et l'Italie.

Noms ancien et moderne. — La Suisse faisait autrefois partie de la Gaule. Son nom de République Helvétique vient des Helvétiens, un des principaux peuples qui l'habitaient. Son nom moderne vient du canton de Schwitz.

Climat, sol et aspect du pays. — La Suisse est le pays le plus élevé de l'Europe, celui dans lequel les fleuves les plus majestueux de ce continent prennent leurs sources. Elle réunit dans son enceinte resserrée le sol et les productions du nord et du sud : une excursion d'une seule journée suffit pour mener le voyageur dans les régions glacées de Spitzberg, et lui faire sentir les chaleurs brûlantes du Sénégal. Pendant l'hiver, le froid y est assez rigoureux ; pendant l'été, l'inégalité du sol fait varier la température. Souvent on fait la récolte d'un côté des montagnes, tandis que l'on ensemence de l'autre. Les avalanches, ou chûtes énormes de neiges du sommet des montagnes, sont très-communes en Suisse ; on a établi plusieurs hospices pour secourir les voyageurs qui sont engloutis dans ces terribles abîmes. Celui qui est situé sur le sommet du grand Saint-Bernard, est l'habitation la plus élevée de l'Europe. Il n'y a peut-être pas de pays où les avantages de l'industrie paraissent plus que dans la Suisse : le voyageur voit avec admiration des rochers qui sont tapissés de vignes et de pâturages ; il aperçoit les traces de la charrue empreintes sur les flancs de précipices si escarpés, que l'on conçoit à peine comment les chevaux ont pu y monter. Les habitants ont surmonté tous les obstacles que leur imposait la nature du sol. Dans cette région singulière, le passage de la stérilité la plus complète à la plus grande fertilité est rapide et frappant : ici, on voit une chaîne de montagnes bien cultivées, couvertes de hameaux, de bois touffus et de pâturages qui paraissent suspendus dans les airs , et qui forment le paysage le plus délicieux qu'on puisse imaginer ; plus loin , sont des rochers escarpés , des cataractes , des montagnes d'une hauteur prodigieuse , dont les sommets sont toujours chargés de glaces et de neiges. Les Alpes occupent la plus grande partie de la Suisse.

Glaciers. — Les glaciers de la Suisse sont des plaines immenses de glace , qui sont entrecoupées par de profonds précipices : elles offrent mille formes bizarres.

Rivières. — Les principales rivières de la Suisse sont : le Rhin , le Rhône , la Reuss et l'Aar.

Lacs. — Les principaux lacs de la Suisse sont ceux de Genève , de Neuchâtel , de Lucerne , de Zurich , de Thun et de Brientz , qui abondent en poisson excellents.

Productions végétales. — La Suisse produit beaucoup de fruits , des simples et des plantes très-utiles. On y fait du beurre excellent et de très-bon fromage.

Animaux. — On nourrit dans la Suisse une grande quantité de bestiaux. On y trouve des lièvres blancs , et un animal appelé chamois , qui montre une merveilleuse adresse à gravir les rochers et à franchir les précipices.

Population. — La population de la Suisse est évaluée à 1,970,000 habitants.

Mœurs. — Comme les anciens Romains, les Suisses sont endurcis aux fatigues de la guerre et à celles de l'agriculture. Une simplicité de mœurs , une franchise naturelle , voilà les traits qui caractérisent cette nation. Ce peuple est brave et industrieux. Il règne sur tous les individus et jusque dans les chaumières un air de propreté et d'aisance qui enchante l'observateur.

Curiosités naturelles et artificielles. — Chaque canton de la Suisse offre au voyageur le spectacle de curiosités naturelles. Quelquefois il les aperçoit sous la forme d'une perspective sauvage, mais variée par des édifices majestueux et des ermitages étonnants. On doit mettre au rang des curiosités naturelles de la Suisse la cataracte du Rhin à Laufen, près Schaffhouse, qui tombe de 80 pieds de haut ; et la cascade admirable du Staubbach, près du lac de Thun, qui se précipite perpendiculairement dans la vallée de Lauterbrounn, de plus de 2800 pieds de haut, et où l'on peut voir un arc-en-ciel des plus magnifiques, qui forme un cercle entier.

Commerce. — Le commerce de la Suisse consiste principalement en bestiaux, fromages, drogues et cristaux.

Gouvernement. — Chaque canton de la Suisse forme maintenant une république particulière. Les vingt-deux cantons forment une république fédérative, dont la diète annuelle doit se tenir successivement à Fribourg, à Berne, à Soleure, à Bâle, à Zurich et à Lucerne.

Langue. — L'allemand est la langue principale de la Suisse, on s'en sert dans les diètes ; le français est parlé dans la partie occidentale, et l'italien dans le Tésin et une partie des Grisons.

Histoire. — L'Empereur Albert, voulant soumettre entièrement les cantons de Schwitz, d'Underwald et d'Uri, les traita fort durement, pour les porter à la révolte. Il y établit deux gouverneurs, qui agirent suivant ses vues : un d'eux, nommé Gesler, exigea que l'on rendît à son chapeau, qu'il avait fait exposer dans la place publique, au bout d'une pique, les mêmes honneurs qu'à sa personne. Une telle conduite excita en effet la révolte. Guillaume Tell refusa d'obéir à l'ordre du gouverneur, et comme il était excellent arbalêtrier, Gesler le condamna à abattre, d'un coup de flèche, une pomme mise sur la tête de son fils unique, ou à être decapité avec lui, s'il manquait son coup. Guillaume Tell prit deux flèches, il abattit la pomme avec l'une, sans toucher à son fils, et se tournant du côté du gouverneur, il lui dit : « *l'autre était » pour toi, si j'avais eu le malheur de tuer » mon fils.* » Gesler l'embarqua avec lui sur le lac de Lucerne, pour le conduire dans son château ; mais Guillaume Tell s'échappa d'entre ses mains, et le tua dans un défilé, où il l'attendit. Plusieurs des principaux habitants s'étaient déjà confédérés pour la défense de leur liberté. L'exemple de Guillaume Tell les encouragea : ils se l'associèrent, réunirent tous leurs amis, s'emparèrent de tous les châteaux, et en chassèrent l'autre gouverneur, qu'ils conduisirent hors du pays. Le fils d'Albert étant venu les attaquer, ils taillèrent en pièces son armée. Ils firent alors entr'eux une alliance perpétuelle, et prirent le nom de Suisse ; du nom du canton le plus considérable.

DIVISION ET TOPOGRAPHIE.

La Suisse est divisée en vingt-deux cantons: neuf catholiques, huit protestants, cinq mixtes.

Cantons catholiques. (*Neuf.*)

FRIBOURG. — Chef-lieu, FRIBOURG, qui est à une demi-lieue d'un ermitage taillé dans un roc, par un seul homme et son valet, dans l'espace de 25 ans : on y voit un joli couvent, une église et deux chambres. Ville principale : *Gruyères*, qui fournit des fromages très-estimés.

LUCERNE. — Chef-lieu , LUCERNE , où l'on garde , dans l'hôtel-de-ville , les os d'un prétendu géant qui avait 19 pieds de haut.

SCHWITZ. — Chef-lieu , SCHWITZ.

SOLEURE. — Chef-lieu, SOLEURE.

TESSIN. — Chef-lieu , BELLINZONE.

UNDERWALD. — Chef-lieu , STANTZ.

URI. — Chef-lieu , ALTORF , où est né Guillaume Tell , qu'on regarde comme le premier auteur de la liberté suisse. On sait avec quelle adresse il abattit, sur la tête de son fils , la pomme que le barbare gouverneur autrichien y avait fait mettre , et comment il tua ensuite ce gouverneur.

LE VALAIS , qui occupe une vallée arrosée dans toute sa longueur par le Rhône. Chef-lieu , SION , où l'on trouve une espèce d'hommes singuliers qu'on nomme *crétins*, sourds , muets , imbéciles , presqu'insensibles aux coups ; ils ont des goîtres qui leur pendent jusqu'à la ceinture. Villes principales : *Martinach* , près du Rhône , est célèbre par le martyre que la légion thébaine y souffrit sous les empereurs Dioclétien et Maximien.

ZUG. — Chef-lieu. ZUG.

Cantons protestants. (Huit.)

ARGOVIE. — Chef-lieu , ARAU. Ville principale : *Baden* , renommée pour ses bains chauds.

BALE. — Chef-lieu , BALE , qui est divisée en deux villes par le Rhin , et dans laquelle , dit-on , a été inventé l'art de faire le papier. On montre , dans l'arsenal de cette ville , l'armure de Charles-le-Téméraire.

BERNE. — Chef-lieu , BERNE , dont le nom signifie *Ours* , dans la langue du pays. Elle fut ainsi nommée , parce que son fondateur y tua un de ces animaux , lorsqu'il commençait à la bâtir.

GENÈVE. — Chef-lieu , Genève , où la religion réformée fut établie par Jean Calvin.

NEUCHATEL. —Chef-lieu , Neuchatel.

SCHAFFHOUSE.—Chef-lieu, Schaffhouse. A une demi-lieue de cette ville, est Neuhausen, endroit où l'on va voir la fameuse cascade du Rhin. En traversant le fleuve , au-dessous de cette cascade , on jouit de toute son étendue , et l'on distingue ses trois nappes d'eau qui roulent avec beaucoup de majesté. Les habitants du canton désignent cette cataracte sous le nom de *Laufen* , qui a été donné au château bâti au haut des rochers qui la dominent.

VAUD. — Chef-lieu , Lausanne , où les étrangers se rendent en foule , attirés par la beauté des rives du lac de Genève.

ZURICH. — Chef-lieu , Zurich , qui est la patrie de Gesner , où l'on voit maintenant , dans une grande place , une fontaine dont les eaux montent à environ 115 pieds.

Cantons mixtes. (*Cinq.*)

APPENZEL. — Chef-lieu , Appenzel.

GLARIS. —Chef-lieu, Glaris.

GRISONS. — Ce canton est divisé en trois parties, qui portent le nom de *Ligues* : la Ligue de Cadée , la Ligue Grise et la Ligue des dix droitures. Coire , chef-lieu de la Ligue de Cadée et de tout le canton.

SAINT-GALL. —Chef-lieu , Saint-Gall , qui fournit des mousselines très-renommées.

TURGOVIE. — Chef-lieu , Frawenfeld.

EUROPE MÉRIDIONALE.

 Espagne.

Limites. — L'Espagne est bornée, au nord, par la France et l'océan Atlantique ; à l'ouest, par le même océan et le Portugal ; au sud, par le même océan, le détroit de Gibraltar et la mer Méditerranée, et à l'est, par la même mer.

Nom. — L'Espagne a conservé son ancien nom.

Division ancienne. — Les Romains divisaient l'Espagne en trois parties : *la province Tarragonaise*, ainsi nommée de *Tarragone*, sa capitale ; *la Bétique*, ainsi nommée du fleuve *Bétis*, aujourd'hui *Guadalquivir*, qui l'arrose, et la *Lusitanie*, qui comprenait le Portugal.

Division moderne. — L'Espagne est maintenant divisée comme dans le tableau suivant :

Situation	PROVINCES, quatorze.	CAPITALES.	VILLES principales.
3 au Nord	La Galice............	Compostelle.	La Corogne et le Ferrol.
	Les Asturies..........	Oviédo......	....
	La Biscaye...........	Bilbao......	S.-Sébastien, Fontarabie.
6 au Milieu	La Navarre...........	Pampelune..	....
	L'Aragon.............	Saragosse....	Tortose.
	La Vieille-Castille....	Burgos......	Ségovie, S.-Ildephouse, Escurial.
	Le royaume de Léon...	Léon........	Salamanque. Valladolid.
	La Nouvelle-Castille...	Madrid......	Aranjucz, Tolède, El Toboso.
	L'Estramadure........	Badajoz.....	....
2 au Midi.	L'Andalousie.........	Séville.....	Cordoue, Rota, Cadix, Gibraltar.
	Le royaume de Grenade.	Grenade.....	Malaga.
3 à l'Est.	Le royaume de Murcie.	Murcie......	Carthagène.
	Le royaume de Valence.	Valence.....	Alicante et Murviédro.
	La princip. de Catalogne	Barcelonne..	Roses et Tortose.

Climat et sol. — Le climat de l'Espagne est varié. Dans la partie septentrionale, l'air est vif et même froid, parce que cette partie confine aux Pyrénées, dont les sommets sont toujours couverts de neige. Dans la partie méridionale, on éprouve de grandes chaleurs. Le sol est très-fertile, mais il est mal cultivé.

Rivières. — Les principales rivières de l'Espagne sont : le Douro, le Tage, la Guadiana, le Guadalquivir, autrefois Bétis, et l'Ebre.

Le Douro sort d'un lac dans la Vieille-Castille, et se jette dans l'océan Atlantique, au-dessus de Porto.

Le Tage prend sa source sur la frontière de l'Aragon, et se jette dans l'Océan. Il forme, à son embouchure, un petit golfe qui sert de port à Lisbonne.

La Guadiana commence dans la Manche, près de Lugar-Nuevo, se perd dans des prairies, en formant de vastes marais remplis de plantes aquatiques. Ces marais, à une lieue de Ciudad-Réal, sont nommés *les Yeux de la Guadiana*, puis elle se jette dans le golfe de Cadix.

Le Guadalquivir prend sa source en Andalousie, et se jette dans l'Océan.

L'Ebre sort de deux sources connues sous le nom de *Fuentes de Ebro*, sur les frontières des Asturies, et se jette dans la Méditerranée, par quatre embouchures.

Productions végétales. — L'Espagne produit des vins très-estimés, sur-tout ceux d'Alicante, de Rota et de Malaga. Elle abonde en fruits : ses raisins secs forment une branche considérable de commerce.

Animaux. — Les chevaux de l'Espagne, sur-tout ceux de l'Andalousie, passent pour être les plus beaux de l'Europe. Les laines sont aussi très-recherchées, sur-tout celles de Ségovie. On y trouve le même gibier que dans les contrées voisines. Les loups sont les seules bêtes féroces qui infestent ce pays. On trouve, en Espagne, un petit insecte appelé *kermès* : il est très-renommé, parce qu'il fournit une belle couleur de rouge, qui n'est pas cependant aussi estimée que celle de la cochenille ; on recueille ces animaux, en Espagne et en Provence, sur quelques plantes épineuses et sur de jeunes chênes.

Population et religion. — On évalue la population de l'Espagne à 11,000,000 d'habitants. La religion catholique est celle de l'Espagne.

Mœurs. — Les Espagnols sont, en général, grands ; ils ont le teint et les cheveux bruns, et le visage fort expressif. Les femmes sont ordinairement petites, mais elles ont de l'esprit et de la vivacité. Parmi les bonnes qualités des Espagnols, on peut compter leur sobriété dans le boire et le manger : leur déjeûner ordinaire est le chocolat ; ils mangent beaucoup d'ail et de légumes, et boivent peu de vin. Ils dorment après le dîner, qui se fait de bonne heure : ce repos est appelé *la sieste* ; on le prend aussi en Portugal et en Italie. Le combat du taureau est l'amusement favori des Espagnols.

Commerce. — Le commerce de l'Espagne consiste en vins, sa plus grande richesse. L'or et l'argent en font aussi partie : ils tirent ces métaux de l'Amérique, les apportent à Cadix, et les répandent ensuite dans divers états de l'Europe.

Gouvernement. — Le gouvernement de l'Espagne est une monarchie héréditaire dont les femmes ne sont pas exclues.

Histoire. — Les premiers habitants de l'Espagne furent des Africains, qui passèrent le détroit de Gibraltar ; des Gaulois , qui traversèrent les Pyrénées , et des Phéniciens et des Carthaginois , que le commerce y attira. Les Carthaginois y dominèrent d'abord. Ce royaume leur fut ensuite enlevé par les Romains , qui le possédèrent jusqu'à ce que les Visigoths , l'ayant conquis , y élevèrent une puissante monarchie. L'Espagne passa ensuite sous la domination des Maures. Ce fut dans les montagnes des Asturies que se forma le premier royaume chrétien. Ferdinand , Roi d'Aragon , chassa les Maures de l'Espagne , et les força presque tous de repasser en Afrique. Après la mort de Ferdinand , cette monarchie passa dans la maison d'Autriche , et , sous l'Empereur Charles-Quint , elle parvint au comble de la gloire. Ce Prince se démit de ses états pour vivre dans la retraite , et partagea son royaume entre son frère et son fils. La branche d'Autriche s'éteignit en 1700, et l'Espagne reçut sur son trône un Prince de la maison de Bourbon , dont la postérité l'occupe encore.

TOPOGRAPHIE.

GALICE. — Capitale , SAINT-YAGO , ou SAINT-JACQUES DE COMPOSTELLE , dont la cathédrale est sous l'invocation de Saint-Jacques-le-Majeur, et attire un grand nombre de pèlerins. Villes principales : *La Corogne*, qui forme un des meilleurs ports de l'Espagne. *Le Ferrol*, qui a aussi un port excellent.

LES ASTURIES. — Cette province donne son nom au fils aîné du Roi d'Espagne , qui porte le titre de *Prince des Asturies.* Capitale , OVIÉDO.

BISCAYE. — Les anciens habitants de cette province s'appelaient les Cantabres. Sa capitale est Bilbáo. Villes principales : *Saint-Sébastien*, dont les habitants ont un privilège fort singulier : quand ils traitent avec le Roi d'Espagne en personne , ce Prince est obligé de se découvrir devant eux. — *Fontarabie*, à l'embouchure de la Bidassoa, petite rivière au milieu de laquelle est *l'Ile des Faisans*, célèbre par la paix des Pyrénées , et par le mariage de Louis XIV avec l'Infante Marie-Thérèse.

NAVARRE. — Les anciens habitants de cette province se nommaient les *Vascons* : c'est d'eux qu'est venu le nom moderne de *Gascogne*, donné à une partie de la province de Guyenne, en France , et celui de *Gascons*, donné à ses habitants. Pampelune , capitale , est située sur l'Arga , près des frontières de France. Son nom est dérivé de Pompée , général romain, qui , dit-on , la fit bâtir, quand il alla dans la Navarre. Près de Pampelune , on trouve la vallée de Roncevaux , célèbre par la fameuse bataille qu'on y livra sous Charlemagne , et dans laquelle périt le brave Roland , neveu de cet Empereur.

ARAGON. — Ses anciens habitants s'appelaient les Celtibères. Saragosse , capitale, sur l'Ebre.

CATALOGNE. — On pêche le corail sur ses côtes. Barcelonne , capitale , est une grande et belle ville , située sur la Méditerranée. Ville principale : *Tortose*, sur l'Ebre.

LÉON. — Capitale, Léon. Cette ville est très-peu habitée. Villes principales : *Salamanque*, qui a une cathédrale magnifique et une université célèbre. On y voit un pont de 25 arches, construit par les Romains. — *Valladolid*.

ESTRAMADURE. — Capitale, Badajoz , sur la Guadiana. C'est dans l'Estramadure que se trouve le vallon choisi par Charles-Quint pour sa retraite , après son abdication.

VIEILLE-CASTILLE. — Ses plaines sont couvertes de brebis, qui donnent la meilleure laine de l'Espagne. Burgos, capitale, est la patrie du Cid. Sa cathédrale est le plus bel édifice gothique de l'Espagne. Villes principales : *Ségovie*, qui est renommée par ses laines fines et ses beaux draps. On voit dans cette ville un superbe aqueduc bâti par les Romains, sous l'Empereur Trajan. — *Saint-Ildephonse*, château royal, célèbre par la beauté de ses jardins, de ses cascades et de ses fontaines ; par sa belle manufacture de glaces. — *L'Escurial*, château royal, qui a été bâti par Philippe II, sur les montagnes désertes de la Vieille-Castille, en mémoire de la victoire qu'il avait remportée sur les Français, près de Saint-Quentin. Outre l'habitation du Roi, cette vaste maison contient un couvent qui a onze mille quarante fenêtres, dix-sept cloîtres, vingt-deux cours, plus de huit cents colonnes, un nombre prodigieux de salles, cabinets, quatorze mille portes ; on a été 22 ans à le bâtir, il a coûté 25 millions. C'est à l'Escurial qu'est la chapelle funèbre où l'on enterre les Rois d'Espagne et leur famille.

NOUVELLE-CASTILLE. — Une partie de cette province porte le nom de Manche. Madrid, capitale de la Nouvelle-Castille et de toute l'Espagne, est située sur le Mançanarèz, et entourée de hautes montagnes, dont le sommet est souvent couvert de neige. Les maisons sont de briques ; elles ont pour la plupart des fenêtres grillées, surtout au rez-de-chaussée. Villes principales : *Aranjuez*, jolie ville, où l'on admire le palais, d'une architecture élégante, et les jardins arrosés par le Tage, qui offrent des eaux, des sites et des vues superbes. — *Tolède.* — *El-Toboso*, gros bourg, que Michel Cervantes a rendu si célèbre par son roman dè *Don-Quichotte.*

VALENCE. — Capitale, VALENCE, à l'embouchure du Guadalaviar, est une ville dans une position charmante, au milieu d'une campagne qui offre une immense forêt de mûriers, et où l'on respire un air embaumé par une prodigieuse quantité d'orangers, de citronniers, de limoniers. Les raisins y sont de la grosseur d'une noix de muscade, d'un goût exquis au-delà de toute expression, et les grappes pèsent souvent 13 à 14 livres. Les environs offrent le pays le plus fertile de l'Espagne, qui donne trois récoltes par an. Villes principales : *Alicante*, qui est, après Cadix et Barcelonne, la ville la plus commerçante de l'Espagne. Elle fournit des vins excellents. — *Murviédro*, bâtie sur les ruines de l'ancienne Sagonte, qui fut prise par Annibal, et dont les habitants, pour ne pas tomber entre les mains de l'ennemi, préférèrent périr dans les flammes, et s'ensevelirent sous les ruines de leur patrie.

ANDALOUSIE. — Capitale, SÉVILLE, sur le Guadalquivir, est, après Madrid, la plus grande ville de l'Espagne. La masse imposante de ses édifices et ses flèches dorées présentent, au milieu d'une grande plaine, un coup d'œil agréable. On remarque sa cathédrale et *la Giralda*, ou son clocher, chef-d'œuvre d'architecture moresque, qui est une des plus belles curiosités de l'Espagne. Sa grande manufacture de tabac, qui ressemble à une forteresse, mérite aussi d'être vue. Villes principales : *Cordoue*, sur le Guadalquivir, est la patrie des deux Sénèque et du grand capitaine Gonsalve de Cordoue. — *Rota*, au sud-ouest, est un bourg renommé pour l'excellent vin que produit son territoire. — *Cadix*, située dans l'île de Léon , qu'on a jointe au continent par un pont fortifié. Ses maisons élevées ont des toîts plats , et , la plupart , des tourelles qui leur donnent vue sur la mer. Cadix est le grand entrepôt du commerce de l'Espagne. — *Gibraltar* est une ville forte , qui , après avoir appartenu aux Maures , et ensuite aux Espagnols , appartient maintenant aux Anglais. Le rocher sur lequel elle est bâtie , portait autrefois le nom de Calpé. Elle a un port très-fortifié , qui commande le passage du détroit auquel elle a donné son nom.

GRENADE. — Capitale , Grenade , sur le Xénil. La splendeur de cette ville a disparu avec les Maures , ses anciens habitants. Ses rues sont sales , ses aqueducs ruinés , et son commerce presque anéanti. Villes principales : *Malaga* , grande ville , qui a un bon port. Son territoire produit des fruits délicieux et des vins renommés.

MURCIE. — Capitale , Murcie , sur la Ségura. On y remarque le clocher de la principale église , dont l'escalier est tellement disposé , qu'un carosse peut monter jusqu'au haut. Ville principale : *Carthagène* , grande ville , qui fait un commerce considérable.

Iles voisines de l'Espagne.

Les îles qui avoisinent l'Espagne et qui en dépendent , sont :

MAJORQUE. — Capitale , Palma.

IVICA. — Capitale , Ivica.

MINORQUE, — Capitale , Citadella. Ville principale : *Port-Mahon.*

FORMENTERA.

Ces îles sont situées dans la Méditerranée. On les nommait autrefois *Baléares.*

Portugal.

Limites. — Le Portugal est borné, au nord et à l'est, par l'Espagne ; à l'ouest et au sud, par l'océan Atlantique.

Nom ancien. — Le Portugal s'appelait autrefois la Lusitanie.

Climat, sol et aspect du pays. — Le Portugal a été très-avantagé de la nature pour le climat. Le voisinage de la mer tempère l'ardeur des rayons du soleil. On y respire un air sain. Des pluies fréquentes rendent l'hiver assez incommode dans les provinces du nord ; mais rien de plus beau, de plus enchanteur que le printemps en Portugal ; cette saison y est, pour ainsi dire, double. Les tremblements de terre auxquels ce pays est sujet, ne se font sentir qu'en hiver, depuis le mois d'octobre jusqu'au mois d'avril. Le Portugal est un pays couvert de montagnes : la plus grande est *la Serra de Estrella ;* son sommet, appelé *Contaro Delgado,* est inaccessible. Les précipices des montagnes offrent de grands obstacles aux voyageurs hardis qui cherchent à les franchir.

Rivières. — Les principales rivières du Portugal sont : le Minho, le Douro, le Tage et la Guadiana.

Productions végétales et animales. — Le Portugal produit des grains, des oranges et d'autres bons fruits ; des vins qu'on estime, le plus connu est le vin rouge de Porto. Le poisson de mer est excellent en Portugal.

Population et religion. — La religion catholique est celle du Portugal. La population est de 3,500,000 habitants.

Mœurs. Les Portugais ne sont pas aussi grands ni aussi bien faits que les Espagnols. Les femmes ont le teint olivâtre , les yeux noirs et pleins d'expression. L'ameublement est d'une excessive magnificence chez les grands du Portugal , et les petits ont à peine quelques meubles. Le paysan est pauvre , et le seul objet de luxe qu'il connaisse est le tabac. Son repas est ordinairement composé d'un morceau de pain de maïs avec une gousse d'ail. Le gouvernement et les mœurs sont les mêmes qu'en Espagne.

Curiosités artificielles. — Plusieurs monastères du Portugal sont taillés dans le roc : celui où l'on enterrait les Rois de cette nation , et qui se trouve près de Lisbonne , est d'une grande magnificence.

Commerce. — Le commerce du Portugal consiste en vins , sel et oranges. Les Portugais excellent à confire les fruits.

DIVISION ET TOPOGRAPHIE.

On divise le Portugal en six parties , qui sont :

1.º La province entre DOURO et MINHO.— Capitale , Braga. Villes principales : *Oporto* , ou *Porto* , située à l'embouchure du Douro. Cette ville est , après Lisbonne , la mieux bâtie et la plus riche du royaume. Son territoire produit de bon vin , dont il se fait une grande consommation en Angleterre.

2.º La province de TRAS-LOS-MONTES. — Capitale , Bragance. Villes principales : *Miranda* et *Villa Réal.*

3.º La province de BEYRA. — Capitale , Coimbre , sur le Mondégo.

4.º La province de l'ESTRAMADURE. — Capitale , Lisbonne , qui est aussi celle de tout le Portugal. Cette ville est bâtie en amphithéâtre, sur la rive droite du Tage, à trois lieues de son embouchure. Sa position, qui a la forme d'un croissant, présente un très-bel aspect. C'est une des plus riches cités de l'Europe. Depuis l'épouvantable tremblement de terre de 1755, elle a été reconstruite sur un plan plus parfait, et plusieurs de ses édifices sont magnifiques. On y remarque le fameux aqueduc d'*Alcantara*, construit en marbre blanc, qui a résisté au tremblement de terre de 1755. Le commerce de Lisbonne est très-considérable.

5.º La province de l'ALENTÉJO.—Capitale, Evora.

6.º Le royaume d'ALGARVE. — On pêche beaucoup de thons sur les côtes de cette province. Tavira en est la capitale.

Italie.

Limites. — L'Italie est bornée, au nord, par la Suisse et l'Allemagne ; à l'ouest, par la France et la Méditerranée ; au sud, par la Méditerranée, et à l'est, par la mer Adriatique, ou golfe de Venise.

Nom. — L'Italie a conservé son ancien nom.

Climat et sol. — Le climat de l'Italie est varié. Dans la partie septentrionale, l'air est froid, parce que cette partie confine aux Alpes, dont les sommets sont toujours couverts de neige ; dans la partie méridionale, on éprouve des chaleurs considérables. Le sol fournit abondamment aux besoins et aux délices de ses habitants.

Aspect du pays. — L'Italie offre des sites si variés, elle est si riche en restes de l'ancienne grandeur romaine, que le peintre le plus habile aurait peine à rendre la beauté des paysages. Au centre, des terrains marécageux et des eaux stagnantes rendent le pays mal sain ; mais les chaînes pittoresques des Apennins, les perspectives délicieuses de Tivoli et de Florence dédommagent complètement le voyageur, et excitent vivement son admiration. Les côtes éprouvent l'influence d'un vent pernicieux appelé *le sirocco*, et, dans la partie méridionale, de fréquents tremblements de terre ; les terribles éruptions du Vésuve et de l'Etna y exercent de grands ravages.

Montagnes. — Les principales montagnes de l'Italie sont : les Alpes, les Apennins, le Vésuve et le Gibel, autrefois Etna.

Rivières. — Les principales rivières de l'Italie sont : le Pô, le Tésin, l'Adige, l'Arno et le Tibre.

Le Pô prend sa source au mont Viso, dans le Piémont, et se jette, par plusieurs bouches, dans la mer Adriatique.

Le Tésin sort des Alpes, près du mont Saint-Bernard, et se décharge dans le Pô.

L'Adige prend sa source dans les montagnes du Tyrol, et se jette dans la mer Adriatique.

L'Arno prend sa source dans les Apennins, et se jette dans la Méditerranée, au-dessus de Livourne.

Le Tibre sort aussi des Apennins, et se jette dans la Méditerranée, à Ostie.

Lacs. — Les principaux lacs de l'Italie sont : les lacs Majeur, de Côme, de Garde et de Pérouse, autrefois Trasimène.

Rien de plus délicieux, pour l'ami de la nature, que de voyager sur le beau lac de Côme : de tous les points, les regards embrassent à la fois l'ensemble des rives du lac : par-tout on voit briller des maisons de campagne superbes , entourées d'une forêt de cyprès , de lauriers , de figuiers et d'oliviers , et l'orange y mûrit à côté de la vigne. Dans *la Villa-Pliniana* , la plus connue de toutes les maisons de campagne des bords de ce lac , on voit jaillir la source périodique que les deux Pline ont décrite. Depuis plus de dix-huit siècles , l'eau de cette source augmente tous les jours pendant quelques heures , et diminue pendant un plus grand nombre d'heures , sans toutefois manquer entièrement.

Productions végétales. — L'Italie produit principalement des grains , des soies, des vins exquis ; d'excellent riz , des citrons et d'autres fruits.

Animaux. — Les animaux de l'Italie sont à-peu-près les mêmes que ceux des pays voisins. On y remarque des buffles et les plus beaux mulets de l'Europe.

Population et religion. — La religion catholique est celle de l'Italie. La population est évaluée à environ 20,000,000 d'habitants , en y comprenant la Sicile et la Sardaigne.

Langue. — La langue italienne , qui est foncièrement latine , se fait remarquer par sa douceur et la facilité avec laquelle elle se prête aux compositions musicales. Presque tous les états d'Italie ont leur dialecte particulier : le toscan est celui qu'on préfère pour parler et pour écrire.

Mœurs. — Les Italiens aiment les sciences et les arts, et les cultivent avec succès. La nature semble les avoir créés musiciens. Ils ont le regard animé et plein d'intelligence. Leur habillement diffère peu de celui des contrées voisines : ils gardent un milieu entre la légèreté française et la gravité espagnole. Les mascarades, le jeu , les courses de chevaux et les conversations sont les principaux amusements des Italiens.

(125)

Antiquités. — Les amphithéâtres tiennent le premier rang parmi les antiquités de l'Italie. Ce pays présente par-tout des débris magnifiques de maisons de campagne, de ponts, d'aqueducs. Les palais sont remplis de bustes et de statues. On doit encore compter, parmi les antiquités de l'Italie, les ruines d'Herculanum et de Pompéïa, villes situées dans le voisinage de Naples, qui furent autrefois englouties par des tremblements de terre, et abîmées sous un fleuve de lave sorti de la bouche du mont Vésuve.

Division. — L'Italie est divisée en neuf états, cinq grands et quatre petits.

	PROVINCES ou ÉTATS.	CAPITALES.	VILLES PRINCIPALES.
ÉTATS du Roi de Sardaigne	La Savoie.....	Chambéry.	Annecy.
	Le Piémont...	Turin.....	Aoste, Verceilli, Alexandrie, Saluces, Nice et Marengo.
	L'état de Gênes.	Gênes.....	Chiavari et Savone.
ROYAUME Lombard-Vénitien.	Le duché de Milan...	Milan.....	Crémone, Mantoue et Pavie.
	L'état de Venise	Venise....	Bergame, Brescia, Véronne, Vicence, Padoue, Trévise et Udine.
Gr.d duché de Toscane		Florence..	Livourne, Piombino, Sienne et Pise.
États du Pape.....		Rome.....	Ferrare, Bologne, Ravenne, Rimini, Urbin, Ancône, Macérata, Spolète, Viterbe, Faenza, Lorette, Terni, Tivoli, Ostie et Frascati.

PROVINCES ou ÉTATS.	CAPITALES.	VILLES PRINCIPALES.
Royaume de Naples, ou des Deux-Siciles.	Naples....	Aquila, Bénévent, Portici, Pouzzol, Salerne, Manfredonia, Bari, Barletta, Capoue, Brindes, Otrante, Tarente, Coscenza, Reggio et Crotone.
Le duché de Parme..	Parme....	Plaisance.
Le duché de Modène.	Modène...	Reggio et Mirandole.
Le duché de Lucques.	Lucques...	....
Le duché de Massa..	Massa.....	....

TOPOGRAPHIE.

Ils comprennent :

1.º LA SAVOIE. — Ce pays faisait autrefois partie de la Gaule, et ses habitants s'appelaient *les Allobroges*. La Savoie n'a de curieux à offrir au voyageur, que ses montagnes, qui traversent les nues, dont la plus élevée est le Mont-Blanc, et ses glaciers, qui ne fondent jamais. Les Savoyards sont en général pauvres et assez peu industrieux. Placés entre l'Italie et la France, ils s'y répandent en quantité tous les ans : ils font danser la marmotte et se mettent ramoneurs de cheminées. Ils gagnent peu de chose, mais ils sont sobres et vivent presque seulement de pain. Ils économisent pour porter quelque argent au pays. Chambéry, capitale , est pauvre et médiocrement grande. Ses maisons, soutenues sur des piliers, s'avancent dans les rues , et permettent d'y marcher à couvert. — *Annecy* , qui est la seconde ville , n'est pas plus riche ; mais, située sur le bord du lac du même nom , elle jouit d'un aspect aussi riant que majestueux. Cette ville est célèbre par l'épiscopat de St François de Sales.

2.° LE PIÉMONT. — Ce pays tire son nom de sa situation au pied des montagnes , qui le cernent presque de toutes parts. Turin , capitale, sur le Pô , est remarquable par la beauté de ses édifices et l'alignement de ses rues. On y voit une écluse qui distribue l'eau dans tous les quartiers , pour nettoyer les rues. Villes principales : *Aoste* , dont le territoire abonde en fruits. — *Vercelli*. — *Alexandrie* , ville très-forte. — *Saluces* , près du Pô. — *Nice* , agréablement située sur la Méditerranée , qui commerce en savon et anchois. — *Marengo*, village situé près d'Alexandrie , et qui est célèbre par la victoire que les Français y ont remportée sur les Autrichiens.

3.° L'ÉTAT DE GÊNES , formait autrefois une République , dont le chef avait le titre de Doge. — Gênes, capitale , superbe ville bâtie en amphithéâtre , sur le penchant d'une colline et au bord de la mer. Une des plus belles rues de l'Europe est sa rue Neuve. Sur deux lignes très-prolongées , et sur un pavé de lave , s'élèvent une quantité de palais, présentant avec magnificence leurs portiques , leurs façades , leurs péristyles brillants de marbre et de stuc de toutes sortes de couleurs. Le reste de la ville n'est point aussi magnifique. En général , les rues sont fort étroites , et ne reçoivent presque jamais les rayons du soleil. Villes principales : *Chiavari* , renommée pour ses fleurs et la pêche aux anchois. — *Savone*, où l'on fait beaucoup de confitures.

———

Royaume Lombard - Vénitien.

Ce royaume s'appelait d'abord la République Cisalpine, il comprend :

1.º LE DUCHÉ DE MILAN. — Capitale, Milan, grande et belle ville située sur l'Olona ; elle est aussi la capitale de tout le royaume Lombard-Vénitien. Elle fut détruite jusqu'aux fondements, et semée de sel, par l'Empereur Frédéric Barberousse, à cause de l'insulte que les habitants avaient faite à l'Impératrice sa femme, en la promenant, dans les rues, sur un âne. Villes principales : *Crémone*, sur le Pô. On y fabrique des violons et autres instruments de musique renommés. — *Mantoue*, ville très-forte, située au milieu d'un lac que forme le Mincio, a de beaux édifices publics, parmi lesquels on remarque *la Virgiliana*, maison de plaisance des anciens Ducs, où Virgile venait, dit-on, se livrer aux Muses, dans une grotte qui n'existe plus. C'est dans cette ville que mourut le Tasse. Près de Mantoue est le village de *Piétole*, qui a donné naissance à Virgile : les Français y ont érigé un monument à la gloire de ce grand poëte. — *Pavie*, sur le Tésin, près de sa jonction avec le Pô, est une grande ville, qui a une illustre université. Pavie est célèbre par la bataille où François I.er fut fait prisonnier par Charles-Quint, en 1525.

3.º L'ÉTAT DE VENISE est à l'est du Milanais. Dans le cinquième siècle, lorsque divers peuples barbares fondirent sur l'Italie, *les Venètes* se retirèrent dans de petites îles, au milieu des lagunes qui terminent la mer Adriatique. Ils élurent un chef, qui prit le titre de *Doge*, et la réunion de ces îles forma la ville de Venise, et le commencement de la république vénitienne. VENISE, capitale, est une des plus grandes et des plus belles villes de l'Europe. Elle est située sur 72 îles qui communiquent entr'elles par des ponts. Les voitures ne sont pas en usage à Venise ; mais on se sert de bateaux qu'on nomme gondoles, pour aller dans tous les quartiers, par le moyen des canaux. On y admire la superbe église de Saint-Marc, dont le sommet doré est terminé par une figure d'ange, qui lui sert de girouette, et la place de Saint-Marc, sur laquelle on a rétabli les chevaux de Corinthe. Villes principales : *Bergame*, où l'on fabrique des tapisseries et des draps fort estimés. — *Brescia*. — *Vérone*, sur l'Adige, qui est la patrie de Pline l'ancien et de Paul Veronèse. — *Vicence*, où l'on fabrique beaucoup de fleurs artificielles. — *Padoue*, patrie de Tite-Live et de Pétrarque. On y admire l'église de Saint-Antoine. — *Trévise*. — *Udine*. — *Arcole*, près l'Adige, village célèbre par la victoire remportée par les Français sur les Autrichiens.

Grand Duché de Toscane.

Ce duché portait autrefois le nom d'Étrurie. Il est situé sur la Méditerranée, et est divisé en trois parties : le Florentin, le Pisan et le Siennois. FLORENCE, capitale, est la plus belle ville de l'Italie, après Rome. Elle est située au pied des Apennins, dans une plaine fertile et riante , sur l'Arno. Elle a dix-sept places ornées de statues , et un grand nombre de beaux édifices. On y remarque la bibliothèque de Médicis , la galerie de Florence , et, dans l'église de S.ᵗ- Laurent ; la chapelle de Médicis, la merveille de la Toscane. Florence est la patrie d'Améric-Vespuce et du Dante. Les objets de son industrie consistent en taffetas et chapeaux de paille. Villes principales : *Livourne* , qui est bâtie avec tant de régularité , que de la place du marché on aperçoit toutes les portes. Son port est un des meilleurs de la Méditerranée et l'entrepôt général des marchandises des deux hémisphères. — *Piombino.* — *Sienne.* — *Pise* , où est un fameux cimetière appelé *Campo Santo*, dont la terre fut pieusement apportée de Jérusalem , sur 50 galères , par des matelots de la ville.

États du Pape.

L'état Romain est situé au sud-est de la Toscane , sur la mer Adriatique et la Méditerranée. Les donations que Pépin et Charlemagne firent au Pape , dans le huitième siècle , furent l'origine de l'état de l'Église. Le Pape actuel est Pie VIII. Rome, capitale, baignée par le Tibre, fut bâtie sur sept collines , 753 ans avant Jésus-Christ. Cette ville est la plus belle du monde , sous le rapport des monuments. On y voit beaucoup d'anciens édifices qui ont échappé aux ravages du temps. On y remarque principalement le Vatican , palais du Pape , en hiver , qui contient une des plus riches bibliothèques qu'il y ait au monde ; l'église de Saint-Pierre , le plus bel édifice de l'univers ; le palais Spada , où l'on voit la statue de

Pompée, au pied de laquelle César fut assassiné ; le Capitole, qui offre d'innombrables beautés dans tous les genres : du haut de sa tour, on voit, d'un côté, Rome ancienne, avec ses monticules et ses ruines, et, de l'autre, Rome moderne et le Corzo. Les fontaines forment aussi un des principaux ornements de Rome ; mais ce qu'on y admire le plus, c'est la chapelle Corsini, la plus belle de l'Europe, par ses proportions et ses marbres. La porte du Peuple, autrefois *porta Flaminia*, est la plus belle de la ville, et l'on ne voit rien de plus magnifique que l'entrée de Rome par cette porte. Le Panthéon, aujourd'hui Sainte-Marie des Martyrs ; le Colysée, élevé par Vespasien, et achevé par Titus, qui contenait plus de 100,000 spectateurs, dont 80,000 assis, et la colonne Trajane, sont les principaux des monuments anciens qu'on y admire. Hors de la ville, sont les Catacombes, qui s'étendent sous terre à une assez grande distance, et où l'on voit les tombeaux des martyrs, que les chrétiens y enterraient secrètement, pendant les trois premiers siècles. Villes principales : *Ferrare*, sur un ancien bras du Pô. — *Bologne*, au pied de l'Apennin. Elle a donné naissance aux célèbres peintres l'Albane et le Dominicain. — *Ravenne*. — *Rimini*, où l'on voit encore un piédestal de marbre, faisant partie de la tribune où l'on prétend que Jules César harangua ses soldats, en se portant sur Rome, après avoir passé le Rubicon. — *Urbin*, qui est la patrie de Raphaël. — *Ancône*. — *Macerata*. — *Spolète*. — *Viterbe*. — *Faenza*, qui est renommée pour la vaisselle de terre qu'on y fabrique. C'est de son nom que vient celui de faïence, qu'on donne en France à ce genre de vaisselle. — *Lorette*, située à une lieue de la mer Adriatique, sur une colline, d'où l'on a une vue très-étendue, est un des plus célèbres pélerinages de la chrétienté. On y voit la *Santa-Casa*, ou Maison de Nazareth, dans laquelle, dit-on, Notre-Seigneur fut élevé. — *Terni*, qui est la patrie de Tacite. Près de cette ville, on voit la cataracte formée par le Velino, qui se précipite dans la Néva. — *Tivoli*, sur le Teverone, autrefois Anio ; Jules César, Auguste, y avaient leurs maisons de campagne, et Horace y composa une grande partie de ses ouvrages. On y voit une superbe cascade, formée par le Téverone ; un temple de Sybille, la maison d'Est, et le lac de la Solfatara. — *Ostie*, à l'embouchure du Tibre. — *Frascati*, où Cicéron avait sa maison de campagne. — *Pérouse*, près du Tibre, a beaucoup de palais qui renferment des tableaux des peintres les plus célèbres d'Italie.

Royaume de Naples.

Ce royaume s'appelait autrefois la Grande Grèce. Après avoir été long-temps sous la domination des Romains, il fut, ainsi que la Sicile, envahi par les Sarrasins. Des gentils-hommes Normands, qui revenaient de la Palestine, le conquirent sur ces infidèles, dans le onzième siècle; ils conquirent aussi sur eux la Sicile, et de ces deux conquêtes ils formèrent un seul royaume, qu'ils nommèrent le royaume des Deux-Siciles. Son territoire produit des vins excellents, dont le plus estimé est celui qui porte le nom de *vin grec*. Naples, capitale, est une ville grande et magnifique. La plupart de ses maisons ont des toîts plats, sur lesquels on arrange des vases de fleurs et des caisses d'arbres fruitiers, qui produisent l'effet le plus agréable. Cette ville serait une des plus délicieuses demeures de l'Europe, si le mont Vésuve, qui se trouve dans son voisinage, ne la menaçait pas continuellement d'une entière destruction, et si son territoire n'était pas infesté d'insectes et de reptiles, dont plusieurs sont venimeux. Au milieu de Naples, s'élève le Taureau Farnèse, le chef-d'œuvre de l'antiquité. Villes principales : *Aquila.* — *Bénévent.* Près de cette ville, est le *Val di Gargano*, autrefois les Fourches Caudines, où l'armée Romaine, investie par les Samnites, fut obligée de passer sous le joug, avec ses deux consuls, 312 ans avant Jésus-Christ. — *Portici*, entre Naples et le Vésuve, est la maison de campagne du Roi. Les appartements sont pavés d'ancienne mosaïque, qui a été tirée des ruines d'Herculanum, petite ville que le Vésuve a engloutie. — *Pouzzol*, sur le golfe de Naples. Les environs offrent des antiquités et des curiosités naturelles. On y trouve le lac Averne, le fleuve Achéron, les Champs-Élysées et les ruines de l'ancienne Cumes. On y voit aussi la Grotte du Chien : elle est au niveau du lac d'Agnano, dont l'eau bouillonne toujours, quoiqu'elle n'ait aucune chaleur sensible ; des vapeurs malfaisantes sortent du fond de la grotte, et si l'on presse contre terre le museau d'un chien, cet animal meurt en moins de deux minutes. — *Salerne*, qui était autrefois célèbre par son école de médecine. — *Manfredonia.* — *Bari.* — *Barletta.* Au sud-ouest de cette ville, on voit les ruines de l'ancienne Cannes, où Annibal défit les consuls romains Paul Émile et Varron, et passa au fil de l'épée plus de 40,000 Romains. — *Capoue* a des rues régulières et bien pavées. A un mille de cette ville, on voit les ruines de l'ancienne Capoue, où les soldats d'Annibal , après la victoire de Cannes , se livrèrent aux plaisirs qui amollirent leur courage. — *Brindes* , où Virgile est mort. — *Otrante.* — *Tarente* , sur le golfe du même nom, où l'on trouve *la tarentule* , espèce d'araignée dont la morsure est très-venimeuse. — *Coscenza.* — *Reggio* , sur le détroit de Messine. Près de Reggio est le rocher de Sciglio , autrefois Sylla : les vagues se précipitent dans des cavernes qui se trouvent à sa base , et font entendre un bruit pareil à l'aboiement d'un grand nombre de chiens. Vis-à-vis de ce rocher , et près de Messine, est le gouffre de Charibde , qui a 500 pieds de profondeur. — *Crotone* , qui est célèbre par la force de ses anciens habitants , et de Milon. Ces trois dernières villes font partie de la Calabre , autrefois le Brutium , dont les premiers habitants étaient si ineptes , que le nom de *brute* ou de *brutien* devint synonyme de *bête.*

Duché de Parme.

Le duché de Parme est à l'est du Piémont. PARME , capitale , sur la Parma. Ville principale : *Plaisance* , sur le Pô.

Duché de Modène.

Capitale , MODÈNE. Villes principales : *Reggio* , patrie de l'Arioste. — *Mirandole.*

Duché de Lucques.

Capitale , LUCQUES. Les bains de cette ville sont célèbres en Italie par la salubrité de leurs eaux thermales.

Duché de Massa.

Capitale , MASSA , jolie ville. Le palais ducal et le jardin méritent d'être vus.

———

Iles voisines de l'Italie.

Les principales sont : la Sicile , la Sardaigne , Malte , et les îles de Lipari , situées dans la Méditerranée.

SICILE. — Cette île , après avoir été long-temps une cause de guerre entre les Carthaginois et les Romains , tomba enfin au pouvoir de ceux-ci ; elle a ensuite éprouvé les mêmes vicissitudes politiques que le royaume de Naples , et appartenu aux mêmes maîtres. L'air y est pur et sain , et le sol y est si fertile , qu'on l'appelait autrefois *le grenier de Rome*. Elle est divisée en trois provinces : la vallée de Mazara , la vallée de Démona et la vallée de Noto. PALERME , capitale , grande et belle ville , sur le golfe auquel elle a donné son nom , est célèbre par son université et son port , un des plus beaux de la Méditerranée. Villes principales : *Messine* , sur le détroit du même nom. Ce détroit se nomme aussi le *Phare de Messine* , parce qu'il se trouve sur un de ses bords une haute tour qui porte un fanal destiné à éclairer les navigateurs pendant la nuit. Les rues de Messine sont bien alignées , et la promenade sur le port est si spacieuse , que six voitures peuvent y passer de front. — *Catane*. Près de cette ville , est le mont Gibel , qui jette toujours de la fumée , souvent des flammes , et quelquefois des pierres calcinées ;

c'est de lui que la province dans laquelle il est situé a pris le nom de Démona , parce que le peuple croit qu'il est le séjour des démons.

— *Syracuse* , où est né l'immortel Archimède, qui , par des machines inconnues jusqu'alors, défendit long-temps sa patrie contre les Romains. Par ces machines, il fit sauter en l'air et couler à fond beaucoup de vaisseaux ennemis, et il en brûla plusieurs avec des miroirs ardents. Cicéron découvrit son tombeau parmi les broussailles. On trouve , près du port , la célèbre fontaine d'Aréthuse.

SARDAIGNE. — L'air de cette île est mal sain. On pêche sur ses côtes une grande quantité de thons. CAGLIARI , capitale.

MALTE. — Cette île avait été donnée , par Charles-Quint, aux Chevaliers de Saint-Jean-de-Jérusalem , qui avaient été chassés de l'île de Rhodes par les Turcs , et c'est de là qu'ils avaient pris le nom de Chevaliers de Malte. Le coton est le principal commerce de cette île. Les légumes y sont très-bons et les fruits délicieux. MALTE , ou CITÉ-LA-VALETTE , capitale.

PANTALARIA — Petite île au sud-ouest de la Sicile. L'Empereur Auguste y exila autrefois sa fille Julie.

ILES DE LIPARI. — Ces îles sont situées au nord de la Sicile. On les appelait autrefois *Æoliæ Vulcaniæ* , parce que les poëtes y plaçaient le royaume d'Éole , dieu des vents, et les forges de Vulcain. La principale est *Lipari*.

CAPRI. — Cette petite île , située près de Naples , est célèbre par le séjour de l'Empereur Tibère , qui y mourut. Elle a une ville du même nom.

ILES BORROMÉES. —Ces îles sont situées dans le fond d'un golfe du lac Majeur. On y admire des sites enchanteurs : elles sont au nombre de trois.

Empire Turc.

L'empire Turc s'étend en Europe , en Asié et en Afrique. Les possessions européennes de cette nation forment la Turquie d'Europe ; ses possessions asiatiques forment la Turquie d'Asie ; ses possessions africaines sont l'Égypte et quelques autres pays.

Turquie d'Europe.

Limites. — La Turquie d'Europe est bornée, au nord , par l'empire d'Autriche et la Russie d'Europe ; à l'ouest et au sud–ouest, par la mer Adriatique; au sud-est , par l'Archipel , et à l'est , par l'Archipel , la mer de Marmara et la mer Noire.

Division. — On divise la Turquie en dix provinces.

Situation	PROVINCES.	CAPITALES.	VILLES principales.
Au Nord	Croatie Turque..	Banyaluka	....
	Bosnie..........	Sarajevo........	....
	Herzegovine	Mostar..........	....
	Servie	Belgrade........	....
	Valachie........	Bukarest........	Tergovisk.
	Moldavie........	Jassy..........	....
	Bulgarie	Sophie..........	Widdin , Nicopolis , Silistria.
Au Sud.	Albanie.........	Sentari	....
	Macédoine......	Saloniki	....
	Romélie	Constantinople ..	Andrinople , Salonique.
Iles.....	Candie..........	Candie..........	....
	Stalimène.......	Stalimène.......	....

(138)

Climat et sol. — Le climat est tempéré et l'air très-pur. Le sol de la Turquie est d'une grande fertilité, et les saisons y sont régulières et riantes.

Montagnes. — La Turquie est entrecoupée de riantes plaines et de délicieux vallons ; elle est hérissée de chaînes de montagnes nombreuses et étendues. La chaîne des monts Carpatiens et celle de l'Hémus, aujourd'hui Balkan, sont les plus considérables.

Rivières. — Les principales rivières de la Turquie sont : le Danube, la Morava et le Pruth.

Détroits. — Les principaux détroits de la Turquie sont : le détroit de Constantinople, autrefois Bosphore de Thrace, qui fait communiquer la mer Noire avec la mer de Marmara, il est célèbre chez les poëtes par l'histoire de Héro et de Léandre ; le détroit des Dardanelles, autrefois l'Hellespont, qui fait communiquer la mer de Marmara avec l'Archipel. Il n'a qu'une petite lieue de large et est fameux par le passage de Xercès, lors de son invasion en Grèce, et par celui d'Alexandre dans son expédition d'Asie. Xercès, pour se faciliter le passage de ses nombreuses troupes, fit jeter un pont de bateaux sur ce détroit.

Productions végétales et animales. — La Turquie d'Europe abonde en herbes potagères, en oranges, citrons, grenades. Les chevaux, les bestiaux et la volaille sont excellents dans ce pays. On trouve en Turquie une espèce de mouche à scie, connue dans les pays du Levant, elle perce l'écorce du chêne vert, la sève se répand, se boursoufle et produit une tumeur grosse comme une noisette, qu'on appelle *galle*, et qu'on emploie avec succès dans la composition de l'encre.

Métaux et minéraux. — La Turquie

d'Europe a des métaux et des minéraux de toute espèce, et ses marbres passent pour être les plus beaux du monde.

Religion et population. — La religion mahométane, ainsi nommée de Mahomet, est la religion des Turcs. Ils sont de la secte d'Omar. Il y a aussi dans l'empire turcs un grand nombre de chrétiens Grecs qui ont des patriarches et des prêtres, Population 9,000,000 d'habitants.

Gouvernement. — Le gouvernement est une monarchie héréditaire dont l'autorité est absolue, le monarque s'appelle le Sultan ou le Grand-Seigneur, et sa cour s'appelle la Porte.

Mœurs. — Les Turcs ne tirent point partie du beau sol qu'ils habitent: ils sont généralement bien faits et robustes, mais vindicatifs au-delà de l'imagination, et en matière de religion, opiniâtres et superstitieux. Ils se rasent la tête, et laissent un bouquet de cheveux sur le sommet: ils se la couvrent d'un turban qu'ils n'ôtent que pour se coucher. Ils portent la barbe longue. Les grands sont passionnés pour la chasse. Dans les maisons, les jeux habituels sont : les échecs et le damier, s'ils jouent aux jeux de hasard, ils n'y mettent point d'argent, parce que cela est défendu par le Coran. Les femmes sont ordinairement belles, mais elles paraissent vieilles à trente ans. Le vendredi, chez les Turcs, est un jour de repos, leurs moines se nomment Derviches.

TOPOGRAPHIE.

CROATIE TURQUE.—Capitale, BANYALUKA.

BOSNIE. — Capitale, SARAJEVO, sur la Bosna.

HERZEGOVINE. — Capitale, MOSTAR.

SERVIE.—Capitale, BELGRADE, au confluent

de la Save et du Danube ; elle a des rues plantées d'arbres.

VALACHIE. — Capitale , Bukarest. Ville principale : *Tergovist.*

MOLDAVIE TURQUE. — Cette province tire son nom de la Moldava qui l'arrose. Jassy , capitale.

BULGARIE. — Cette province tire son nom moderne, des Bulgares , qui vinrent s'y établir au septième siècle , et qui habitaient avant sur les bords du Volga vers Casan. Sophie, capitale. Villes principales : *Widdin , Nicopolis et Silistria.*

ALBANIE. — Cette province répond à l'ancienne Épire et à l'ancienne Abalnie. Capitale, Scutari , villes principales : *Durazzo.* — *Dodone ,* ville autrefois célèbre en Épire , par un temple de Jupiter et une forêt de chênes qui lui était consacrée , et dont on disait que les arbres rendaient des oracles , lorsque le vent agitait leur feuillage.

MACÉDOINE. — Capitale , Saloniki , autrefois Thessalonique , sur le golfe du même nom. Ville principale : *Jenizzar ,* qui est l'ancienne Pella , capitale du royaume de Macédoine , et la patrie de Philippe , Roi de Macédoine, et d'Alexandre-le-Grand, son fils. — *Contessa.* Au sud de cette ville , est la montagne Monte-Sancto , qu'on appelait autrefois Athos. Elle est habitée par un grand nombre de moines et d'ermites , qui occupent douze monastères et beaucoup de cellules isolées : ils mènent une vie très-austère , et après avoir rempli chaque jour leurs devoirs religieux , ils cultivent des oliviers et des vignes , et exercent différents métiers. — *Philippi* est célèbre par la victoire qu'Octave et Antoine y remportèrent sur Brutus et Cassius , 42 ans avant l'ère chrétienne.

ROMANIE ou ROMÉLIE.—Cette province s'appelait autrefois la Thrace : son nom moderne vient de ce qu'elle fut le dernier pays que les Romains possédèrent en Orient. Constantinople, capitale de la Romanie et de tout l'empire Turc, fut bâtie sur les ruines de l'ancienne Bysance, par l'Empereur Constantin, qui lui donna son nom. Les Turcs la nomment maintenant Stamboul. Elle a deux grands faubourgs, habités par les Européens et les ministres étrangers, qui n'ont pas la permission de demeurer dans la ville. Constantinople jouit de la situation la plus agréable et la plus avantageuse pour le commerce, étant située sur le détroit qui joint la mer de Marmara à la mer Noire, et auquel elle donne son nom. Son port passe pour être le plus beau et le plus sûr de l'univers. Rien de plus beau que l'extérieur de cette ville. Il faut être dans son sein pour en connaître les désagréments, les rues étroites et mal pavées. On y remarque des mosquées magnifiques, surtout celle de Sainte-Sophie ; mais le plus vaste édifice de Constantinople est le Sérail, il a deux lieues de tour et neuf entrées, dont deux seulement sont magnifiques : la première, où l'on arrive de la place de Sainte-Sophie, est vraiment majestueuse, et c'est d'elle que la Cour Ottomane prend le nom de Porte et de Sublime Porte. Constantinople a presqu'un million d'habitants. Villes principales : *Andrinople*, autrefois Adrianopolis, qui tire son nom de l'Empereur Adrien, qui l'a fait rebâtir. On y voit des mosquées couvertes en cuivre, et accompagnées de tours élégantes, de belles fontaines et des portes magnifiques. — *Erekli*, autrefois Héraclée. — *Gallipoli*, sur le détroit des Dardanelles. L'entrée de ce détroit est défendue par deux châteaux, qu'on appelle les Dardanelles : l'un est en Europe , sur le rocher anciennement nommé Sestos ; l'autre en Asie , sur le rocher anciennement nommé Abydos.

Îles de la Turquie.

CANDIE. —Cette île s'appelait autrefois Crète. Minos y régna , 1405 ans avant Jésus-Christ , et ses lois y étaient encore en vigueur du temps de Platon. On y trouve le mont Ida , sur lequel Jupiter fut élevé par les Corybantes , et le fleuve Léthé , si renommé dans la fable. Elle abonde en grains , vin , fruits excellents , et fournit beaucoup de marbre. Candie , capitale.

STALIMÈNE. — Cette île se nomme aussi Lemnos. Elle fournit une espèce de terre dont on fait usage en médecine , et qu'on appelle Sigillé , parce qu'elle est envoyé sous cachet dans les pays étrangers. Les poëtes y plaçaient la demeure et les forges de Vulcain. Philoctète y fut délaissé par les Grecs. Stali-mène , capitale.

La Turquie possède encore plusieurs autres îles dans l'Archipel.

Grèce.

Ce pays , berceau des sciences , des lettres et des arts , offre aujourd'hui , de tous côtés , le spectacle affligeant de villes détruites , de champs déserts et incultes , tristes fruits d'une longue guerre. Les Turcs en occupent encore une partie , et les limites septentrionales ne sont pas encore fixées.

Climat et sol. — La Grèce jouit d'un climat doux et d'un air pur. La Thessalie offre des plaines fertiles. On trouve cependant, en Grèce, quelques cantons arides.

Montagnes. — Les montagnes de la Grèce sont les plus célèbres du monde, et très-fertiles. Les principales sont : le mont Athos, aujourd'hui Monte - Sancto ; le Pinde et l'Olympe, célèbres dans les fables des Grecs, séparent la Thessalie de l'Épire ; le Parnasse, dans l'Achaïe, si fameux pour avoir été consacré aux Muses, et l'Hémus.

Productions végétales. — Les principales productions de la Grèce sont : l'huile d'olive, le blé, le vin, le raisin de Corinthe et la soie.

Antiquités. — La Grèce offre presque partout au voyageur curieux des ruines de monuments célèbres. Celles du Temple de Neptune, dans l'isthme de Corinthe, et du Théâtre où se donnaient les jeux isthmiques, méritent de fixer les regards. Les débris du Temple d'Apollon sont encore visibles à Castri, au sud du Parnasse : on aperçoit des degrés de marbre qui descendent vers un ruisseau charmant, qu'on croit être l'ancienne fontaine Castalie, et des niches creusées dans le roc, pour recevoir des statues.

DIVISION ET TOPOGRAPHIE.

On divise la Grèce en six parties : la Thessalie, la Livadie, le Péloponèse, l'île de Négrepont, les Cyclades et les Sporades.

THESSALIE. — Cette province s'appelle aussi Janina. On y trouve les monts Olympe, Ossa, Pélion, le Pinde, la vallée de Tempé et le fleuve Pénée, aujourd'hui Salampria : tous ces lieux sont fameux chez les anciens poëtes. JANINA, capitale, se divise en deux villes : la haute et la basse. Villes principales : *Larissa*, sur la Salampria. — *Farsa*, autrefois Pharsale, qui est célèbre par la victoire que César y remporta sur Pompée, 48 ans avant Jésus-Christ. — *Phères* et le village d'*Antela*, près du passage des Thermopyles, où s'assemblaient les Amphictyons.

LIVADIE. — Cette province se nommait autrefois la Grèce propre. On y trouve les monts Parnasse, Hélicon et Cythéron, fameux chez les anciens poëtes; et les Thermopyles, aujourd'hui *Bocca di Dupo*, défilé célèbre dans l'histoire Grecque. Livadia, capitale. Villes principales : *Lépante*, sur le golfe du même nom. — *Castro*, autrefois Delphes, ville jadis fameuse par son Temple d'Apollon, et qui maintenant n'est plus qu'un village. — *Thiva*, autrefois Thèbes, a été renommée par le nombre et la beauté de ses temples; mais on n'y trouve aucune trace de son ancienne grandeur. Elle est la patrie d'Epaminondas et de Pélopidas. Alexandre-le-Grand détruisit cette ville, et n'épargna que la maison où était né le poëte Pindare. — *Alina* ou *Sétines*, autrefois Athènes, qui a été une des plus célèbres villes du monde, et n'est plus qu'une ville médiocre. Au nord d'Athènes, on remarque *Marathon*, célèbre par la victoire remportée sur les Perses par les Athéniens, qui étaient commandés par Miltiade, Thémistocle et Aristide.

PELOPONÈSE ou MORÉE. — Cette province comprend l'Achaïe, l'Elide, l'Arcadie, l'Argolide, la Messénie et la Laconie. Son nom moderne vient de l'abondance de ses mûriers. On y trouve les lacs Stymphale et Pénée, fameux chez les anciens poëtes. Tripolizza, autrefois Mantinée, capitale, est célèbre par la victoire qu'Epaminondas y remporta sur les Spartiates, et où il reçut la mort. Villes principales : *Longonico*, autrefois Olympia, célèbre par les jeux olympiques qui se célébraient dans son voisinage. — *Modon*, ancienne capitale. — *Mísistra*, autrefois Sparte ou Lacédémone, patrie d'Agis, de Lysandre et de Léonidas. — *Napoli di Malvasia*, qui est renommée par son excellent vin qui porte le nom de Malvoisie. Près de cette ville, sont les ruines de l'ancienne Épidaure, où se trouvait le fameux Temple d'Esculape. — *Argos*, dont Agamemnon était Roi, pendant le siège de Troie, et qui était alors une ville considérable, n'est plus qu'un bourg médiocre. — *Corinthe*, sur l'isthme du même nom, qui était autrefois ornée de temples et d'édifices magnifiques, et qui a maintenant l'apparence d'un village.

Iles dans l'Archipel.

NÉGREPONT, ou EUBÉE. — Cette île communique avec le continent par un pont-levis, qu'on lève pour laisser passer les vaisseaux. Elle est très-fertile.

CYCLADES. — Les principales sont: *Andros*, où Bacchus avait un temple, et une fontaine dont les eaux, pendant les ides de janvier, avaient le goût du vin. — *Naxia*, autrefois Naxos, la plus grande et la plus fertile des Cyclades. Bacchus y était particulièrement honoré. — *Paros*, qui a des carrières de marbre blanc que les anciens estimaient beaucoup. Elle est la patrie du sculpteur Phidias. On y voyait, jadis, une tour de marbre blanc qui était une des sept merveilles du monde. — *Antiparos*, où l'on voit une grotte qui est un chef-d'œuvre de la nature. — *Zia*, autrefois Ceos. Les vieillards, dans cette île, se donnaient la mort. — *Syra*, autrefois Syros, où Achille passa son enfance. — *Sdiles*, autrefois Delos, célèbre par la naissance d'Apollon et de Diane. On dit que Neptune la fit sortir de la mer pour soustraire Latone à la persécution de la jalouse Junon. Apollon y avait un temple fameux où il rendait des oracles. — *Ténédos*, qui produit de bons vins muscats.

COLOURI. — Cette île est vis-à-vis d'Eleusis : on l'appelait jadis Salamine. Elle est célèbre par le combat naval entre les Grecs et les Perses, lorsque Xercès se porta sur l'Attique. COLOURI, capitale.

SPORADES. — Ces îles sont : *Samandraki*, autrefois Samothrace. — *Métélin*, autrefois Lesbos. Capitale, *Métélin*, autrefois Mytilène. — *Scio*, qui abonde en mastic : le mastic est une résine d'une odeur suave, qui découle du lentisque. On voit dans cette île des troupeaux de perdrix privées, qui vont chercher au loin leur nourriture, et reviennent le soir à la ferme dont elles dépendent. — *Samos*, célèbre par sa fertilité et par la naissance du philosophe Pythagore. C'est la seule île de l'Archipel où les femmes aient la réputation d'être laides. — *Pathmos*, où Saint Jean l'Évangéliste fut relégué par l'Empereur Domitien, et dans laquelle il composa *l'Apocalypse*. — *Cos*, où l'on voit un platane d'une si prodigieuse étendue, que 4,000 personnes peuvent se placer sous son ombrage. Ses branches sont soutenues, de distance en distance, par des poteaux, et l'on trouve, sous ce dôme de verdure, des fontaines et des bancs de gazon, où l'on vient prendre du café et du sorbet.

Îles dans la Mer Ionienne.

CORFOU, autrefois Corcyre, est célèbre par les jardins du Roi Alcinoüs. C'est dans cette île qu'Ulysse fut jeté, après son naufrage. Aristote y fut exilé. Alexandre, encore jeune, éloigné de la cour de Philippe, son père, descendit à Corcyre, et les habitants de cette île virent les premiers pas de ce Conquérant fameux, qui devait subjuguer tous les peuples de la terre. Caton, après la bataille de Pharsale, rencontra Cicéron à Corcyre. Peu de temps après, Antoine et Octavie y célébrèrent ces noces fatales qui coûterent tant de larmes au monde. A peine un demi-siècle s'était-il écoulé, qu'Agrippine, mère de Néron, vint faire, au même lieu, les funérailles de Germanicus. Ce fut enfin de Corfou que partit cette armée de Croisés qui mit un Gentilhomme Français sur le trône de Constantinople.

THEAKI, autrefois Ithaque. — Ulysse en était le Roi.

ZANTE. — Cette île est célèbre par ses sources d'huile de pétrole, et ses raisins rivalisent avec ceux de Corinthe.

CÉRIGO. — Cette île est l'ancienne Cythère.

SAINTE-MAURE, où l'on voit le fameux rocher de Leucade.

CÉPHALONIE n'a rien de remarquable.

ASIE.

L'ASIE est la plus grande des trois parties de l'ancien continent. Elle est aussi la plus anciennement peuplée : c'est le berceau du genre humain. Elle a environ 2,400 lieues de longueur et 2,000 de largeur. Son étendue annonce une grande variété de climats : le froid est excessif au nord, et la chaleur insupportable dans les contrées du midi ; aussi les peuples du midi sont-ils à-peu-près noirs, et ceux du nord sont très-blancs.

LIMITES. — L'Asie est bornée, au nord, par la mer Glaciale du Nord ; à l'ouest, par l'Europe, la mer du Levant, l'isthme de Suez et la mer Rouge ; au sud, par l'océan Indien ; et à l'est, par l'océan Oriental ou mer Pacifique et le détroit de Bhéring.

MONTAGNES. — Le plateau du Thibet est la partie la plus élevée de l'Asie. Il en sort plusieurs branches, qu'on peut distinguer en trois principales : la grande chaîne du *Taurus*, du côté de l'Arménie ; les monts *Imaüs* et les montagnes du *Thibet*. On y remarque aussi le mont *Ararat*, sur lequel l'arche de Noé s'arrêta, après le déluge, qui sépare la Turquie de la Perse ; le mont *Thabor* et le mont *Carmel*, dans la chaîne du Liban ; les monts *Sinaï* et *Horeb*, dans l'Arabie Pétrée ; le pic d'*Adam*, dans l'île de Ceylan, et les montagnes appelées *Gathes*, dans la presqu'île en-deçà du Gange.

MERS. — Les mers de l'Asie sont : la mer ou océan Glacial, la mer d'Azof, la mer Noire, la mer de Marmara, la mer du Levant, la mer Caspienne, l'océan Indien, l'océan Pacifique, la mer de la Chine, la mer Jaune, la mer du Japon, la mer d'Okhotsk et la mer de Bhéring.

GOLFES. — Il y en a dix. Cinq grands , qui sont : le golfe de l'*Oby* , dans le pays des Samoyèdes , au nord de la Tartarie chinoise ; le golfe de *Pekili* , entre la Chine et la presqu'île de Korée ; le golfe de *Siam* , au sud du royaume de Siam ; le golfe de *Bengale* , entre l'empire des Birmans et l'Indostan ; le golfe *Persique* , entre l'Arabie et la Perse.

Les cinq petits sont : le golfe d'*Anadir* , au nord-est de la presqu'île de Kamtschatka , le golfe de *Tonquin* , entre la Chine et le Tonquin ; le golfe de *Martaban* , au sud de l'empire des Birmans ; le golfe de *Cambaye* , et celui de *Sinde* ou de *Cutch* , à l'ouest de l'Indostan.

DÉTROITS. — Les principaux sont : le détroit du *Nord* , ou de *Bhéring* , entre la Grande-Tartarie et l'Amérique ; le détroit de *Korée* , entre la presqu'île de Korée et les îles du Japon ; le détroit de *Macassar* , entre l'île de Bornéo et l'île des Célèbes ; le détroit de *Malaca* , entre la presqu'île de ce nom et l'île de Sumatra ; le détroit de la *Sonde* , entre l'île de Sumatra et l'île de Java ; le détroit de *Manar* , entre l'Indostan et l'île de Ceylan ; le détroit d'*Ormus* , à l'entrée du golfe Persique , et le détroit de *Bab-el-Mandel* , à l'entrée de la mer Rouge.

FLEUVES. — Les principaux fleuves sont : l'*Oby* , le *Jenisseï* , la *Léna* , dans la mer Glaciale. — L'*Amur* , dans la mer d'Okhotsk. —Le *Hoang-Ho* , ou *Rivière Jaune* , le *Kian* , ou *Rivière Bleue* , dans la mer Jaune. — La *Rivière de Camboge* , dans la mer de la Chine. — Le *Meiman* , dans le golfe de Siam. — Le *Gange* , dans le golfe de Bengale. — L'*Indus* , dans la mer d'Arabie. — L'*Euphrate* , dans le golfe Persique. — Le *Tigre* , dans l'Euphrate.

LACS. — Le plus grand lac de l'Asie est la mer *Caspienne* ; les antres principaux sont : le lac *Aral*, le lac *Baïkal* et le lac *Asphalite*, ou *mer Morte*.

CAPS. — Il y en a dix. Ce sont : le cap *Oriental*, vis-à-vis le cap du Prince de Galles, en Amérique ; le cap *Romania*, au sud de la presqu'île de Malaca ; le cap *Négrais*, à l'ouest de la presqu'île orientale des Indes ; le cap *Comorin*, au midi de l'Indostan ; le cap *Diu*, au sud de la presqu'île de Cambaye ; le cap *Jask*, en Perse ; les caps *Razalgate* et *Fartash*, en Arabie ; le cap *Smyrne* et le cap *Baba*, à l'ouest de la Turquie.

PRESQU'ILES. — Il y en a huit, quatre grandes et quatre petites. Les quatre grandes sont : la presqu'île orientale des *Indes*, ou l'*Indo-Chine* ; la presqu'île occidentale des *Indes*, ou la partie méridionale de l'*Indostan* ; l'*Arabie* et l'*Anatolie*, en Turquie. Les quatre petites sont : les presqu'îles de *Kamtschatka*, de *Korée*, de *Malaca*, et de *Cambaye* ou le *Guzarate*.

DIVISION. — On divise l'Asie en huit contrées, comme il est marqué dans le tableau suivant :

Situation	PAYS.	CAPITALES.	VILLES PRINCIPALES.
Au Nord.	Sibérie, ou Russie d'Asie	Tobolsk...	Irkoutsk, Tomsk, Iénissei.
Au Centre.	Tartarie-Indép.te	Samarcande	....
	Empire Chinois.	Pékin.....	Nankin, Macao, Tcit-ci-car, Sbin-Yaug. Canton.

Situation	PAYS.	CAPITALES.	VILLES PRINCIPALES.
Au Midi.	Turquie d'Asie.	Smyrne...	Angora, Scutari, Trébisonde, Kirisonto - Tarsous, Alep, Alexandrette, Erzeroum, Tripoli, Damas, Acre, Seyde, Sour, Antakié, Jérusalem, Jaffa, Bethléem, Ourfa, Mosul, Bagdad, Bassora.
	Arabie.........	La Mecque	Suez, Tor, Médine, Sana, Moka, Aden.
	Perse	Téhéran...	Ispahan, Schiras, Lahar
	L'Indostan, ou presqu'île en deçà du Gange.	Delhi.....	Caboul, Cachemire, Candahar, Pounha, Visapour, Calcutta, Chandernagor, Cuttack, Masulipatnam, Hyderabad, Golconde, Agra. Lahor, Bénarès, Surate, Bombay, Goa, Calicut, Mahé, Cochin, Seringapatnam, Madras, Pondichéry, Tranquebar.
	L'Indo-Chine, ou presqu'île au delà du Gange.	Siam......	Umérapoura, Ava, Arakau, Pégu, Kecho, Saigon, Lantchang.

Russie d'Asie.

Limites. — La Russie d'Asie est bornée, au nord, par la mer Glaciale ; à l'ouest, par la Russie d'Europe ; au sud, par la Turquie d'Asie, la Perse, la Tartarie-Indépendante et la Chine ; et à l'est, par l'océan Pacifique.

Nom. — Le nom de Sibérie qu'on donne à la Russie d'Asie, ne convient proprement qu'à la partie septentrionale de ce pays.

Division. — La Russie d'Asie est divisée en quatre gouvernements.

SITUATION.	PAYS.	GOUVERNEMNTS ET CAPITALES,
Au Nord.	Sibérie.......	{ Tobolsk. Tomsk. Irkoutsk.
Au Sud-Ourst.	Géorgie......	Tiflis.

Climat et aspect du pays. — En général, la Russie d'Asie présente à l'œil d'immenses plaines couvertes de neige, et traversées par de grandes rivières qui, sous une masse épaisse de glaces, courent vers la mer Glaciale. Au centre de la Sibérie, on ne voit pas d'arbres. Le froid rigoureux y arrête la végétation. Au sud, le sol est couvert de vastes forêts. C'est dans ce pays que les Czars exilent les criminels d'état.

Forêts et steppes. — La Russie asiatique est si pleine de forêts, qu'on ne leur a pas donné de noms particuliers. Les steppes sont de vastes plaines particulières à l'Asie et à quelques parties de la Russie d'Europe : elles ressemblent aux déserts sablonneux de l'Afrique. Ces steppes ne sont pas absolument dépourvues de végétations ; c'est un sable quelquefois parsemé de touffes de gazon et même de buissons.

Productions végétales et animales. — Le cèdre vient très-bien dans la Russie d'Asie : il porte un fruit d'un goût agréable, dont on tire une huile qui tient lieu de beurre. Les rives de l'Oural et du Jaïk produisent en abondance d'excellente rhubarbe. La prune de Sibérie, le frêne de montagne, la rose de Daourie, forment des buissons charmants, sous l'abri desquels fleurissent la pivoine et le lys jaune, dont la racine fournit aux tribus Tartares un mets favori.

Dans la plus grande partie de la Russie d'Asie, la renne tient lieu du cheval, de la vache et de la brebis. Dans le Kamtschatka les chiens sont employés au transport. Les chevaux des Mongols sont d'une rare beauté. Les trois nations nomades du centre de l'Asie, c'est-à-dire les Tartares, les Mongols et les Mantchoux, mangent de la chair de cheval séchée au soleil. On fait grand cas du renard noir et de la zibeline, à cause de leur fourrure, qui est l'objet d'un commerce important. On pêche, en Sibérie, dans l'Onon, une espèce de moule d'une grosseur singulière : il y en a qui ont une demi-aune de long.

Religion. — On trouve des Chrétiens et des Mahométans dans la Russie d'Asie ; mais la plupart des habitants sont Payens.

Mœurs et qualités physiques des habitants. — Trois différents peuples habitent la Russie d'Asie. Ces peuples sont : les Russes qui en sont les maîtres, les Tartares qui s'y sont établis, et les naturels qui sont de pauvres peuplades presque sans habitation, plongées dans la misère et l'ignorance, ressemblant pour les coutumes et les mœurs aux sauvages de l'Amérique , dont le pays n'est séparé que par un détroit. Chez les Tartares du Nord , quand il est question de manger , le maître prend , au hasard , tout ce qui se trouve dans les plats , et le met, avec plus d'empressement que de délicatesse, dans la bouche de ses hôtes , ce qui est une des plus grandes marques d'honneur qu'il puisse donner.

LES BASKIRS. — Autrefois habitants vagabonds de la Sibérie méridionale , sont venus se fixer sur les bords du Volga et de l'Oural. Ils n'ont guère d'autres ressources dans leurs travaux que leurs troupeaux ; tout est chez eux d'une mal-propreté dégoûtante.

LES OSTIAKS. — Ils changent à volonté leurs habitations , et errent sans gouvernement et sans lois. Ils habitent les montagnes de la Sibérie. Ils ont une taille moyenne , un visage aplati , le teint d'un jaune pâle , l'esprit lourd , et le caractère simple et bon. La chasse et la pêche sont leurs occupations.

LES SAMOYÈDES. — En remontant vers le Pôle , on rencontre les Samoyèdes sous le cercle polaire. Ce peuple paye tribut aux Russes pour vivre en paix. Chaque famille est un petit état isolé. Il n'y a point de querelles : comme tous sont pauvres et peuvent aller à la chasse , personne n'a intérêt à voler. Un Samoyède se croit bien au-dessus de sa femme, et il la regarde volontiers comme le premier animal de sa demeure : il l'achète , et quand il l'a payée , on la place sur un traîneau, on l'y attache , et on la conduit à son mari ou plutôt à son maître. Les Samoyèdes ne paraissent pas disposés à vivre très-près les uns des autres : quand un voisin les approche trop , ils prennent sans façon leur demeure, et vont l'établir plus loin. Rien n'est si facile : cette habitation n'est composée que de quelques perches rapprochées en rond et recouvertes d'écorces cousues. Une ouverture, ménagée au faîte, laisse échapper la fumée ; c'est par cette cheminée que l'on sort l'hiver, parce que la cabane est alors ensevelie sous la neige. Leur grand régal est de boire du sang de renne tout chaud. Lorsque leurs pères et leurs mères sont vieux et hors d'état de rien faire, ils les noient, et croient en agissant ainsi faire une bonne œuvre.

LES TONGOUSES.—Les Tongouses changent de demeure comme les autres peuplades de la Sibérie. Le caractère de ce peuple est excellent : il ne leur vient pas même à l'idée de faire un mensonge. La propreté est la chose dont les Tongouses s'occupent le moins, et c'est même de leur horrible saleté que les Russes les ont appellés *tongouses*, qui veut dire *cochons*.

LES KAMTSCHADALES. — Les Kamtschadales sont extrêmement gourmands, et d'une saleté qui fait soulever le cœur. Ils aiment beaucoup la graisse de baleine, et en avalent de gros morceaux avec délices. Un Kamtschadale n'a d'autres ressources que la pêche et la chasse, d'autres richesses que ses chiens, d'autres délices que son tabac, et une liqueur enivrante qu'il tire d'une espèce de champignons. Leur vêtement est composé de fourrure à la forme des Russes. La danse des dames Kamtschadales consiste moins en pas qu'en mouvements des bras et des épaules : elle représente une chasse aux ours ; les moins savantes font le rôle de chasseur. L'héroïne de la pièce est celle qui remplit les fonctions de l'ours en personne, hurlant et courant à quatre pattes, avec une grace qui ne le cède en rien à celle du personnage qu'elle représente.

TOPOGRAPHIE.

SIBÉRIE OCCIDENTALE. — *Tobolsk ;*

principale ville , est grande et riche par son commerce avec la Chine. — *Tomsk* , est la troisième ville de la Sibérie , et le rendez-vous des marchands de toutes les nations de l'Asie septentrionale. — *Ienisseisk* , sur la rive gauche de l'Iénissei.

NOUVELLE-ZEMBLE. — Cette terre est située dans la mer Glaciale , près des côtes du gouvernement de Tobolsk , dont elle est séparée par le détroit de Waigats. Son nom signifie *nouvelle terre.* La Nouvelle-Zemble est très-peu connue dans sa partie occidentale. Cette île inhabitée est arrosée d'eau douce et dépourvue de bois. Elle abonde en rennes , ours blancs , et renards bleus et blancs. Les pêcheurs et les chasseurs d'Archangel la fréquentent tous les ans. Pendant trois mois , elle est enveloppée d'une nuit très-obscure. On perd de vue le soleil vers le 5 novembre , et on ne l'aperçoit que vers la fin de janvier.

IRKOUTSK. — Ce gouvernement est à l'est de celui de Tomsk. *Irkoutsk* , principale ville , près du lac Baïkal , a un archevêque et huit églises. Elle éprouve de fréquents tremblements de terre. Elle est l'entrepôt des pelleteries qu'on tire des côtes du nord de l'Amérique et des parties septentrionales de la Russie.

KAMTSCHATKA. — Cette presqu'île , formée par une chaîne de montagnes pierreuses et stériles , est habitée principalement par les Kamtschadales , et les Russes n'y ont pas encore fait beaucoup d'établissements. L'hiver y est long et très-rigoureux.

RÉGION DU CAUCASE ou DU SUD. — Le Caucase a servi de retraite à une foule de nations et de peuplades , qui sont venues y chercher un asile contre les armes des conquérants qui faisaient trembler l'Asie. Les principaux peuples de cette nation sont : les Circassiens et les Géorgiens.

CIRCASSIE. — Cette province est située au nord de la mer Noire, de l'autre côté du Caucase. Elle jouit d'un climat tempéré : ses coteaux sont garnis de vignobles délicieux ou de vergers, dans lesquels les grenadiers, les figuiers, les pêchers, les amandiers, confondent leurs feuillages et leurs fruits ; ses montagnes sont couvertes de chênes, de cèdres et de hêtres : d'abondantes moissons couvrent ses plaines ; enfin, ses prairies, abondantes en gras pâturages nourrissent de superbes troupeaux. Les chevaux circassiens égalent les chevaux arabes en beauté et en docilité : lorsque le cavalier veut descendre, ils plient les genoux de devant comme les chameaux. Les Circassiennes sont un ensemble de ce que la nature peut former de plus beau et de plus agréable.

GÉORGIE. — La Géorgie est située au sud-ouest de la Circassie : l'hiver y est moins long, et le règne végétal y est plus riche encore. Les Géorgiens sont bien faits et d'une physionomie agréable : quant aux femmes, elles y sont toutes belles ; on ne saurait imaginer des traits plus réguliers, plus de grâce dans le maintien que n'en offrent la plupart des Géorgiennes. Dans ce pays, on ne se sert ni de cuiller ni de fourchette ; on sert le riz et les viandes par poignées. TIFLIS, capitale. Son principal édifice est le palais des anciens Czars. On y voit un grand nombre d'églises géorgiennes et arméniennes, et quelques mosquées tartares.

MINGRÉLIE. — Cette province répond à l'ancienne Colchide. Elle est extrêmement fertile, mais remplie de vastes forêts et de marais, que l'insouciance des habitants laisse s'étendre de plus en plus. Les Mingréliens, belliqueux et pillards, enlèvent les hommes, et les vendent comme esclaves. Les Mingréliennes ont une taille admirable, l'air majestueux; mais elles sont fières, perfides, fourbes et cruelles.

DAGHISTAN. — Cette province est bornée à l'ouest par la Géorgie. Elle est si fertile, qu'on voit des endroits où, de chaque fente dans les rochers, il sort un cep de vigne. Elle est habitée par des Tartares, vassaux de la Russie, et qui professent le mahométisme.

Tartarie - Indépendante.

Limites. — La Tartarie-Indépendante est bornée, au nord, par la Russie d'Asie; à l'ouest, par le lac Aral et la mer Caspienne; au sud, par la Perse et le royaume de Caboul; à l'est, par les monts Bélur qui la défendent contre la puissance des Chinois.

Nom. — On donne aussi à la Tartarie-Indépendante le nom de Mongolie occidentale.

Division. — Ce pays est divisé en trois parties: le pays des Kirguiss, le Turkestan et la Grande-Boukharie. La Petite-Boukarie, le pays des Eleuths, le Thibet et le Boutan faisaient autrefois partie de la Tartarie-Indépendante; mais ils sont devenus, depuis quelques années, tributaires de la Chine.

Climat, sol et aspect du pays. — D'immenses steppes ou plaines désertes occupent la plus grande partie de la Tartarie. Les bords orientaux de la mer Caspienne n'offrent qu'une longue et triste chaîne de dunes et de rochers arides. Quoique ce pays soit situé sous le même parallèle que l'Espagne , la Grèce et la Turquie d'Asie , le voisinage de hautes montagnes toujours couvertes de neige , et celui des déserts de la Sibérie , y rendent la chaleur très-supportable. Le sol est très-varié. Le bois y est rare : on trouve les bords des rivières si fertiles , que l'herbe y excède la hauteur d'un homme. Autrefois , cette contrée était une des plus florissantes et des plus délicieuses de la terre. Dans le pays de Sogd , on pouvait voyager pendant huit jours entiers sans sortir du plus agréable des jardins. L'air était très-pur , les fruits exquis , et mille ruisseaux qui serpentaient à travers les arbres , mille plantes aromatiques , offraient un Paradis terrestre.

Animaux. — Les Kirguiss ont des chevaux et des dromadaires. Leurs moutons, dont ils font leur principale nourriture, ont de grosses queues ; les agneaux sont si délicieux , qu'on en sert à la table de l'Empereur de Russie. Les steppes abondent en gibier.

Langue et universités. — La langue usitée dans la Boukharie est la *zagatayenne* , qui est celle des Turcomans. La Grande-Boukharie est célèbre par la fameuse école de Samarkand , où l'on enseignait les sciences orientales.

Mœurs. — Les Kirguiss ont le nez plat , les yeux petits et noirs. Une grande partie des Tartares sont pasteurs , d'autres pêcheurs. La plupart d'entr'eux mènent une vie errante : les uns ont des tentes , d'autres bâtissent de misérables cabanes. Quelques-uns sont Mahométans , les autres suivent la religion du Grand Lama.

USBECKS. — Les Usbecks sont regardés comme les plus industrieux et les plus spirituels des Tartares. Beaucoup demeurent sous des tentes pendant l'été ; mais ils passent l'hiver dans les

villes et les villages , et font souvent de
subites incursions dans les provinces persanes.
Dans ce pays , on ne connaît pas l'usage du
pain. La principale liqueur est le lait de
leurs juments. Les Usbecks sont Mahométans.

TOPOGRAPHIE.

PAYS DES KIRGUISS. — Cette contrée
offre peu de villes. Toutes les régions qui
s'étendent à l'est de la mer Caspienne ont
été le théâtre de la valeur de Cyrus et
d'Alexandre : elles formaient la Scythie d'Asie.
Tachkend , principale ville. Les habitants
cultivent la vigne et le cotonnier. L'hiver
ne s'y fait sentir que trois mois.

GRANDE-BOUKHARIE. — Samarkand ,
capitale de la Grande-Boukarie , et autrefois
de l'empire de Tamerlan , est bien déchue
de son ancienne grandeur. On y fabrique
d'excellent papier de soie , qui est en usage
dans tout l'Orient. Son territoire produit des
melons exquis , qui sont si abondants , qu'on
en fournit à la Perse et à l'Inde. Les Boukha-
riens ont le teint fort blanc pour le climat ,
les yeux grands et pleins de feu , et ils n'ont
rien de la difformité des Tartares parmi lesquels
ils habitent. Leurs femmes sont grandes et bien
faites , elles ont les traits d'une égale beauté.

Empire Chinois.

L'Empire Chinois comprend trois parties :
la Tartarie-Chinoise , au nord ; la Chine , au
sud ; et les Pays-Tributaires , à l'ouest.

Tartarie - Chinoise.

Limites. — La Tartarie-Chinoise est bornée, au nord, par la Russie d'Asie; à l'ouest, par les Pays-Tributaires de la Chine; au sud, par la Chine, le golfe de Hoan-Hai et la Corée; et à l'est, par l'océan Pacifique.

Climat, sol et aspect du pays. — Quoique le centre de l'Asie soit à-peu-près sous le même parallèle qu'une partie de la France et de l'Espagne, les neiges qui couvrent ses montagnes en rendent le climat bien plus rigoureux. De vastes chaînes de montagnes, de grosses rivières et de grands lacs sont les principaux traits qui caractérisent cet immense pays; mais ce qu'il offre de plus singulier, c'est le vaste plateau du Thibet, le plus élevé de tous ceux du globe, qui est coupé par quelques rangs de montagnes et par le vaste désert de Coby ou de Chamo. Privé d'eau et de verdure, ce désert est fatal aux chevaux; mais on peut le traverser avec des chameaux. Il a une étendue de 440 lieues : on y trouve quelques portions fertiles.

Fleuves. — Le plus important des fleuves de la Tartarie-Chinoise est l'Amur. C'est un des plus grands de la terre : il parcourt un pays immense : profond, tranquille, il est par-tout navigable. Ses rives sont bordées de forêts magnifiques. Il se jette dans la mer d'Okhotsk, après un cours de 666 lieues.

Productions végétales et animales. — Cette vaste portion du globe offre beaucoup d'animaux. On y voit le chameau du désert, la chèvre des Alpes, le tigre, l'hermine et l'espèce de daim qui fournit le musc.

Population et habitants. — On peut porter le nombre des habitants à 6,000,000, en y comprenànt les tribus soumises à la Russie. Les principaux habitants sont : les Kalmouks, les Mongols et les Mantchoux.

KALMOUKS. — Le Kalmouk a la tête fort large, le visage plat, le teint olivâtre ; les yeux noirs et brillants, très-fendus, peu ouverts et fort éloignés l'un de l'autre ; leur nez est si plat, qu'au premier abord, on le croit de niveau avec leurs joues. Les femmes ont la même physionomie, mais beaucoup adoucie. L'odorat, l'ouie et la vue, chez ce peuple, surpassent l'imagination : ils sentent la fumée d'un camp, ils entendent le trot d'un cheval, ils distinguent, dans leurs plaines immenses, le plus mince objet à une distance étonnante. Les Kalmouks aiment la société et les festins : ils détestent manger seuls. Chasser, garder les troupeaux, construire des tentes, voilà les seuls travaux qu'ils jugent dignes d'eux. Les femmes sont chargées de tous les soins domestiques. La nourriture de ce peuple consiste en laitage, et surtout en gibier. Les femmes préparent les peaux avec une adresse étonnante, et en font toutes sortes d'ustensiles.

MONGOLS. — Les Mongols jaunes errent dans les contrées voisines de la Grande-Muraille. Les Kalkas, ou Mongols noirs, occupent les régions au nord du Grand-Désert, partie voisine de la Sibérie, et très-peu connue. Les Mongols ont, comme les Kalmouks, le visage plat, de grosses lèvres et de larges oreilles.

LES MANTCHOUX. — Ils appartiennent à la grande race des Tongouses. Ils ont connu l'agriculture avant la conquête qu'ils firent de la Chine, en 1640. Ils n'ont ni temples, ni idoles ; ils révèrent un Être Suprême qu'ils nomment Empereur du Ciel. Des trois grandes puissances de l'Asie centrale, les Mantchoux

peuvent être regardés comme les plus rap-
prochés de l'état de civilisation , surtout
depuis la conquête de la Chine. Ils sont plus
robustes que les Chinois ; mais ils ont les
traits moins expressifs. Les pieds de leurs
femmes ne sont pas défigurés comme ceux
des Chinoises. Leurs coiffures consistent en
fleurs naturelles et en fleurs artificielles.

Langue et religion. — L'idiôme mantchoux
est le plus parfait et le plus savant des idiômes
tartares. La religion, dans cette partie de l'Asie,
est *le Chamanisme*, c'est-à-dire , la croyance
d'un Être qui gouverne le Monde par l'entremise
d'esprits inférieurs très-puissants.

DIVISION ET TOPOGRAPHIE.

La Tartarie-Chinoise est divisée en deux
parties : la partie occidentale et la partie
orientale.

Partie occidentale.

MONGOLIE.—Dans cette partie, on distingue
deux classes de Mongols : les Mongols noirs , qui
sont sujets de l'Empereur de la Chine, et les
Mongols jaunes , qui sont seulement sous sa
protection. Ces deux classes de Mongols sont
séparées par le grand désert de Coby , où l'on
trouve des habitations éparses , sans villes.

Partie orientale.

MANTCHOURIE. — Cette partie est habitée
par les Mantchoux , et arrosée par l'Amur.
Les villes principales sont : *Tcit-ci-car* , où
l'Empereur de la Chine exile les criminels qui
n'ont pas mérité la mort ; et *Schin-Yang*, ville
considérable, où l'on voit le magnifique mausolée

de Xun-Chi, Conquérant de la Chine, et chef de la famille qui y règne actuellement. On y admire aussi le temple où le Monarque doit prier le premier jour de l'an.

Chine.

Limites. — La Chine est bornée, au nord, par la Grande-Muraille, qui la sépare de la Tartarie-Chinoise ; à l'ouest, par la Tartarie-Indépendante et l'Inde ; au sud, par l'Inde au-delà du Gange, le golfe de Tonkin et la mer de la Chine ; à l'est, par la mer de la Chine et le golfe de Hoan-Hai.

Nom ancien et moderne. — Les anciens appelaient la Chine *Serica*, c'est-à-dire le pays de la soie. Son nom moderne vient d'un mot chinois qui signifie le milieu, parce que les Chinois croient que leur pays est situé au milieu de la Terre.

Climat et sol. — Cet Empire, le plus étendu qu'il y ait après l'Empire Russe, jouit d'une température qui varie suivant les contrées : l'aspect de la Chine est très-varié, il offre un sol uni, entrecoupé par une infinité de rivières et de canaux. L'architecture et la forme extraordinaire des arbres rendent le pays très-romantique. Dans la Chine proprement dite, aucune terre labourable n'est en friche. Pour honorer l'agriculture, l'Empereur prend lui-même la charrue, chaque année, au printemps. Il laboure pendant une heure ; des paysans l'accompagnent en chantant des hymnes en l'honneur de la vie champêtre. Le sol donne deux récoltes par an, parce que les habitants s'occupent exclusivement de l'agriculture. L'intérêt qu'inspire la culture des grains et des légumes est cause que les grands chemins sont bordés de murs très-élevés, avec des tours de distance en distance , et des gardiens qui observent si l'on ne franchit pas ces murs.

Fleuves. — Les deux plus grands fleuves de la Chine sont : le Hoang-Ho , appelé aussi la Rivière jaune , à cause de la vase qu'il charrie ; et le Kiang-Ho , qui prend différents noms : près de sa source , les Eleuths l'appellent Porticho. Le cours de ces deux fleuves est presqu'aussi étendu que celui des Amazones. L'eau , pour l'ordinaire à la Chine , n'est point de bonne qualité, et , dans quelques lieux , il faut la faire bouillir avant d'en faire usage.

Canaux. — La Chine renferme un grand nombre de canaux , qui montrent l'industrie de ces habitants. Quelques-uns ont jusqu'à 300 lieues de long , et sont assez profonds pour porter de gros vaisseaux.

Métaux et minéraux. — La Chine a des mines de différentes sortes. Elle a aussi des carrières de marbre et de pierres de différentes espèces , parmi lesquelles se trouvent celles dont les Chinois font ces petites figures qu'on appelle des *magots.*

Productions végétales et animales. — La Chine abonde en riz , blé, thé , coton et plantes médicinales et aromatiques : elle produit aussi l'arbre à suif , dont le fruit a toutes les qualités du suif. Le thé est la feuille d'un arbuste qui ressemble au grenadier. Sa fleur tire sur le jaune , et a l'odeur de la violette. La première feuille naît et se cueille au printemps , parce qu'alors elle est plus molle et plus délicate ; on la fait sécher, à petit feu , dans un vase de grosse terre : on la roule ensuite, puis on l'enferme dans des boîtes de plomb. Le meilleur thé croît dans la province de Nankin. Celui qu'on appelle Impérial , a des feuilles

plus larges et plus amères que le thé vert
ordinaire. Au reste, les Chinois gardent le
meilleur pour eux, et celui que l'on porte
en Europe, a souvent bouilli plus d'une fois
dans les théières chinoises. Il croît aussi à la
Chine plusieurs espèces de fruits, dont on fait
des confitures que l'on transporte dans toutes
les parties de l'Inde, dans des vases de porcelaine fermant à clef. C'est de la Chine que
nous viennent les vers-à-soie ; le coton jaune,
avec lequel on fabrique le nankin ; l'aloès ;
la laque, dont on fait un beau vernis rouge
ou noir. On y fabrique la plus belle porcelaine, le papier le plus fin et une encre fort
connue. On trouve en Chine des éléphants et
des rhinocéros, des faisans dorés et argentés,
et des singes de différentes espèces.

Population et religion. — On compte en
Chine 170,000,000 d'habitants. Les Chinois
sont payens : les uns adorent le Ciel, et
offrent des sacrifices à *Confucius*, célèbre
philosophe de ce pays, qui vivait 500 ans
avant la naissance de Jésus-Christ. C'est de
cette secte qu'est l'Empereur et toute sa
cour, les autres professent la religion qu'on
suit dans l'Inde, dont les prêtres ont le titre
de Bonzes ; d'autres, enfin, suivent la religion
des Tartares, qui consiste dans le culte des
Idoles les plus étranges et les plus épouvantables : c'est un amas confus de têtes, de bras,
de jambes, avec des bouches carrées et des
yeux renversés. On remarque dans le nombre
le Dieu du Plaisir, représenté sous la figure
d'un gros homme qui ricane et qui étouffe
de nourriture, ce qui donne une grande idée
de la délicatesse des Tartares.

Mœurs et usages. — Les Chinois se croient
le premier peuple de l'Univers. Ils sont actifs,
laborieux, sobres et graves. Ils ne disent pas

en un mois autant de paroles qu'il s'en échappe
de la bouche d'un Français dans une heure.
La nation est divisée en trois classes : les
lettrés, parmi lesquels on choisit les gouverneurs
de villes ou de provinces , nommés Mandarins ;
les cultivateurs et les artisans. Les Chinois
sont renommés pour leur piété filiale , la
religion et les lois se réunissent pour consacrer
ce premier sentiment de la nature : un fils
porte le deuil de son père pendant trois ans.
Les établissements d'éducation sont nombreux
en Chine ; mais les enfants des pauvres apprennent
la profession de leurs pères. Les gens riches ont
des précepteurs chez eux , et les élèves ont
un grand respect pour leurs maîtres.

L'habillement des Chinois varie selon le
rang des personnes , et la loi a fixé les couleurs
qui distinguent les différentes conditions.
L'Empereur a seul le droit de porter du
jaune, et les Mandarins du rouge. A la Chine ,
l'embonpoint et les ongles longs passent pour
une marque d'opulence et d'esprit. Les Chinois
sont extrêmement polis ; mais il faut convenir
qu'il y a dans leur politesse des détails très-
fatigants : quand ils rencontrent dans la rue
une personne de leur connaissance , ils doivent
la saluer à genoux, et si cette personne est
d'un rang distingué , cette cérémonie ne finit
point. On trouve ces démonstrations de politesse
exagérées jusques dans les dernières classes du
peuple : on assure que si deux portefaix se
heurtent dans la rue , ils se jettent à genoux
l'un devant l'autre , se demandent réciproque-
ment pardon , et font ensuite de longues
cérémonies pour savoir qui se relèvera le
premier. Dans les repas un peu recherchés,
ces formalités sont si multipliées , qu'on ne
conçoit pas que la patience du maître de la
maison et celle des convives puissent y suffire.

Il faut avoir reçu trois invitations avant de s'y rendre. Après des révérences qui durent long-temps, chaque convive est servi séparément, à une petite table qui a plusieurs étages, et sur chaque étage différents mets dans de petits vases de porcelaine ; le dessus de la table est couvert par un grand plat de riz cuit simplement à l'eau, et que l'on mêle avec chacun de ces mets. Cet usage est général dans l'Inde, où l'on ne mange pas de pain. Tous les ragoûts sont froids ; mais la boisson, qui est du thé léger, est chaude.

Leur mets le plus recherché est un nid d'oiseaux. Il y a, sur les côtes de la Chine, une espèce d'hirondelle de mer, qui fait son nid avec de petits brins d'herbes marines et l'écume des flots : on recueille ces nids, on les fait cuire ; c'est un ragoût très-gluant, âcre et salé, que les Chinois trouvent admirable. Ils ne se servent ni de cuillers ni de fourchettes, mais de deux petites baguettes d'ivoire, les étrangers ne peuvent pas concevoir qu'avec ces petits bâtons ils puissent porter quelque chose à leur bouche ; cependant ils y mettent une telle adresse, qu'ils ramassent de cette manière jusqu'à un grain de riz. On joue la comédie pendant le repas, qui dure cinq ou six heures, ensuite viennent les adieux et les présents aux valets. Les Chinoises ont de petits yeux et les traits délicats : chez elles, la petitesse du pied est regardée comme une des principales beautés, et pour leur donner cette prétendue perfection, on leur serre étroitement les pieds, dans leur jeunesse, de sorte que, dans un âge plus avancé, elles semblent chanceler plutôt que marcher. Elles habitent des appartements sé-parés, toujours situés loin de la rue ; elles ne reçoivent jamais les visites d'aucun homme, si ce n'est celle de leur père. Quand elles vont voir leurs amies, elles sont portées dans des chaises fermées à clef. Les Chinois épousent plusieurs femmes ; mais la plus ancienne est la maîtresse de toutes les autres. Quand les parents ont conclu un mariage, on porte la mariée chez son futur, qui l'attend à la porte de sa maison. Elle arrive au son des instruments, et avec un grand cortège : la femme-de-chambre remet à l'époux la clef de la chaise à porteur : il l'ouvre, et si la femme ne lui convient pas, il referme la chaise, rend la clef, et tout le cortège retourne avec elle chez ses parents, le mariage est rompu. Malgré leur vie retirée, les Chinoises aiment beaucoup la parure : au lieu de chercher des ressources contre l'ennui, dans l'étude et dans les talents, elles passent leur vie à se coiffer en cheveux, avec des fleurs, des plumes et des insectes desséchés. Quant aux hommes, ils se font raser la tête, et ne conservent qu'une longue touffe de cheveux sur le sommet ; ils portent des chapeaux de paille, faits en forme de toîts, et des robes longues et magnifiques.

Langue. — La langue chinoise parlée est très-pauvre et très-simple ; la langue écrite offre une immense collection de signes, qui expriment des idées qu'on ne saurait rendre par des sons. L'écriture se trace avec un pinceau, qu'on tient perpendiculairement, et les lignes vont du haut en bas : elle est si compliquée, que ce n'est pas trop de la vie d'un homme pour apprendre à lire couramment. Quand on écrit une lettre, la couleur désigne le rang de la personne à qui l'on s'adresse, et le respect qu'on lui porte.

Curiosités naturelles et artificielles. — La muraille qui sépare la Chine de la Tartarie-Chinoise, a 450 lieues de long, et elle est assez large pour que six cavaliers puissent y marcher de front. Elle fut construite pour défendre la Chine des incursions des Tartares ; mais elle n'a point empêché ce peuple belliqueux de conquérir ce pays, et c'est encore un chef de leur dynastie qui y règne. Les temples, que l'on appelle des Pagodes, sont remarquables par le goût bizarre qui a présidé à leur construction, ainsi que par la singularité de leurs ornements et la laideur de leurs idoles. Les ponts chinois méritent aussi d'être admirés.

Commerce. — Les principales branches du commerce des Chinois sont : la soie, la porcelaine et le thé. Les Russes trafiquent avec eux, par le moyen d'une caravane qui se rend, à travers les déserts de la Tartarie, jusqu'à la Grande-Muraille. Les Chinois ont beaucoup d'industrie pour exécuter divers ouvrages ; mais cette industrie est sans goût et sans élégance. Au reste, le commerce est fort désagréable avec eux, parce qu'ils sont remplis de mauvaise foi ; ils sont tellement voleurs, même entr'eux, que personne ne marche dans les rues sans bâton, et l'on frappe, à droite et à gauche, sur ceux qui viennent fouiller dans les poches ; quand ils ont été surpris et battus, ils se contentent de vous faire des révérences jusqu'à terre.

Histoire. — Les Chinois sont un des plus anciens peuples du monde. Malgré la Grande-Muraille qu'ils avaient élevée sur leurs frontières pour garantir leur pays des incursions des Tartares, ce peuple belliqueux a conquis la Chine en 1644. Xun-Chi, chef des Conquérants, a fait adopter aux Tartares les lois et la police des Chinois, et aux Chinois, l'habillement et les armes des Tartares ; il a mis à Pékin le siége du gouvernement, qui, auparavant, était à Nankin. C'est un Prince de sa famille qui règne actuellement sur la Chine.

DIVISION ET TOPOGRAPHIE.

On divise la Chine en quinze provinces, dont les villes principales sont :

PÉKIN, capitale de la province de Pé-ché-li, et de toute la Chine, est située dans une plaine, à vingt lieues de la Grande-Muraille. Elle forme deux villes : l'une se nomme *la Ville Tartare*, parce qu'elle est habitée par des Tartares, depuis que la famille actuellement régnante occupe le trône ; l'autre s'appelle *la Ville Chinoise*, parce qu'elle est habitée par des Chinois. Les murs de Pékin ont plus de 60 pieds de haut, et ils sont si larges, qu'on y place des sentinelles à cheval, qui y montent par une longue pente. De tous les édifices, le plus remarquable est le Palais Impérial : il a deux lieues de tour. Les jardins renferment des montagnes et des vallées de 20 à 60 pieds, faites avec le plus grand art. Les Chinois aiment tant les fleurs, qu'ils en plantent entre les pavés de leurs cours, en sorte que chacun de ces pavés forme un compartiment entouré d'une guirlande. Les maisons de Pékin sont basses, dix Chinois logent à l'aise où six Français se trouvent à l'étroit. La plupart des gens de métiers n'ont point leur domicile dans la ville, ils occupent les barques, dont la rivière est couverte, et qui forment une seconde ville, presqu'aussi peuplée que la première. Une foule immense est continuellement en mouvement dans les rues : les artisans, les tailleurs, les menuisiers, au lieu de rester dans leurs maisons, vont chercher l'ouvrage en ville, et portent avec eux les instruments de leur profession. Les voitures ne vont pas plus vîte que les gens de pied, et les conducteurs y tiennent les chevaux par la bride. Heureusement les rues sont larges, elles sont bordées de riches boutiques, qui sont peintes, dorées et bien ornées. On voit devant les portes, des lanternes de corne, de mousseline, de soie, de papier, et la forme en est si diversifiée, que les Chinois semblent y avoir épuisé tout leur art.

NANKIN, autrefois capitale de l'Empire, est située près de l'embouchure du Kiang-Ho. Elle a un bon port, et fait un grand commerce. Son étendue est immense ; mais un tiers en est désert. Les étoffes de soie passent pour les meilleures de la Chine. Elle a donné son nom à un tissu de coton très-connu. On y remarque une tour de porcelaine, qui a neuf étages : il faut monter 884 degrés pour arriver au sommet, qui est orné d'une pomme de pin d'or massif. Les dehors sont revêtus de vernis rouge, jaune et vert. Aux coins de chaque galerie, des cloches sans nombre, agitées par le vent, rendent un son argentin. Nankin possède un grand nombre de bibliothèques. On y cultive les sciences plus qu'en aucune autre ville.

QUAN-TUNG (CANTON), située au fond du golfe du même nom. Elle a un grand port ouvert aux étrangers. C'est la seule ville où les marchands Européens soient admis. Aujourd'hui, ils ont un quartier particulier.

MACAO, sur une presqu'île dans le golfe de Canton, a été bâtie par les Portugais, qui la possèdent encore, elle est séparée par un mur du territoire Chinois.

Iles voisines de la Chine.

CHANG-TCHUEN, à l'entrée du golfe de Canton. Les Européens lui donnent le nom de Sancian. Elle est presqu'entièrement stérile. Saint François Xavier y est mort, lorsqu'il était sur le point d'entrer en Chine, pour y prêcher l'Évangile.

HAI-NAN, au sud de Sancian, produit du bois de rose, et une pierre bleue, qui sert à colorer la porcelaine.

FORMOSE, dans la mer de la Chine, est partagée en deux par une chaîne de montagnes. La partie occidentale est habitée par les Chinois, et l'autre par les Indigènes. Le sol abonde en grains et en gibier.

Pays Tributaires de la Chine.

Les Pays tributaires de la Chine sont : la Tartarie-Chinoise, la Corée, le pays des Eleuths, la Petite-Boukarie, le Thibet, le Boutan, le Tunkin et la Cochinchine.

CORÉE. — La Corée forme une presqu'île, bornée, au nord, par la Tartarie-Chinoise ; à l'ouest, par le golfe de Hoan-Hay, qui la sépare de la Chine ; au sud, par la mer de la Chine ; et à l'est, par un bras de l'océan Pacifique, qui la sépare des îles du Japon. Elle est gouvernée par un roi. Les habitants, courbés depuis long-temps sous un joug étranger, sont fort adonnés aux plaisirs, grands menteurs, lâches, et si accoutumés à voler et à tromper, que les Chinois mêmes en sont la dupe. Les navigateurs que la tempête jette sur la côte de Corée, y sont réduits en esclavage. Les lettrés de Corée forment un ordre d'état à part, et se distinguent par deux plumes attachées à leur bonnet. Les grands et les lettrés suivent la doctrine de Confucius ; mais le peuple suit la religion de Fô. KIN-KI-TAO en est la capitale.

PAYS DES ELEUTHS. — Ce pays est borné, au nord, par la Russie d'Asie ; à l'ouest, par le Turkestan ; au sud, par le Thibet, et à l'est, par la Chine et la Tartarie-Chinoise. La plupart des habitants demeurent sous des tentes ; ils sont Mahometans ou Payens. Le pays des Eleuths est divisé en trois parties : le pays des Kalmouks-Eleuths, au nord, qui n'est pas connu ; la Petite-Boukharie, à l'ouest, et les pays de Turfan et d'Hami, à l'est.

PETITE - BOUKHARIE. — Cette partie produit beaucoup de plantes aromatiques. Les habitants commercent avec la Perse, l'Inde, la Chine et la Russie. YARKAND, capitale. — *Cashgard*, ville autrefois considérable, donnait son nom à un grand royaume.

PAYS DE TURFAN et D'HAMI. — Ces deux pays n'ont pas beaucoup d'étendue, ils confinent au grand désert de Coby.

THIBET et BOUTAN. — Ces deux pays sont bornés, au nord, par le pays des Eleuths ; à l'ouest, par celui des Usbecks ; au sud, par l'Inde, et à l'est, par la Chine. Les Thibétains sont couleur de cuivre, et ont légèrement les traits des autres Tartares. Ils sont gouvernés par le chef de la religion, qui porte le titre de Grand-Lama. LASSA, capitale, fait un commerce assez considérable en poudre d'or, qu'on ramasse dans le lit des rivières du pays. Près de cette ville est le mont Poutala, sur lequel réside le Grand-Lama, dans un palais brillant d'or et de pierreries. Plus de 2000 Lamas habitent en demi-cercle le pied de cette montagne, pour être plus près de leur souverain Pontife.

TASCISUDOR est la capitale du Boutan. Dans ce pays, les maisons n'ont pas de cheminées : les habitants allument leur feu sur un grand carreau de pierre, qui est placé au milieu de la chambre.

Turquie d'Asie.

Limites. — La Turquie d'Asie est bornée, au nord, par la mer Noire et la Russie d'Asie ; à l'ouest, par la mer de Marmara et l'Archipel : au sud, par la mer du Levant et l'Arabie ; à l'est, par la Perse.

Climat, sol et aspect du pays. — Le climat et le sol de la Turquie d'Asie offrent une grande variété : on voit les sommets du Taurus et du Liban couverts de glaces, tandis que les vallées qui s'étendent à leurs pieds sont brûlées par la chaleur du soleil. Le sol est en général montagneux : mais il est entrecoupé de belles plaines, qui fournissent de riches pâturages. La terre est d'une grande fertilité au bord des fleuves et dans les vallées du Liban. La Turquie d'Asie, autrefois riche, où florissaient jadis les lettres, les arts et les sciences, n'est aujourd'hui qu'un pays désolé par la servitude et la tyrannie, présentant, à chaque pas, des campagnes incultes et des villes à moitié ruinées : à peine le voyageur peut-il reconnaître l'emplacement des capitales des riches royaumes de Crésus, d'Antiochus et de Mithridate.

Montagnes. — Elles sont célèbres chez les écrivains sacrés et chez les profanes. Les plus remarquables sont : les monts du Liban, qui produisent des cèdres fameux. Salomon en employa pour bâtir le temple de Jérusalem. Il n'existe plus aujourd'hui qu'une vingtaine de gros cèdres : cette race antique semble s'éteindre. Ils sont situés sur une montagne qui forme, dans son sommet, une plaine assez étendue. Cette plaine est couronnée de montagnes plus hautes qu'elle, et qui sont couvertes de neige. Les cèdres sont en grand nombre sur cette plaine ; mais il y en a beaucoup de petits. Des voyageurs, accoutumés à mettre leur nom partout où ils passent, ont fait des incisions sur la surface des plus gros, pour y graver le leur : il sort de ces incisions un baume dont l'effet est admirable pour dessécher les plaies. On trouve dans cette plaine quantité d'herbes médicinales et des simples très-rares. L'Anti-Liban, ainsi nommé parce qu'il est situé vis-à-vis du Liban. Le Taurus. Le mont Ararat, sur lequel, dit-on, s'arrêta l'Arche de Noé, après le déluge. Le mont Ida, dans les environs de Troye, où le berger Pâris adjugea le prix de la beauté à Vénus. Le mont Olympe et le mont Amazone, dans l'ancien royaume de Pont, au pied duquel coule le Thermodon, dont les bords étaient habités par des femmes, qui ne souffraient point d'hommes parmi elles. Thésée vainquit leur reine Hippolyte, et l'épousa.

Fleuves. — Les principaux sont : l'Euphrate et le Tigre.

Lacs. — Les principaux sont celui de Van et le lac Asphaltite, ou mer Morte, qui exhale des colonnes de fumée et de vapeur. C'est là qu'étaient autrefois Sodome et Gomorrhe. Nul poisson ne peut y vivre. On voit, près de ce lac, des arbres appelés *arbres de Sodome*, dont les feuilles tiennent de celles du noyer. Ils portent un fruit qu'on prendrait pour des limons ; mais lorsqu'on veut les cueillir, on ne trouve dans ses doigts qu'une poudre noire et légère.

Productions. — Ce pays renferme les provinces les plus fertiles de l'Asie. Le café, l'encens, les plantes aromatiques y viennent presque sans travail. Les olives, les grenades, les oranges y croissent avec tant d'abondance, qu'elles ne coûtent rien, dans quelques endroits. L'asperge y est souvent grosse comme la jambe d'un homme. En un mot, la nature y perfectionne au plus haut point ses productions. On peut dire la même chose des animaux : on y remarque l'autruche, oiseau si grand, que sa tête est de niveau avec celle d'un homme. Il ne vole pas, parce qu'il est trop lourd : mais il étend ses ailes, les agite, et court si vîte, qu'avec un cheval au galop, on a de la peine à l'atteindre. Les plumes sont d'un blanc sale ; mais nétoyées, elles paraissent fort belles.

Population. — On évalue la population à 10,000,000 d'habitants.

Mœurs. — Le caractère des habitants est à-peu-près conforme à celui de leurs voisins. En général, les Turcs sont graves et pensifs. Ils restent des journées entières sans faire aucun exercice, se tenant assis sur leurs jambes croisées, fumant leurs pipes et buvant du café. Les femmes sont tellement enveloppées, que leurs plus proches parents ne sauraient les reconnaître.

Antiquités. — A Palmire, ville située dans les déserts de la Syrie, et qui était autrefois la résidence de Zénobie, on rencontre une plaine couverte de ruines admirables. On y avait bâti un temple en l'honneur du soleil. Près de l'ancienne Éphèse, on croit avoir découvert les ruines du fameux temple de Diane ; mais tout est si dispersé, qu'on ne peut juger de ce que devait être le tout dans son intégrité.

DIVISION ET TOPOGRAPHIE.

On divise la Turquie d'Asie en sept parties :

1.º ANATOLIE. — Ce pays s'appelait autrefois l'Asie mineure. SMYRNE, capitale, et qui l'est aussi de toute la Turquie d'Asie, a un port sur l'Archipel. C'est là ville la plus commerçante de toutes les Échelles du Levant (*). Au sud de Smyrne, on trouve les restes de l'ancienne Éphèse, où était le fameux Temple de Diane, qui fut brûlé le jour de la naissance d'Alexandre-le-Grand, par Erostate. Au nord de la même ville, on voit les ruines de l'ancienne Troye. Villes principales : *Angora*, où l'on trouve une espèce de chats auxquels elle a donné son nom. — *Trébisonde*, place forte, sur la mer Noire. — *Kirisonto*, qui a donné son nom au cerisier. Lucullus apporta le premier cet arbre en Europe. — *Scutari*, vis-à-vis de Constantinople, dont elle est, pour ainsi dire, un faubourg. — *Tarsous*, autrefois Tarsus, près de la mer du Levant, est la patrie de l'Apôtre Saint Paul.

2.º ARMÉNIE TURQUE. — Quatre beaux fleuves prennent naissance dans l'Arménie : l'Euphrate, le Tigre, l'Araxe et le Phase. C'est des bords de ce dernier que les beaux faisans tirent leur origine. A l'est était la Médie, avec les villes d'Ecbatane, de Suze et d'Arbelles. Les Arméniens sont Chrétiens, et forment deux classes : les uns sont Catholiques, et les autres suivent l'hérésie d'Eutyches. Ville principale : *Erzeroum*, sur l'Euphrate.

3.º SYRIE. — Ce pays comprend l'ancienne Phénicie, où l'on voit le mont Thabor et le mont Carmel, à quatre lieues de Nazareth, célèbre par la retraite du prophète Élie. Les moutons de ce pays sont si gras, que leur queue pèse quelquefois 15 livres. Villes prin-

---

(*) On donne le nom d'Échelles du Levant aux villes situées sur la côte de l'Anatolie. Elles font un commerce considérable avec les nations européennes.

(179)

cipales : *Alep*. Cette ville est regardée comme
la plus belle de l'Orient. — *Alexandrette* , ou
Scanderoun, a un port sur la mer du Levant. Ses
pigeons sont célèbres dans tout l'Orient par leurs
messages — *Tripoli* , au pied du mont Liban ,
a un port sur la mer du Levant. — *Damas* ,
où l'on fabrique des sabres et des étoffes de
soie qui portent son nom. Elle commerce
en fruits et en eau de rose. On y remarque
surtout le Chan-Verdy , ou Café aux Rosiers ,
regardé comme une des curiosités du Levant.
— *Acre* , autrefois Ptolémaïde , près du Carmel ,
a un port sur la mer du Levant. — *Seyde* ,
autrefois Sidon , port sur la mer du Levant.
— *Sour* , autrefois Tyr. Cette ville , la reine
des mers , jadis très-peuplée et très-opulente ,
n'est plus habitée que par un petit nombre de
pêcheurs qui vivent au milieu de son ancienne
magnificence. — *Antakié* , autrefois Antioche ,
a été une ville célèbre , et n'est plus qu'un
bourg médiocre.

4.º PALESTINE. — Ce pays s'appelait
anciennement la Judée. Le Jourdain sépare
du pays de Dchaulan la fertile et pittoresque
Galilée , qui serait un Paradis terrestre , si elle
était habitée par un peuple industrieux. Les
ceps de vignes portent des grappes de raisins
d'un à trois pieds de long : une seule , avec
de l'eau et du pain , suffit au souper d'une
famille entière. JÉRUSALEM , capitale , est
bien déchue de son ancienne splendeur ; mais
elle est toujours célèbre , parce qu'elle renferme les lieux où les principaux Mystères
du Christianisme ont été accomplis. L'église
du Saint-Sépulcre renfermait , dans son enceinte
magnifique , la place où fut élevée la Croix de
Jésus-Christ , et la grotte où son corps fut
déposé. Un incendie vient , n'a guère , de
consumer le Sanctuaire commun des nations

Chrétiennes. Le cénotaphe qui couvre l'entrée du tombeau a résisté comme par miracle à la chûte de la coupole enflammée. Cette ville a éprouvé beaucoup de révolutions : Titus la détruisit, l'an 70. Adrien la fit rebâtir. Les Arabes s'en rendirent maîtres, au septième siècle. Les Croisés la prirent en 1099, et y formèrent un royaume qui dura 89 ans. Enfin, elle appartient aux Turcs, après avoir changé dix-sept fois de maîtres. Villes principales : *Naplouse*, autrefois Sichem. Les Samaritains, qui sont une secte de Juifs, habitent dans cette ville et dans ses environs. — *Jaffa*, port sur la mer du Levant. C'est l'endroit du débarquement des Pélerins qui se rendent à Jérusalem. — *Bethléem*, sur une montagne couverte de vignes et d'oliviers, est célèbre par la naissance de Notre Sauveur. La crèche où il naquit est recouverte d'une église magnifique, que Sainte Hélène, mère de l'Empereur Constantin, fit construire.

5.° DIARBECK. — Ce pays se nommait autrefois la Mésopotamie. Villes principales : *Diarbeckir*, sur le Tigre. — *Ourfa*, autrefois Edessa, a des monuments antiques. — *Mosul*, sur le Tigre, vis-à-vis du lieu où était l'ancienne Ninive, commerce en toiles fines de coton, auxquelles on donne, en France, le nom de mousseline, parce qu'on les tirait de Mosul, où elles étaient apportées de l'Inde.

6.° IRAK-ARABI. — Villes principales : *Bagdad*, sur le Tigre, ancien séjour des Califes, le théâtre de tant de fictions orientales, est encore une grande ville qui fait un commerce considérable, ornée de beaux bazars ou marchés ; mais les rues sont très-malpropres. Les mœurs des habitants conservent des restes de cette politesse qui distinguait la cour brillante des Califes. — *Bassora*, située au-dessous du confluent de l'Euphrate et du Tigre, près du golfe Persique, a un port qui est le rendez-vous de l'Europe et de l'Asie. C'est de Bassora que partent les riches Caravanes qui se rendent aux principales villes de la Turquie asiatique.

7.º KURDISTAN. — Ce pays se nommait autrefois l'Assyrie. Bettis, capitale, située dans une charmante vallée, commerce en soie et en laine.

Iles dans la Méditerranée.

RHODES. — Cette île, célèbre dans l'antiquité, est située au sud de l'Asie mineure. Les habitants avaient élevé, en l'honneur du Soleil, un colosse d'airain, qui était compté parmi les merveilles du monde. Cette énorme statue, haute de 130 pieds, représentait Apollon, et était placée à l'entrée du port. Elle fut renversée par un tremblement de terre, et 900 chameaux furent chargés du cuivre dont elle était composée. Les Chevaliers de Saint-Jean de Jérusalem occupèrent Rhodes pendant deux siècles ; mais ils furent obligés de la céder aux Turcs, après l'avoir vigoureusement défendue, et ils s'établirent ensuite dans l'île de Malte.

ILE DE CHYPRE. — Cette île est située dans la mer du Levant, près des côtes de la Syrie. Elle est gouvernée par un Pacha. Les hyacinthes, les anémones, les renoncules, y croissent sans culture ; elles tapissent des montagnes, et changent les campagnes en un immense parterre ; mais l'agriculture y est négligée. Nicosie, capitale.

———

Arabie.

Limites. — L'Arabie est bornée, au nord, par la Turquie d'Asie ; à l'ouest, par l'isthme de Suez et la mer Rouge ; au sud, par l'océan Indien, et à l'est, par le golfe Persique, qui la sépare de la Perse.

Nom. — L'Arabie a conservé son ancien nom.

Climat et sol. — Le climat de l'Arabie est très-chaud, et il y règne des vents brûlants qui sont souvent funestes aux étrangers. Dans une grande partie de l'Arabie, le sol n'est qu'une immense plaine de sable. Lorsque les vents agitent ce sable, ils le roulent en tourbillons, et l'élèvent en montagnes, qui, dans leur chûte, ensevelissent quelquefois des caravanes (*) entières ; c'est dans le Désert, entre Bassora, Bagdad, Alep et la Mecque, que l'on redoute le plus le vent mortel qu'on nomme *smoum* ; il n'est à craindre que dans les grandes chaleurs de l'été. Les Arabes du Désert ont, dit-on, l'odorat assez fin pour reconnaître le smoum à l'odeur du soufre ; quant ils en sentent l'approche, ils se couchent à terre.

Montagnes. — Les principales montagnes de l'Arabie sont : le mont Sinaï, qui est dans une péninsule formée par deux bras de la mer Rouge, sur lequel Moïse reçut la loi, qu'il donna aux Israélites, et le mont Horeb, à

(*) On appelle caravane une certaine quantité de voyageurs qui se réunissent pour traverser, avec plus de sûreté, les Déserts habités par des peuples voleurs et à demi sauvages.

l'est de la mer Rouge , où Moïse gardait le troupeau de son beau-père , Jéthro , lorsqu'il vit le buisson ardent.

Productions végétales et animales. — L'Arabie est le pays de l'encens , de la myrrhe et de toutes sortes de parfums. Elle produit des olives , des oranges et tous les fruits du midi ; mais la plus remarquable de ses productions est le café , dont les plantations couvrent le penchant occidental des grandes montagnes de l'Yémen.

Les principaux animaux de l'Arabie sont : les chameaux , les dromadaires et les chevaux. Les deux premiers sont très-propres à voyager dans les arides déserts de cette contrée , car ils peuvent marcher sept ou huit jours sans boire une seule goutte d'eau ; aussi , les Arabes les regardent-ils comme un présent du Ciel et comme des animaux sacrés. Les chevaux de l'Arabie sont excellents , et l'on admire autant leur noble encolure que la rapidité de leur course. Il y a , en Arabie , une excellente race d'ânes : c'est la patrie originaire de cet animal ; aussi , est-il là plus grand et plus beau qu'ailleurs.

Population. — On estime la population à 10,000,000 d'habitants.

Religion. — La religion la plus répandue , en Arabie , est le Mahométisme , qui y a pris naissance : Mahomet est né à la Mecque , et il a son tombeau à Médine. L'Arabie est la terre sacrée des Mahométans : les Musulmans doivent , au moins une fois en leur vie , faire le pélerinage de la Mecque , qu'ils regardent comme la ville sainte.

Langue. — La langue qu'on parle dans l'Arabie est un arabe corrompu : l'arabe pur est une langue morte , qu'on enseigne dans les écoles.

Commerce. — Le commerce consiste en drogues médicinales, gommes et café.

Gouvernement. — Le trône de l'Yémen, dans l'Arabie-Heureuse, est héréditaire. L'Iman, ou Émir, ne reconnaît aucun supérieur. Les autres parties de l'Arabie ont aussi des Imans, qui se disent descendants de Mahomet.

Mœurs. — La plupart des Arabes, vivant au milieu d'immenses déserts où la nature ne produit rien, sont naturellement errants et voleurs. Ils plantent leurs tentes dans les lieux qui leur conviennent, et n'y restent qu'autant qu'il leur plaît. Leurs troupeaux pourvoient aux principales nécessités de l'existence. Le lait des chameaux est leur nourriture ordinaire. Ils n'ont d'autre occupation que de voler les passants : ils dépouillent les voyageurs le plus honnêtement qu'il leur est possible, et leur présentent même souvent le café avec politesse, car ils sont en même-temps les plus hospitaliers du monde, et ils défendent, au péril de leur vie, ceux qui se sont mis sous leur protection. Les Arabes du Désert se nomment Bédouins, nom qui signifie champêtres. Leurs chefs s'appellent Émirs.

Les Arabes sont généralement secs, robustes et de couleur basanée. Ils boivent habituellement de l'eau pure, du sorbet ou du café, parce que leur religion leur interdit l'usage du vin et des liqueurs fortes. Ils s'abstiennent de manger du cochon, et s'interdisent le poisson qui n'a point d'écailles. Les femmes, comme toutes celles des pays orientaux, s'enveloppent de manière qu'on ne peut apercevoir que leurs yeux.

Histoire. — Les Arabes se font descendre d'Ismaël, fils naturel d'Abraham et d'Agar. Les Arabes des villes ont souvent obéi à des lois étrangères ; mais l'Arabe du Désert sé perd dans les immenses plaines de sable, et y laisse périr le soldat qui veut l'enchaîner. Nous avons connu les Arabes sous le nom de Sarrazins ou de Maures, parce qu'ils avaient pénétré chez nous à travers la Mauritanie, en Afrique. Le grand Haround-Rachilde, cinquième Calife de la famille des Abassides, envoya à Charlemagne une horloge sonnante qui fut regardée comme un prodige, tant les Arabes étaient supérieurs en talents aux Français. Ce fut dans le même temps que les Arabes apportèrent en Europe les chiffres indiens qui furent substitués aux chiffres romains. Cet éclat de l'Arabie s'est insensiblement éclipsé, et les Arabes, après s'être rendus fameux par leurs conquêtes sous Mahomet et ses successeurs, sont retombés dans l'obscurité; cependant ils se préfèrent, sans façon, à tous les peuples de l'Univers.

DIVISION ET TOPOGRAPHIE.

L'Arabie est divisée en trois parties : l'Arabie-Pétrée, au nord ; l'Arabie-Déserte, au centre ; et l'Arabie-Heureuse, au sud-est.

ARABIE-PÉTRÉE. — Cette partie était autrefois habitée par les Iduméens et les Madianites ; c'est là qu'arrivèrent les Israélites, après avoir passé la mer Rouge, à leur sortie de l'Égypte. Villes principales : *Suez*, sur la mer Rouge. — *Tor*, port sur la mer Rouge. Près de cette ville, est le monastère de Raïthe, que Saint Jean Climaque a rendu célèbre : il est habité par des moines Grecs.

ARABIE-DÉSERTE. — Cette partie prend son nom de ce qu'elle est stérile et mal peuplée. Villes principales : LA MECQUE, qui est regardée comme la capitale de toute l'Arabie, parce qu'elle a donné naissance à Mahomet. On y voit la plus belle mosquée de tous les pays Mahométans , dans l'intérieur de laquelle on remarque la Kaaba , ou maison d'Abraham. Tout Musulman est obligé de s'y rendre une fois dans sa vie , ou d'y envoyer quelqu'un à sa place. — *Médine* , qui renferme le tombeau de Mahomet : il se retira dans cette ville , lorsqu'on le chassa de la Mecque.

ARABIE-HEUREUSE. — Cette partie prend son nom de ce qu'elle est plus fertile et mieux peuplée que les autres. Villes principales : *Sana* , qui fournit les meilleurs chevaux de l'Arabie.— *Moka* , dans les environs de laquelle on récolte le meilleur café de l'Arabie.— *Aden* , port sur le détroit de Bab-el-Mandel , commerce en café , gomme arabique et séné.

Iles voisines de l'Arabie.

BAHREIN. — Ces îles , situées dans le golfe Persique , près de la côte d'Arabie , sont remarquables par la riche pêche de perles qui se fait , dans leur voisinage , aux mois de juin, juillet et août. Les huîtres perlières ne sont pas attachées aux rochers à fleur d'eau , comme les huîtres communes ; mais sur des lits de rochers , à une assez grande profondeur au-dessous des flots. Des plongeurs se mettent dans des barques , ayant une pierre attachée aux pieds et une corde autour du corps : ils se jettent à l'eau , et lorsqu'ils sont au fond , ils remplissent d'huîtres un sac qu'ils ont avec eux ; lorsqu'ils commencent à perdre haleine , ils secouent la corde , qui tient à la barque , et on se hâte de les retirer. Au bout de quelques jours , les huîtres s'ouvrent d'elles-même : on recueille les perles , et on les classe selon leur grosseur.

 Perse.

Limites. — La Perse est bornée, au nord, par la Russie d'Asie et la Tartarie-Indépendante ; à l'ouest, par la Turquie d'Asie et le golfe Persique ; au sud, par l'océan Indien, et à l'est, par l'Inde.

Nom. — La Perse a conservé son ancien nom : les habitants qui se nommaient autrefois les *Perses*, s'appellent aujourd'hui les *Persans*.

Division. — On divise la Perse en deux parties : la partie occidentale, qui appartient au Souverain actuel de la Perse ; la partie orientale, qui forme maintenant une grande partie du royaume de Caboul, et qui a été conquise par les Afghans.

Le Daghistan et une partie de la Géorgie dépendaient autrefois de la Perse, mais ils ont été conquis par la Russie. (Voyez, pour leur description, pages 157 et 158).

Climat et sol. — Le climat de la Perse est varié. Les côtes basses de la mer Caspienne éprouvent, en été, des chaleurs très-fortes, et ont un hiver très-doux ; les hivers sont très-rigoureux et les étés très-chauds, sur le plateau qui forme le centre, et les rivages du golfe Persique éprouvent les ardeurs dévorantes des Indes. Le sol est aride et sablonneux. On y voit peu de rivières et de fontaines ; mais les habitants y suppléent par des réservoirs et des aqueducs.

Productions. — La Perse produit du riz, des figues, des abricots, des pêches, des prunes, des amandes, fruits que l'Europe a reçus d'elle. Le pavot, dont on extrait l'opium, objet d'un grand commerce, et le meilleur tabac de l'Asie. On y cultive aussi un grand nombre de rosiers, pour faire de l'essence et de l'eau de rose, objets d'un commerce considérable dans ce pays. Les chevaux Persans sont les plus beaux de l'Orient. Le lion est sans crinière en Perse. Les moutons y ont la chair fort succulente, et la toison très-fine ; leur queue pèse jusqu'à 30 livres.

Population. — On estime la population de la Perse entière à 14,000,000 d'habitants, dont 8,000,000 pour la Perse occidentale.

Commerce. — Les Persans ont beaucoup d'industrie pour fabriquer des étoffes, dont le tissu est très-fin ; mais leurs dessins manquent de correction et d'élégance. Les principaux objets qui sortent de leurs manufactures sont des cuirs, des tapis connus sous le nom de Turquie, et des bijoux. Le Roi est intéressé dans la vente de ces marchandises.

Mœurs. — Les Persans de l'un et l'autre sexe sont grands, bien faits, spirituels, polis entr'eux et affables envers les étrangers ; mais très-vains. Quand ils se saluent, ils portent la main à leur turban. Leurs compliments sont un peu exagérés : *Je voudrais*, disent-ils, *que mes prunelles servissent de semelles à vos pieds.* C'est ce qu'on appelle le style oriental.

Les Persans se baignent fréquemment, et changent rarement de linge. Ils déjeûnent de bonne heure, avec du café ; dînent à onze heures, avec du lait, des fruits et des confitures, et font, le soir, leur principal repas. Ils regardent comme une chose abominable de couper ce qu'ils ont à manger, c'est pourquoi ils font des gâteaux de riz ou de fleur de farine, qui sont assez minces pour qu'on puisse les rompre avec les doigts, et les mets les plus solides sont arrangés de manière à pouvoir être divisés sans le secours d'un instrument tranchant. Les femmes doivent en partie à l'art l'éclat et la vivacité de leurs yeux ; car elles se teignent les cils et les sourcils.

TOPOGRAPHIE.

Les principales villes de la Perse sont : Téhéran, capitale de la Perse. Le climat de cette ville est si malsain, qu'une grande partie des habitants la quittent en été. Toute la cour va camper, pendant cette saison, dans la plaine de Sultanieh, à 55 lieues de là, dans les montagnes. — *Ispahan*, ci-devant capitale de la Perse, est bien déchue de son ancienne splendeur. Les fenêtres n'ont point de vîtres, mais des jalousies, d'où est venu le nom de persiennes que nous donnons quelquefois aux nôtres. Le faubourg qui s'étend d'Ispahan à la petite ville de Zufala, est composé de maisons de plaisance des seigneurs de la cour : elles sont bâties sur le bord d'une promenade qui a une lieue de long, et qu'on appelle les Quatre-Jardins ; elle est ombragée par quatre rangs de platanes ; le milieu est occupé par un large canal, où coule une eau limpide ; il est interrompu, de distance en distance, par des bassins de marbre. A l'extrémité de l'avenue, on voit le jardin du Sophi, des fontaines de la plus grande élégance, et la ville de Zufala. — *Schiras*. Le vin qui se récolte dans les environs de cette ville passe pour être le meilleur de la Perse. Schiras est tellement rempli de jardins, avec de grands arbres, que, de loin, on la prendrait pour un bocage. — A douze lieues de cette ville, on découvre les ruines de Persépolis et du palais de Darius. — *Lar*, ou *Lahar*, a des manufactures de soie.

Inde.

L'Inde est divisée eu deux parties : l'Inde en-deçà du Gange, et l'Inde au-delà du Gange. Chacune de ces parties esf terminée par une grande presqu'île ; celle qui termine l'Inde en-deçà du Gange, porte le nom de Presqu'île Occidentale, ou Presqu'île du Décan ; celle qui termine l'Inde au-delà du Gange, porte le nom de Presqu'île Orientale, ou de Presqu'île de Malaca.

Nom. — L'Inde a pris son nom du fleuve Sinde, ou Indus, qui en arrose la partie occidentale.

Inde en-deçà du Gange.

Limites. — L'Inde en-deçà du Gange est bornée, au nord, par le royaume de Caboul et le Thibet ; à l'ouest, par la Perse et l'Océan Indien ; au sud, par le même Océan ; et à l'est, par le golfe du Bengale et l'Inde au-delà du Gange.

Nom. — L'Inde en-deçà du Gange se nomme aussi l'Indostan.

Division. — On divise l'Indostan en quatre parties :

1.º Les possessions de la Compagnie Anglaise des Indes, divisées en trois Présidences ; capitale, CALCUTTA.

2.º Les autres possessions Européennes ; savoir :

Les possessions Françaises, dont les principales sont : *Chandernagor*, au nord de Calcutta ; *Ganjam* et *Pondichéry*, sur la côte de Coromandel , et *Mahé* , sur la côte de Malabar.

Les possessions Portugaises ; chef-lieu , GOA.

Les possessions Danoises ; chef-lieu , TRAN-QUEBAR , au midi de Pondichéry.

3.º Les états alliés ou tributaires des Anglais, dont les principaux sont : le royaume de Golconde ; capitale , HYDERABAD ; ville principale , *Golconde*. — L'état de Maïssour , capitale MAÏSSOUR.

4.º Les états indépendants , dont le principal est : l'état des Seiks ; capitale , LAHOR ; ville principale , *Cachemire*.

Climat , sol et aspect du pays. — Le climat de l'Indostan est varié. Les moussons, ou vents du S. O. et du N. E., amènent des pluies qui ne règnent que du côté de la montagne exposé au vent. La saison pluvieuse a lieu , sur la côte de Coromandel , pendant la mousson N. E. , c'est-à-dire , depuis octobre jusqu'en avril ; et sur la côte de Malabar , pendant la mousson S. O. , depuis mai jusqu'en septembre.

L'aspect de l'Indostan offre la plus grande variété. Le sol consiste en plaines étendues , fertilisées par des ruisseaux. Les pluies périodiques , les grandes chaleurs y donnent à la végétation une vigueur et une fécondité inconnues dans les autres parties du monde. Partout l'œil est enchanté de la variété et de la richesse qu'offre la campagne.

Montagnes. — Les Ghates , montagnes de Malabar et de Coromandel , s'élèvent à pic , semblables à de vastes murs : à l'exception d'une brèche d'environ quinze lieues , elles traversent toute cette grande presqu'île. C'est à leur élévation que l'on doit la différence des saisons de chacune des deux côtes de Malabar et de Coromandel ; elles arrêtent le cours des vents ou moussons , et forment en même-temps deux saisons opposées : l'une à la côte de Malabar , l'autre à celle de Coromandel. Ainsi , lorsqu'on a l'hiver à Mahé , on a l'été à Pondichéry , quoiqu'à la même latitude.

Rivières. — Les principales rivières de l'Indostan sont : le Gange et le Sinde. Les Indiens respectent le Gange comme un fleuve sacré , dont la source est tombée du ciel. Ils croient que les âmes se purifient quand on lave les corps dans les eaux de ce fleuve. Ceux qui habitent aux environs , y font jeter leurs cendres après leur mort , et l'on y porte de fort loin celles des grands.

Praductions. — Les principales productions de l'Inde sont : l'arec , le bétel , l'indigo , la civette , la laque et la cochenille. L'arec est un fruit de la grosseur d'une petite noix , que produit une espèce de palmier : on le mâche avec le bétel. Le bétel est la feuille d'un arbrisseau rampant , qui ressemble à celle du lierre ; il a un goût aromatique ; il laisse une odeur agréable à la bouche , et fortifie l'estomac : on en fait un grand usage aux Indes. L'indigo est une herbe qui , étant trempée , ensuite séchée et réduite en pâte , sert à faire le plus beau bleu. La civette est un petit animal de la grosseur d'un chat , dont on tire un parfum qui porte son nom. La laque est une espèce de résine rouge et transparente , dont on fait la cire d'Espagne. La cochenille ne se trouve que dans les Indes , et sur une seule plante nommée nopal ou raquette , qui est très-extraordinaire : elle n'a pour branches que des feuilles épaisses comme le doigt , et qui sont armées d'épines ressemblant à de grosses épingles ; elle porte un fruit de la grosseur d'une petite poire , qui a le goût d'une prune , et dont on fait usage pour adoucir la toux. La cochenille a la forme d'un petit cloporte roussâtre et poudreux : quand on l'écrase , il en sort une liqueur cramoisie, tellement colorée, qu'avec un de ces insectes , qui ne sont pas plus gros que la tête d'une grosse épingle , on peut rougir presque une page de papier à lettre. On les plonge dans de l'eau chaude , pour les faire périr , afin de les réduire en poudre , et on en fait le carmin , couleur qu'on vend très-cher. Parmi les arbres , on distingue le cocotier ; le grand palmier à éventail , dont une des feuilles pèut couvrir dix ou douze hommes ; et le bambou , si connu en Europe. Mais la production la plus précieuse de l'Inde est le diamant : on en rencontre de jaunes , de gris et de bruns. Les principales mines sont celles de Visapour et de Golconde. Les rivières roulent des paillettes d'or.

Les animaux sont : le rhinocéros , le tigre royal , le lynx , les singes et les serpents en grand nombre.

Population. — On estime la population de l'Indostan à 134,000,000 d'habitants.

Religion. — Brama est le législateur des Indiens , en politique et en religion. Les prêtres se nomment Bramines , et le livre de Brama se nomme Wédam. Ce livre précieux a été perdu ; mais il en reste un commentaire , appelé Shastah , qui est écrit en samscrit , langue sacrée. Les Indiens croient à la Métempsycose. Ils respectent la vache comme les Égyptiens respectaient le bœuf. Ils ont des moines errants , appelés Fakirs , qui s'enfoncent des clous brûlants dans la chair , et se font porter dans des fauteuils hérissés de pointes , pour exciter la pitié des passants , qui leur font beaucoup d'aumônes. Leurs temples se nomment Pagodes.

Les Mogols sont Mahométans , de la secte d'Omar.

Les Parsis suivent la religion des anciens Perses ; ils adorent le feu, et lisent le Zend-Avesta. Il y a aussi des Chrétiens dans l'Indostan.

Industrie et commerce. — Les Indiens excellent dans les manufactures de mousseline. Leurs mouchoirs, leurs broderies sont admirables. Le commerce consiste principalement en indigo, riz, sucre, drogues médicinales, mousselines et diamants.

Habitants. — Les Indous sont les naturels du pays. Ils sont divisés en quatre castes, ou classes, dans lesquelles ils doivent toujours rester : la première est celle des brames, ou prêtres ; la deuxième, celle des guerriers ; la troisième, celle des agriculteurs ; la quatrième, celle des artisans. Ces castes ne peuvent manger ni s'allier ensemble ; au-dessous de ces castes principales, viennent les parias, classe abjecte qui est en horreur à tous les Indous.

Mœurs. — Les Indiens sont en général ignorants et tellement attachés à leurs usages, qu'ils tiennent plus à la conservation de certaines coutumes, qu'à celles de leur propre vie. Ils ne sont pas plus avancés dans les arts et les sciences qu'ils ne l'étaient il y a deux mille ans. Ils ne mangent que du riz et des légumes assaisonnés avec du piment et des épices, et ne boivent pas de vin ; mais ils y suppléent par une boisson que l'on tire de la sève du cocotier, et qu'on appelle le calou.

Tous les privilèges, tous les honneurs, sont destinés pour la caste des bramines. Leurs femmes sont soumises à une loi bien dure : lorsqu'un bramine vient à mourir, il faut qu'une de ses femmes soit brûlée toute vive sur son bûcher. On choisit ordinairement celle qu'il aimait davantage, et ce choix est brigué comme un honneur. On la couvre des plus riches ornements ; on la conduit en pompe au bûcher, où elle est accompagnée des applaudissements de la multitude. Les Européens et les Mogols ont bien de la peine à empêcher ces affreux sacrifices.

Les Indiens ont les jambes nues ; mais ils portent des pantoufles, qu'ils quittent en entrant chez les grands , parce que , la nudité des pieds étant une marque d'esclavage , quitter ses souliers devant quelqu'un , c'est se dire son très-humble serviteur. C'est encore une politesse , parmi eux , de s'asseoir par terre devant ceux à qui l'on parle , afin de ne pas leur donner la peine de lever les yeux. On ne se présente pas non plus devant son supérieur , sans avoir un présent à lui offrir , ne fut-ce qu'un fruit ou une fleur.

Histoire. — Alexandre pénétra dans l'Inde , 327 ans avant Jésus-Christ. A son invasion, succédèrent treize siècles de tranquillité. Dans le douzième siècle , des Princes Musulmans, nommés Afghans , conquirent le nord de l'Inde, et Tamerlan la ravagea en 1398. Un de ses petits-fils éleva , sur les débris de l'Empire des Afghans , celui des Mogols. Il fut le premier prince désigné , en Europe , sous le titre de Grand-Mogol. Pendant ces invasions, plusieurs tribus indiennes se retirèrent dans les montagnes. Telle est l'origine des Marattes et d'autres peuples indépendants, qui se disputèrent ensuite l'Empire de l'Inde , où les Européens avaient déjà fondé beaucoup d'établissements. La Compagnie de Négociants Anglais, connue sous le nom de Compagnie des Indes , devint en peu de temps très-puissante. Elle profita des divisions intestines qui déchiraient l'Indostan , détruisit l'Empire du Mogol , en 1803 ; soumit entièrement les Marattes , en 1812 , et elle a étendu sa puissance sur presque tout l'Indostan. Les Rois, ou Rajahs, auxquels elle laisse quelque ombre de pouvoir, ne sont que ses vassaux.

TOPOGRAPHIE.

ROYAUME DE CABOUL. — Villes principales : *Caboul*, sur le Sindh. — *Cachemire*, renommée par ses manufactures d'étoffes très-fines, qu'on appelle schalls, ou cachemires, et qui sont faits avec la laine que donne une espèce de chèvre qu'on élève dans le Thibet. Ils sont très-recherchés en Europe, et surtout en France. — *Candahar*.

PAYS DES MARATTES. — Pounha, capitale. Ville principale : *Visapour*.

BENGALE. — Ce pays est séparé de l'Empire des Birmans par des fleuves et des déserts. Il est si fertile et si riche par ses productions, que tous les fléaux ont en vain conspiré à le dépeupler. Il est arrosé par le Gange. Calcutta, sur la rive gauche du bras occidental du Gange, capitale de toutes les possessions anglaises, est l'entrepôt de toutes les marchandises de l'Inde. — *Chandernagor*, sur le même bras du Gange. Les Français y ont un établissement.

PROVINCE D'ORIXA. — Cuttack, capitale. Villes principales : *Jagrena*, qui renferme dans son enceinte la plus fameuse pagode de l'Indostan. On y voit une idole, dont les yeux sont de gros diamants. — *Masulipatnam*. Les Français et les Anglais y ont un comptoir.

ROYAUME DE GOLCONDE. — Capitale, Hyderabad. Ville principale : *Golconde*, fameuse par ses mines de diamants, ancienne capitale du royaume.

PROVINCES AU CENTRE. — Villes principales : Delhi, capitale de tout l'Indostan, est une belle ville, où l'Empereur du Mogol faisait sa résidence. — *Agra*. Il y a, de cette ville jusqu'à Labor, une allée magnifique, tirée au cordeau, bordée, des deux côtés, de dattiers, de palmiers et de cocotiers : elle a vingt lieues de long, et met par son ombre les voyageurs à couvert du soleil. — *Benarès*, sur le Gange, est le centre de la religion indienne et le séjour des lettres et des sciences.

COTE OCCIDENTALE DE LA PRESQU'ILE. —Les Gathes, qui traversent cette presqu'île du nord au sud, se terminent par un cap qui porte le nom de Comorin. Villes principales : *Surate*, qui a un port à l'entrée du golfe de Cambaye. Les Français et les Anglais y ont des comptoirs.—*Bombay*, dans une île voisine de celle de Salsette, a un bon port. — *Goa*, ville très-commerçante. Son port, le premier et le meilleur de l'Inde, est le chef-lieu des établissements Portugais dans l'Indostan.

COTE PROPRE DE MALABAR. —Villes principales : *Calicut*, qui appartient aux Anglais. C'est le premier port de l'Inde qu'aient découvert les Portugais, sous la conduite de Vasco de Gama. — *Mahé*, port sur la côte : on y exporte du poivre. Les Français y ont un comptoir. — *Cochin*, qui fait un grand commerce en poivre et pierres précieuses. Vasco de Gama y est mort, en 1525.

PROVINCES AU CENTRE DE LA PÉNINSULE. — Ville principale : *Seringapatnam*, ville très-forte. Elle renfermait des trésors immenses et des objets précieux qui ont été transportés en Angleterre. Elle était la capitale et la résidence de Tippou-Saïb, qui périt en la défendant contre les Anglais, en 1799.

COTE DE COROMANDEL. — Villes principales : *Madras*, ville très-commerçante ; mais sans port. Elle appartient aux Anglais. — *Pondichery*, ville grande et belle, fondée par les Français , et leur premier établissement dans l'Indostan. Elle vient d'être restituée à la France , ainsi que les autres comptoirs et établissements sur la côte. — *Tranquebar*, qui appartient aux Danois. Près de Tranquebar , est l'île de Seringham , dans laquelle on voit une vaste pagode où les pélerins se rendent en foule de toutes les parties de l'Indostan.

Îles voisines de l'Inde en-deçà du Gange.

Les îles qui avoisinent l'Inde en-deçà du Gange , et qui en dépendent , sont les Laquedives , les Maldives et l'île de Ceylan , situées dans l'Océan Indien.

LAQUEDIVES. — Ces îles sont peu étendues et très-voisines les unes des autres. On en compte 32. La plupart n'ont pas d'habitants. On y trouve beaucoup de cocotiers , et l'on ramasse de l'ambre gris sur les côtes ceintes de rochers de corail. Elles paraissent sous la protection des Anglais.

MALDIVES. — Ces îles sont au sud de la côte de Malabar , et très-peu étendues. Elles sont au nombre de 12 milles ; mais la plupart sont si petites , qu'on ne peut les apercevoir, et le flux les couvre tous les jours. Il y en a dans lesquelles on passe de l'une à l'autre, en sautant. La plupart n'ont pas d'habitants ; les autres sont habitées par des Indiens. On y pêche des cauris , c'est-à-dire de petites coquilles qui servent de monnaie dans l'Indostan. Elles abondent en cocos de mer. On ignora long-temps par quel arbre ces fruits étaient produits : ils étaient apportés par les vagues , sur les côtes de Malabar , de Coromandel et de Ceylan. Cette origine inconnue leur procura un grand crédit , et on leur attribua des propriétés surnaturelles, entr'autres, celle de décomposer les poisons. Les princes de l'Inde ne voulurent plus boire et manger que dans ces coques enchantées. Les vases d'or et d'argent se virent négligés pour elles , et on en paya quelques-unes jusqu'à mille roupies, c'est-à-dire plus de deux mille francs. Les Maldives , quoique peu éloignées de l'Indostan , n'étaient pas fréquentées autrefois , et elles passaient pour autant d'écueils dangereux , peuplés d'hommes pauvres et sauvages : en les visitant , on découvrit enfin d'où venaient ces fameux cocos ; ils tombaient à la mer , en se détachant des palmiers qui bordaient le rivage. Dès qu'on cessa de les prendre pour une production miraculeuse , on s'en dégoûta. L'expérience n'avait pas détrompé les Indiens , sur leurs vertus prétendues ; mais avec le merveilleux se dissipa la confiance. La principale île est celle de *Mahé*, où réside le Roi qui gouverne les Maldives.

ILE DE CEYLAN. — Cette île est nommée , par les naturels du pays , Paradis Terrestre , ou Terre de Délices. La nature semble y avoir réuni tout ce qui peut contribuer aux agréments de la vie : air pur , récoltes abondantes , ombrages embaumés. Les naturels de cette île sont adroits et intelligents. Leurs inclinations sont douces et sociables. Ils vivent facilement avec les Maures Indiens , les Malabares et les Européens. Leur sobriété est admirable , et les fruits de la terre qu'ils cultivent suffisent à leurs besoins. La plus haute montagne de cette île est nommée Pic-d'Adam. On y voit des singes d'une espèce singulière , qu'on appelle Hommes sauvages : ils ont presque la taille et la figure humaine ; agiles , hardis et pleins de force , ils se défendent contre des hommes armés. On pêche des perles sur les côtes de Ceylan , et c'est aussi cette île qui produit l'espèce de cannelle la plus estimée. CANDY , capitale. Les maisons de cette ville ne sont que des cabanes. Le Roi y réside , dans un palais de peu d'apparence.

Inde au-delà du Gange.

Limites. — L'Inde au-delà du Gange est bornée , au nord , par l'empire Chinois ; à l'ouest , par l'Indostan et le golfe de Bengale; au sud , par le détroit de Malaca'; et à l'est , par le golfe de Siam et celui de Tunkin.

Nom. — La presqu'île au-delà du Gange s'appelle aussi l'Indo-Chine , parce qu'elle est placée entre l'Inde et la Chine.

Division. — On divise l'Indo-Chine en cinq parties :

1.º L'empire des Birmans.

2.º Le royaume de Siam.

3.º L'empire d'Annam , qui comprend : le Tunkin , le Laos , le Camboge et la Cochin-chine.

4.º La presqu'île de Malaca.

5.º Les possessions anglaises ; savoir : les villes d'*Aracan* , de *Rangoun* et de *Martaban* , sur la côte occidentale ; *Malaca* , au sud de la province du même nom , et les provinces enlevées aux Birmans , entre les monts Mogs et le golfe de Bengale.

Climat. — L'air est sec et brûlant. Le climat est sujet aux ouragans et aux inondations. On ne connaît que deux saisons dans cette contrée: la sèche et la pluvieuse.

Productions. — Les régions de cette grande presqu'île offrent les contrastes les plus frappants de stérilité ou d'abondance, selon qu'elles sont éloignées ou voisines des rivières. Les provinces riveraines rendent deux fois l'an une abondante récolte en millet , en maïs et en riz. Les parties élevées fournissent le bois de rose , l'aloës , le sandal , le coton , l'indigo , la cannelle et la soie. On y trouve l'oie , qui sert d'enseigne comme l'aigle chez les romains. Les éléphants y sont animaux domestiques. L'éléphant blanc y est en grande vénération , parce qu'on croit qu'il renferme l'âme du Souverain décédé.

Mœurs. — Les Birmans sont vifs , curieux et généralement doux , humains , hospitaliers. La fête du jour de l'an se nomme , chez eux , Fête de l'Eau : en conséquence , on se jette de l'eau par-tout où l'on se rencontre. Le Roi , la Reine , les grands Seigneurs ont des vases d'eau de rose à la main , et ils s'arrosent tant que dure la fête. Les talapouins , ou prêtres, ressemblent aux bonzes de la Chine.

Les Siamois sont olivâtres : ils ont le nez court et applati , les joues creuses , la bouche grande : ils sont sobres , mais c'est par paresse. Le respect qu'exige le roi de Siam , va jusqu'à l'adoration. On reçoit ses réponses comme des oracles ; les courtisans n'approchent jamais fort près de lui , c'est beaucoup , quand il daigne se montrer à l'une des fenêtres de son palais.

Dans le Tunkin et la Cochinchine , à peine peut-on distinguer les deux sexes par leur habillement, qui ressemble à celui des Persans. Les Tunkinois portent de larges boucles d'oreilles , des bracelets d'ambre ou de corail. Il est peu de maîtres de maison qui n'aient un éléphant pour la commodité de leurs femmes ou de leur suite.

Les habitants de la partie méridionale de la presqu'île sont connus sous le nom de

Malais, nom qui leur vient de Malaca. La coiffure des Malaises est simple et élégante : leurs cheveux sont tournés autour de la tête, et surmontés d'une touffe de fleurs. Leurs oreilles sont percées, et les trous sont assez grands pour y passer les tiges d'un bouquet, qui, placé de chaque côté, accompagne agréablement le visage.

Religion. — Le Paganisme est la religion de ces contrées. Les Malais sont Mahométans.

TOPOGRAPHIE.

EMPIRE BIRMAN. — Le sol de ce pays produit des moissons aussi abondantes que le Bengale. Umérapoura, capitale. Villes principales : *Ava*, ci-devant capitale. —*Arakan.* — *Pégu.*

SIAM. — Ce pays est sous la zone torride, le Menam le traverse, et y répand la prospérité. Siam, capitale, située dans une île que forme le Menam.

TUNKIN. — Quoique placé sous la zone torride, ce pays n'éprouve point les chaleurs brûlantes qui rendent les contrées de l'Afrique, situées sous la même latitude, presqu'inhabitables. Le sol est très-fertile. La principale récolte consiste en riz, le meilleur que l'on connaisse. Il y a un grand nombre de Chrétiens dans ce pays. Kecho, capitale.

LAOS. — Ce pays abonde en riz. Les éléphants y sont nombreux, et plus beaux qu'en toute autre contrée de l'Asie. Lant-Chang, capitale.

CAMBOGE. — Le climat et les mœurs sont les mêmes que dans le Tunkin.

COCHINCHINE. — Ce royaume est une longue bande de terre, sur le bord de la mer. Saigon, capitale.

Iles voisines de l'Inde au-delà du Gange.

Ce sont celles d'Andaman et de Nicobar, situées dans le golfe de Bengale.

Iles de l'Asie.

Les îles de l'Asie sont situées dans le Grand Océan.

KOURILLES. — Ces îles, au sud de la presqu'île de Kamtschatka, sont peu étendues. Elles dépendent de l'Empereur de Russie, auquel elles paient un tribut en fourrures, surtout en castor. Les hommes s'occupent de la chasse et de la pêche. Les femmes font la cuisine, et fabriquent des étoffes avec du fil d'ortie.

IÉSO, ou MATSMAI. — Cette île est au sud-ouest des Kourilles. Elle dépend de l'Empereur du Japon. Les habitants sont payens, et vivent de la chasse et de la pêche.

Empire du Japon.

Cet Empire comprend plusieurs îles : les principales sont celles d'Iéso, dont nous avons parlé plus haut, et celles du Japon.

SAGHALIEN. — Cette île est appelée, par les Japonais, Iéso supérieur. Elle fut découverte par La Pérouse. Les habitants sont chasseurs et pêcheurs.

ILES DU JAPON. — Ces îles sont situées au sud de celles d'Iéso. Elles se trouvent en assez grand nombre, et très-voisines les unes des autres. Il est très-difficile d'en approcher, parce qu'elles sont hérissées de rochers, et que la mer qui les environne est orageuse. On y jouit d'un air sain et tempéré, on y ressent souvent des tremblements de terre. Elles produisent du riz, du thé et des fruits. On y cultive la vigne, le poivre noir, le gingembre et le jalap. On tire de ce pays de belles porcelaines, très-connues sous le nom de porcelaine du Japon.

Les Japonais, bien faits et aisés dans leurs manières, sont basanés. Ils sont braves, obéissants et polis. En Asie et en Afrique, il est de la plus grande politesse de s'asseoir vîte en présence de ses supérieurs, pour leur ôter la peine de lever les yeux jusqu'à vous ; mais au Japon, par une recherche plus grande encore, on leur tourne le dos, pour exprimer qu'on ne se croit pas digne de les envisager. Les aubergistes, le dos tourné et à reculons, accourent aux palanquins des voyageurs, et les conjurent, en se jetant à genoux, sans oser les regarder seulement du coin de l'œil, de leur accorder la faveur incomparable de se désaltérer chez eux. On reconnaît les femmes mariées à leur toilette. Les jeunes filles n'ont pas la permission de se noircir les dents ; car, aux yeux des Japonais, c'est une chose extrêmement fade d'avoir les dents blanches, parce que cela ne fait point ressortir le teint. C'est encore pour se blanchir la peau, que les Japonaises teignent leurs lèvres en couleur violette très-foncée. En 1772, le comble du bon goût et de la magnificence, parmi les dames de qualité du Japon, était de porter quarante robes l'une sur l'autre.

Les Japonais n'ont point d'horloges : ils ont,

pour leur en tenir lieu, une mèche tordue, avec des nœuds à d'égales distances ; ils mettent le feu à cette mèche, il s'écoule un quart d'heure avant qu'il atteigne un de ces nœuds, qui sont calculés en conséquence. Une de ces mèches est surveillée, dans un bâtiment public, comme le feu sacré l'était chez les Romains ; et, à chaque nœud qui brûle, les gardiens sonnent une cloche pour en avertir toute la ville.

L'architecture n'est point aussi élégante qu'à la Chine. Les cloisons intérieures des maisons sont des châssis de bambous, revêtus de papier peint. Ces châssis sont portatifs, ensorte que l'on peut agrandir ou rapetisser la chambre, suivant la saison ou le nombre des convives.

Le souverain qui gouverne les Japonais a le titre de Koubo : les Européens lui donnent celui d'Empereur. Il exerce sur ses sujets une autorité absolue. Le Paganisme est la religion des Japonais.

Les îles du Japon ont une population très-considérable. Les principales sont : Niphon et Kiusiu.

NIPHON. — Elle est située au sud de celle d'Iéso. Jédo, capitale de cette île et de tout l'Empire du Japon, est une ville grande et bien peuplée. L'Empereur y fait sa résidence, et y occupe un vaste palais, qui forme à lui seul une ville considérable de cinq lieues de tour. — *Méaco*, ancienne capitale de l'Empire, a des manufactures de porcelaine renommée.

KIUSIU. — Cette île est au sud de celle de Niphon. — Nungazaki, capitale.

Leou - Kiou.

Ces îles , au sud-ouest-de celles du Japon , fournissent des fruits et toutes sortes de grains. Les habitants ont la même religion , la même langue et la même écriture que les Japonais, Le Souverain qui les gouverne est tributaire de l'Empereur de la Chine.

Philippines , ou Manilles.

Ces îles sont situées au nord de celle de Bornéo. Elles forment un grand archipel qui fut découvert en 1521 , par Magellan , qui lui donna le nom d'Archipel de Saint-Lazare ; les Espagnols les nommèrent ensuite Philippines , en l'honneur de Philippe II , sous le règne duquel ils s'y établirent. On y éprouve la même variété de saisons que sur les côtes de Coromandel et de Malabar. Elles produisent du riz et des fruits. On y trouve des serpents, nommés *ours de rivières*, dont le venin tue dans l'instant. La plupart de ces îles sont soumises aux Espagnols. Les habitants sont Payens : on professe la religion Chrétienne dans les établissements Espagnols. Les plus considérables de ces îles sont Luçon et Mindanao.

LUÇON. — Capitale , MANILLE , avec un bon port.

MINDANAO. — Dans sa partie méridionale se trouve un volcan qui est toujours en éruption , et qui sert de fanal aux navigateurs. MINDANAO , capitale. Les maisons sont élevées sur des poteaux , et l'on n'y entre que par le moyen d'une échelle , qu'on retire pendant la nuit , pour se garantir des reptiles venimeux. -

MARIANNES. — Ces îles sont peu étendues. On y jouit d'un climat tempéré , à cause des brises de mer. Elles sont soumises aux Espagnols. La principale est celle de Guam.

CAROLINES. — Ces îles , situées au sud des Mariannes , sont en très-grand nombre et peu connues des Européens , quoique les Espagnols y aient quelques établissements.

PELEW. — Ces îles , au sud-ouest des Carolines , sont en grand nombre. Elles sont gouvernées par un Roi. Les habitants sont Payens.

Îles de la Sonde.

Ces îles sont situées au sud-ouest des Philippines. On en compte environ une douzaine , dont les principales sont : Sumatra , Bornéo et Java.

SUMATRA. — Cette île a 240 lieues de long , sur 75 de large. Elle forme plusieurs royaumes , dont les habitants sont Mahométans ou Payens. Elle produit du riz et des fruits. Elle abonde en poisson et en volaille. ACHEM ; capitale , a un port excellent. Les Anglais y ont un comptoir.

BORNÉO. — Cette île, à l'est de Sumatra, est la plus grande du monde , après la Nouvelle-Hollande : elle a 270 lieues de long , sur 220 de large ; elle est coupée par l'Équateur. Les Malais, les Javais et les Bugasses , c'est-à-dire, les natifs des Célèbes, occupent les côtes. Ces peuples , perfides et féroces , obéissent à des despotes qui prennent le titre de Sultans. Le

Mahométisme est la religion dominante. L'intérieur est habité par une race indigène appelée Biadjous : ils ont une constitution robuste et un caractère féroce et sanguinaire. Les principaux d'entr'eux, dit-on, s'arrachent une ou plusieurs dents du devant, pour en substituer d'or. Les habitations sont de vastes huttes en planches. Plusieurs nations ont essayé de s'établir sur les côtes de cette île ; les indigènes ont constamment massacré ou chassé ces étrangers, et les Hollandais seuls ont pu s'y fixer. Bornéo est fertile en riz, cannes à sucre, fruits, poivre, gingembre, muscade ; elle fournit aussi de l'or et des diamants. On y trouve un grand nombre de singes de très-grande taille, et d'autres animaux. BORNÉO, capitale, avec un bon port, est la résidence d'un Sultan, qui régnait autrefois sur toute l'île.

JAVA. — Cette île est au sud de celle de Sumatra, dont elle est séparée par le détroit de la Sonde. Les côtes septentrionales de Java sont très-malsaines ; cependant la chaleur y paraît supportable : le riz, le maïs y abondent, ainsi que toutes sortes de légumes. Il y a peu de bois ; mais il s'y fait une grande exportation de poivre. Parmi les animaux, on distingue le boa, serpent redoutable qui habite les marais : il avale les volailles et même les chevreaux entiers. On y voit des crocodiles énormes et des dragons volants. Java produit en abondance ces fameux nids d'oiseaux que recherche la gourmandise des Orientaux. Le tigre, la terreur de ces contrées, est nourri par les grands pour combattre contre leurs sujets.

Les Javanais ont en général une taille médiocre, le teint basané. Ils préfèrent une vie pauvre et tranquille à des richesses qu'ils ne sauraient garder. Ils cultivent eux-mêmes leurs champs ; le reste du temps se passe à fumer l'opium et à mâcher le siri. Les femmes filent du coton , et fabriquent la toile qui sert à habiller la famille.

La population de Java , qui monte à plus de 2,000,000 d'habitants, se compose d'indigènes et d'étrangers , parmi lesquels on remarque les Hollandais et les Chinois. BATAVIA , chef-lieu des établissements bataves dans l'Asie , est une grande ville située sur la côte occidentale de l'île. La rade de Batavia est semée de petites îles couvertes de vergers et de savanes qui forment un coup d'œil pittoresque et riant. La ville peut rivaliser avec le Cap de Bonne-Espérance , pour la beauté des rues ombragées d'arbres et arrosées par de larges canaux ; c'est vraiment une seconde Hollande , mais les eaux stagnantes de ces canaux infectent la ville. Le hâvre de Batavia passe pour le plus beau de l'Inde : il est assez vaste pour contenir la plus grande flotte.

Moluques.

Ces îles sont situées à l'est de celles de la Sonde. On en compte environ une vingtaine , dont les principales sont : Célèbes, Gilolo , Ternate , Céram et Timor.

CÉLÈBES. — Cette île est séparée de Bornéo par le détroit de Macassar , les pluies et les vents frais y tempèrent les chaleurs : la mousson d'est s'y fait sentir de mai en novembre , la mousson opposée y règne le reste de l'année. Célèbes contient plusieurs volcans en éruption. Elle produit du riz , du coton , du girofle , de la muscade ; le sagoyer , dont la moële nourrit tant de nations ; l'arbre à pain , et d'autres arbres fruitiers , à côté desquels la nature a placé les plantes les plùs vénéneuses , parmi lesquelles on remarque le fameux upas , dans le poison duquel les Macassars trempent leurs poignards. On trouve , dans cette île , de petits bœufs avec une bosse sur le dos , des buffles et des moutons. Les habitants , que l'on distingue en Bonys et Macassars , sont les plus braves de toutes ces îles. On compte à Célèbes 2 à 3,000,000 d'habitants. On y suit le Mahométisme. Les Chinois sont les seuls étrangers qu'on y reçoive. Macassar , capitale de toute l'île des Célèbes , est une ville forte et assez considérable. Les Hollandais la possèdent.

GILOLO. — Cette île est au nord-est des Célèbes. Les Hollandais y ont plusieurs forts. Gilolo , capitale.

TERNATE. — Cette île , à l'ouest de celle de Gilolo , est la plus septentrionale des Moluques , et l'une des plus importantes , malgré son peu d'étendue. Les Hollandais y ont un fort. Malayo , capitale.

CÉRAM. — Cette île est fertile en sagou et en muscades. On y trouve les casoards , qui peuplent les forêts. Les Hollandais y ont un fort. Céram , capitale.

TIMOR. — Cette île abonde en cannes à sucre, bois de sandal et bambous. Les Hollandais y ont un fort ; mais la côte N. E. obéit aux Portugais , qui y ont un fort. On remarque dans cette île une montagne au pied de laquelle est une ouverture de 10 à 12 pieds de circonférence , d'où il sort un vent si fort qu'il est impossible d'en approcher. Timor , capitale.

———

AFRIQUE.

DESCRIPTION GÉNÉRALE.

L'AFRIQUE est la plus grande presqu'île du monde. Ce pays est l'empire du soleil, dont les rayons tombent d'aplomb sur la plus grande partie de cet immense continent, qui est coupé, vers le milieu, par l'Équateur. Aussi, dans plusieurs endroits, la chaleur est-elle insupportable pour les Européens. C'est par suite de cette chaleur extrême que l'on voit ces vastes contrées appelées déserts, qui ne présentent que des plaines de sables brûlants, sans rivières pour désaltérer le voyageur, et sans arbres pour l'ombrager. Mais dans les parties où coulent les rivières et les ruisseaux, la fertilité est admirable, les végétaux sont pleins de vigueur et les fruits délicieux. On trouve en Afrique toutes sortes d'animaux féroces ou dangereux, des lions, des tigres, des serpents monstrueux, des crocodiles, et l'hippopotame, quadrupède énorme, qui vit au fond des grands fleuves, et vient paître et dormir sur leurs bords.

Les tentatives qu'on a faites, depuis un certain nombre d'années, pour ajouter aux connaissances que les anciens nous avaient transmises sur la géographie de l'intérieur de cette partie du monde, ont été infructueuses, et le cours du Niger est encore un objet de doute. On estime la population à 70,000,000 d'habitants, dont on distingue trois races principales : les Maures, en Barbarie ; les Nègres, dont la couleur et le caractère sont connus de tout le monde ; les Caffres, qui occupent toute la côte occidentale.

ÉTENDUE. { Longueur 1,700 lieues.
{ Largeur .. 1,650 lieues.

Limites. — L'Afrique est bornée, au nord, par la Méditerranée ; à l'ouest et au sud, par l'océan Atlantique ; au sud-est, par l'océan Indien, et à l'est, par la mer Rouge et l'isthme de Suez.

MONTAGNES. — Il y a sept montagnes principales en Afrique, qui sont : les monts *Atlas*, qui s'étendent depuis l'Égypte jusqu'à l'océan Atlantique ; les monts de la *Lune*, au centre de l'Afrique ; les monts *Lupata*, ou *l'Épine du Monde*, le long de la côte orientale de l'Afrique ; les montagnes de *Madagascar*, dans l'île de ce nom : les monts de *Kong*, qui séparent la Nigritie de la Guinée ; les monts de la *Sierra-Leona*, dans la Sénégambie ; et le Pic de Ténériffe, dans l'île de ce nom.

DÉTROITS. — Il y a trois détroits en Afrique : le détroit de *Gibraltar*, entre la Barbarie et l'Espagne ; le canal de *Mozambique*, entre le Mozambique et l'île de Madagascar ; et le détroit de *Bab-el-Mandel*, à l'entrée de la mer Rouge.

CAPS. — Il y a treize caps principaux en Afrique, qui sont : le cap *Bon* et le cap *Ceuta*, en Barbarie ; le cap *Blanc*, dans le Sahara ; le cap *Vert*, dans la Sénégambie ; le cap des *Palmes*, le cap des *Trois Pointes*, le cap *Lopez* et le cap *Négro*, dans la Guinée ; le cap de *Bonne-Espérance* et le cap des *Aiguilles*, dans le gouvernement du Cap ; le cap d'*Ambre*, ou *Natal*, au nord de l'île de Madagascar ; le cap *Delgado* et le cap *Guardafui*, au nord de la côte d'Ajan.

FLEUVES. — Les principaux fleuves de l'Afrique sont : le Nil, le Niger, le Sénégal et la Gambie. — Le *Nil* prend sa source dans les montagnes de la Lune, et se jette dans la Méditerranée, par plusieurs bouches, entre Damiette et Alexandrie. — Le *Niger* prend sa source dans les montagnes de Sierra-Léone, et

se perd dans un grand lac au centre de la Nigritie.
—Le *Sénégal* et la *Gambie* prennent leur source
dans les montagnes de Sierra-Léone, et se
jettent dans l'océan Atlantique.

LACS.—Les principaux lacs de l'Afrique sont :
le lac *Kaïroun*, autrefois *Mœris*, en Égypte : le
lac *Dembea*, en Abyssinie ; le lac *Maravi*, à
l'ouest du Mozambique ; et le lac *Isad*, en Nigritie, que l'on suppose être une mer intérieure.

DIVISION.—On divise l'Afrique en 16 contrées,
comme il est marqué dans le tableau suivant :

Situation	CONTRÉES.	CAPITALES.	VILLES PRINCIPALES.
Au Nord.	Barbarie......	Maroc....	Tunis, Alger, Tripoli et Fez.
	Egypte.......	Le Caire..	Alexandrie, Aboukir, Rosette, Damiette, Mansourah.
	Sahara.......	....	....
Au Centre.	Sénégambie...	....	Saint-Louis, Bambouk, Saint-James.
	Guinée.......	Benin.....	Coumassie, Abomey,
	Congo...	Sau-Salvador..	Saint-Paul de Loanda.
	Nigritie.......	....	Cobbè, Bournou, Ségo, Tombouctou,
	Nubie........	Sennaar...	....
	Abyssinie.....	Gondar ...	....
	Côte d'Ajan...	Magadoxo.	Brava.
	Côte de Zanguebar..	Mélinde...	....
	Pays des Hottentots..	....	....
	Royaume de Mozambique	Mozambique ..	....
Au Midi.	Monomotapa...	....	Sofala, Zimbao.
	Cafrerie......	....	....
	Gouvernement du Cap......	Le Cap...	....

AFRIQUE SEPTENTRIONALE.

Barbarie.

Limites. — La Barbarie est bornée, au nord, par la Méditerranée; à l'ouest, par l'océan Atlantique; au sud, par le désert de Sahara, et à l'est, par l'Égypte.

Division. — On divise la Barbarie en deux parties : la *Barbarie Propre*, au nord, et le *Biledulgerid*, au sud. Ces deux parties sont séparées par le mont Atlas.

 Barbarie Propre.

Noms anciens et moderne. — La Barbarie Propre portait autrefois les noms de Mauritanie, de Numidie, d'Afrique Propre et de Lybie. Le nom moderne de ce pays vient des Arabes qui s'y établirent dans le septième siècle.

Division. — La Barbarie Propre est divisée en quatre états, qui sont ceux de Maroc, d'Alger, de Tunis et de Tripoli.

Climat et sol. — Le climat de la Barbarie Propre est tempéré, et le sol en est généralement fertile.

Productions végétales et animales. — La Barbarie Propre abonde en blé, en fruits et en plantes potagères. On y trouve des rhinocéros, des girafes et des panthères, des chevaux excellents, des brebis à grosse queue et à laine fine. On voit dans ces contrées des nuées de sauterelles si considérables, qu'elles interceptent le jour : on leur arrache la tête, les aîles et les jambes, on met le reste dans la saumure, et l'on vend cette denrée aux marchés ; c'est la nourriture du petit peuple. L'abeille sauvage s'y trouve aussi en grand nombre.

Mœurs et usages. — Les peuples qui habitent les côtes de la Barbarie, ne vivent en général que du produit de leurs pirateries ; ils passent pour des marins intrépides. Les habitants des villes et des plaines cultivées se nomment Maures. Le caractère de cette nation est un composé de tous les vices. Les Barbaresques, par esprit de religion, se regardent comme les ennemis des peuples Chrétiens, aussi leur font-ils une guerre continuelle. Ils ont sans cesse des corsaires en mer, qui attaquent les vaisseaux des marchands Européens, les pillent, et réduisent les hommes qui s'y trouvent au plus dur esclavage.

Religion et population. — Le Mahométisme est la religion de la Barbarie Propre. La population est d'environ 10,000,000 d'habitants.

Commerce. — Le commerce de la Barbarie Propre consiste en cuirs, nattes fines, plumes d'autruches, dattes et chevaux.

Gouvernement. — L'état de Maroc forme un Empire dont le Souverain est absolu. Les états d'Alger, de Tunis, de Tripoli, forment des espèces de Républiques dont le chef a le titre de Dey, à Alger, et de Bey, à Tunis et à Tripoli.

TOPOGRAPHIE.

MAROC. — Cet Empire répond à l'ancienne Mauritanie. La chaîne de l'Atlas y déploie majestueusement ses nombreux sommets et sa grandeur agreste. La chaleur y est très-agréable pendant presque toutes les saisons ; mais on redoute le vent chaud venant du Désert, et qui règne pendant quinze jours ou trois semaines avant la saison pluvieuse, qui a lieu en septembre. La principale nourriture est du couscou, c'est-à-dire, des morceaux de pâte de la grosseur de grains de riz, broyés, et cuits ensuite à la vapeur de la viande ou de végétaux bouillis, et servis avec du beurre et des épices. Ce mets est le plat favori du paysan comme du monarque. Maroc, capitale de l'Empire, est une grande ville, où l'on fabrique le plus beau maroquin jaune. Villes principales : *Fez*, où l'on fabrique le plus beau maroquin rouge. — *Salé*, dont les habitants sont célèbres par leurs pirateries.

ALGER. — Cette République répond à l'ancienne Numidie. Les Algériens sont célèbres par leurs pirateries. Alger ; autrefois Césarée, capitale, fait un commerce considérable. Elle a des palais, des mosquées magnifiques et des bains qui sont pavés en marbre. Ville principale : *Bonne*, autrefois Hippone, qui a un port sur la Méditerranée.

TUNIS. — Cette République répond à l'ancienne Afrique Propre, c'était autrefois le siége principal de la puissance Carthaginoise. Les Tunisiens, aujourd'hui plus civilisés que les Algériens, leur cèdent en puissance : ils sont cultivateurs, industrieux et moins livrés à la piraterie que les autres états Barbaresques. Tunis, capitale, sur la Méditerranée, près de Carthage, a un bon port. Ses maisons sont propres et commodes, la Bourse est un édifice magnifique. Les habitants n'ont d'autre eau que celle de la pluie, qu'ils conservent dans des citernes. Nulle part, dans la Barbarie, on ne montre autant d'affabilité et d'humanité. Les ruines de Carthage sont au nord-ouest de Tunis. Ses ports, jadis l'asile de tant de flottes redoutables, sont en partie comblés.

La Goletta, ou la Goulette, fort bien entretenu, domine la rade. Ville principale : *Porto-Farina*, autrefois Utique. Caton le jeune s'y donna la mort.

TRIPOLI. — Cette République répond à l'ancienne Lybie. Cette région, en grande partie déserte, a un climat désagréable : la chaleur des jours et le froid des nuits sont également insupportables. Il n'y pleut pas, depuis le mois de mai jusqu'à la fin d'octobre. TRIPOLI, capitale, a un bon port sur la Méditerranée.

Biledulgérid.

Noms ancien et moderne. — Le Biledulgérid répond à l'ancienne Gétulie et à l'ancienne Lybie. Son nom moderne vient des dattes, qu'il produit abondamment.

Sol et prodoctions. — Le sol du Biledulgérid, généralement aride, est néaumoins fertile en dattes.

Habitants. — Le Biledulgérid, peu peuplé, à raison de son étendue, a pour habitants un mélange d'Arabes et de naturels du pays, qui s'occupent beaucoup de la chasse aux autruches : ils en mangent la chair, et en vendent le duvet et les plumes.

Égypte.

Limiles. — L'Égypte est bornée, au nord, par la Méditerranée ; à l'ouest, par la Barbarie et le Sahara : au sud, par la Nubie, et à l'est, par la mer Rouge et l'isthme de Suez, qui a environ 30 lieues de large.

Nom et division. — L'Égypte a conservé son ancien nom. On la divise en trois parties : la Basse-Égypte, au nord; la Moyenne Égypte, au centre, et la Haute-Égypte, au sud.

Climat, sol et aspect du pays. — La chaleur est extrême en Égypte. Depuis le mois de mars jusqu'à celui de novembre, il ne pleut jamais dans ce pays; mais le Nil, grossi par les pluies qui tombent dans l'Éthiopie, se déborde tous les étés, et inonde le sol de l'Égypte, qui paraît alors comme une mer, d'où s'élèvent, sur des éminences naturelles ou factices, les villes et les villages. On n'aperçoit dans les plaines que la cîme des arbres. À peine les eaux sont-elles retirées, que les travaux commencent. Le pays offre bientôt un aspect agréable : la terre, fécondée par le Nil, se couvre et s'embellit de végétaux de toute espèce. Le débordement a lieu vers le 15 août, et dure jusqu'au 15 novembre. Si les eaux montent au-dessus de 12 coudées, et ne s'élèvent pas jusqu'à 18, la récolte est bonne. Le vent du sud se fait aussi sentir en Égypte, et dure rarement plus de trois jours; l'air brûlant et malsain pendant cette saison, y occasionne la peste, naturelle à ce pays. L'ophtalmie, inflammation des yeux causée par le sable fin dont l'air est chargé, fait aussi les plus grands ravages pendant les débordements. L'Égypte présente le tableau d'une vallée fertile, étroite, arrosée par le Nil, bornée, de chaque côté, par des roches nues et des monts arides. C'est surtout sur le bord oriental que se trouvent les villes et les parties cultivées; par derrière, sont de vastes chaînes qui s'étendent jusqu'à la mer Rouge : elles abondent en marbre et en porphyre;

mais elles manquent d'eau , et ne sont habitées que par des Bédouins.

Rivières. — La seule rivière de l'Égypte est le Nil , qui la traverse du sud au nord. Les vraies sources de ce fleuve ne sont point encore bien connues : on croit qu'il sort des montagnes de la Lune. Trois fois une barrière de montagnes semble arrêter son cours , trois fois il franchit cet obstacle. La seconde cataracte , en Nubie-Turque , est la plus forte ; la troisième ouvre au Nil l'entrée de l'Égypte , près de Syène. Depuis Syène jusqu'au Caire , il coule dans une vallée de trois lieues de large , puis il se partage en deux bras', qui, en coulant l'un vers Rosette , l'autre vers Damiette , embrassent le Delta actuel ; car cette espèce d'île triangulaire était autrefois plus grande. Les sept bras du Nil , qui étaient autant de canaux navigables , et qui se jetaient dans la mer par autant de bouches , se réduisent aujourd'hui à deux principaux. La profondeur et la rapidité du Nil varient suivant les lieux et les saisons.

Productions végétales et animales. — L'Égypte produit du blé , du riz et des fruits délicieux ; les melons ; les concombres y grossissent de quatre pieds de volume en 24 heures; la laitue y abonde. Parmi les animaux on distingue l'ichneumon , ennemi du crocodile ; l'ibis , qui détruit les serpents ; le crocodile et différents poissons.

Population et religion. — La population de l'Égypte est évaluée à 4,000,000 d'habitants. Les Arabes et les Turcs professent la religion Mahométane ; les Cophtes , descendants des anciens Égyptiens , professent la religion Chrétienne. Ils forment deux classes : les schismatiques suivent le rit grec ; ils ont un Patriarche qui prend le titre de Patriarche d'Alexandrie. Les hérétiques suivent l'hérésie d'Eutichès :

ils ont aussi un Patriarche qui prend également le titre de Patriarche d'Alexandrie. Ces deux Patriarches résident au Caire.

Langue et sciences. — La langue cophte est l'ancienne langue de l'Égypte. Alexandre-le-Grand y introduisit la langue grecque. On parle aujourd'hui dans ce pays un arabe très-corrompu, on y parle aussi le grec moderne. Toute la science des Égyptiens se réduit maintenant à des calculs arithmétiques et à quelques notions de médecine.

Antiquités. — La Moyenne Égypte offre plusieurs pyramides, dont l'architecture est très-imposante : ce sont des masses de pierres carrées, et qui vont en se rétrécissant par le haut : vers le milieu de la pyramide on trouve une petite porte qui conduit à une salle, où l'on déposait le corps des Rois, qui les avaient fait bâtir, pour leur servir de tombeaux. Les Égyptiens embaumaient les corps d'une manière si parfaite, qu'on en trouve encore dans leurs anciens monuments : ces corps s'appellent des *momies.*

La Haute-Égypte renferme un labyrinthe qui est encore plus étonnant que les pyramides : ce vaste monument a été creusé sous terre, et taillé dans un rocher de marbre ; il renferme plusieurs palais, dont les sinuosités lui donnent son nom. On remarque encore en Égypte les grottes de la Thébaïde, où se retiraient jadis les Anachorètes.

Commerce. — Le principal commerce de l'Égypte consistait autrefois en papier, parce que c'était le seul pays où croissait le papyrus, espèce de roseau avec lequel on le fabriquait. Il consiste maintenant en grains, lin, coton, fruits et toiles peintes.

Gouvernement. — L'Égypte dépend du Sultan des Turcs, qui y entretient un Pacha.

Mœurs et usages. — Les Égyptiens forment deux classes : les Cophtes , qui sont en général de grands calculateurs, et dont plusieurs vivent en donnant aux enfants des leçons de lecture et d'écriture ; les Turcs , parmi lesquels on distingue les Mamelouks , qui formaient autrefois la seule force militaire du pays , et avaient seuls le droit de monter à cheval.

Les Égyptiens adoraient un bœuf que l'on nommait *Apis*. Ils croyaient que l'âme d'Osiris , un de leurs rois, s'était incarnée dans le corps de cet animal , et , afin qu'on pût reconnaître le bœuf qu'il avait choisi, il avait des marques distinctives. Quant il venait à mourir , toute l'Égypte prenait le deuil , et les Prêtres se mettaient en course jusqu'à ce qu'ils eussent trouvé un nouvel *Apis*. Ils adoraient aussi les chats , et jusqu'aux oignons et aux autres légumes qui servaient à leur nourriture.

Les Égyptiennes se coiffaient avec un mouchoir : il était de bonne grâce de se cacher tantôt un œil , tantôt l'autre avec les coins de ce mouchoir , parce qu'il n'y avait que les servantes qui laissassent voir leur visage tout entier. L'Égypte est remplie d'escamoteurs et de charlatans.

Histoire. — L'Égypte , ce coin de terre célèbre depuis long-temps , ce berceau de la civilisation ; qui , sous les Pharaons , fut une puissante Monarchie , est , depuis 23 siècles , soumise à une domination étrangère. Elle fut subjuguée par Cambyse , Roi de Perse, 525 ans avant Jésus-Christ, et environ deux siècles après, par Alexandre-le-Grand. A la mort de ce Prince , elle échut à Ptolomé , dont les descendants y régnèrent pendant près de trois siècles. Auguste la réunit à l'Empire Romain. Elle fut ensuite conquise par les Mahométans , et obéit aux Califes. Les Mamelouks, corps militaire institué par Saladin , élevèrent sur le trône un de leurs officiers , et dominèrent l'Égypte jusqu'au moment où les Français en firent la conquête. Les Turcs , aidés des Anglais , l'enlevèrent à ces derniers. Le Grand-Seigneur y plaça un Pacha , qui a le titre de Vice-Roi , et qui est presque indépendant.

TOPOGRAPHIE.

BASSE-ÉGYPTE. — Cette partie se nommait autrefois Delta , parce qu'elle a comme la lettre de l'alphabet grec, qu'on nomme ainsi, une forme triangulaire : elle doit cette forme aux deux principaux bras qui partagent le Nil vers son embouchure. ALEXANDRIE , capitale , située à l'embouchure du Nil , a pris son nom d'Alexandre-le-Grand , qui l'a fondée. Elle a deux ports : le vieux , qui est réservé aux Turcs , et le nouveau , où les vaisseaux étrangers sont admis. La magnificence des ruines d'Alexandrie excite l'admiration des voyageurs. On y voit encore la colonne de Pompée ; un des obélisques qu'on appelle Aiguilles de Cléopâtre, a été transporté en Angleterre. Près d'Alexandrie, est la petite île de Pharos, où l'on avait placé, au haut d'une tour, ce fameux fanal destiné à guider les navigateurs pendant la nuit, qui passa pour une des Sept Merveilles du Monde. C'est de là que les fanaux maritimes ont pris le nom de phares. Villes principales : *Aboukir.* — *Rosette* , agréablement située sur un des bras du Nil , fait un commerce considérable. — *Damiette* jouit , comme Rosette, de vues riantes. Elle est située à l'embouchure du Nil , près du lac Menzalé , dont les rives couvertes de cabanes de pêcheurs , ombragées par des touffes de palmiers , présentent un aspect des plus agréables. On y fabrique de belles toiles, et des serviettes qui sont bordées de franges de soie. Cette ville n'est point celle dont Saint Louis se rendit maître : cette dernière a été détruite, et l'on a reconstruit la nouvelle à deux lieues de l'ancienne. — *Mansourah*, célèbre par la bataille où Saint Louis fut fait prisonnier.

MOYENNE ÉGYPTE. — Le Caire, capitale de toute l'Égypte, est situé près du Nil et de l'emplacement où fut Memphis. On y montre encore le puits de Joseph, et les greniers où l'on prétend que ce Patriarche faisait serrer les récoltes. Les Pyramides et le Sphynx, figure colossale, sont à quatre lieues de la ville.

HAUTE-ÉGYPTE. — Cette partie portait autrefois le nom de Thébaïde, parce que Thèbes était sa capitale. Girgé, capitale, près du Nil. Villes principales : *Kons*, près de laquelle sont les ruines de la fameuse Thèbes aux cent portes.

~~~~~~

AFRIQUE CENTRALE.

Sahara.

Limites. — Le Sahara est borné, au nord, par le Biledulgérid ; à l'ouest, par l'océan Atlantique ; au sud, par la Guinée et la Nigritie, et à l'est, par la Nubie et l'Égypte.

Noms ancien et moderne. — Le Sahara se nommait autrefois le *Pays des Garamantes*. Son nom moderne vient de l'arabe, et signifie *Désert*.
~~~~~~

Climat, sol et aspect du pays. — La chaleur est presque insupportable dans le Sahara , parce que le sable dont il est rempli réfléchit avec force les rayons du soleil. Ce pays est nommé , par excellence , le Grand-Désert ; c'est , en effet , le plus vaste espace de ce genre que l'on connaisse sur la terre. La sécheresse du sol est si grande , que l'on fait quelquefois cent lieues sans trouver une seule goutte d'eau. Le voyageur marche des journées entières sans que son œil soit recréé par un seul rameau de verdure ; seulement , il découvre , à de grandes distances , ce qu'on appelle des *oasis* : ce sont des endroits où un peu de terre végétale et d'eau semblent rendre la vie à la nature ; des dattiers élevés , des bruyères et des ronces , forment de tristes bosquets qui semblent délicieux au milieu de ces déserts. C'est là que les caravanes se reposent et prennent l'eau qui leur est né-cessaire pour traverser de nouvelles plaines de sable. Ces *oasis* sont comme des îles au milieu d'une mer.

Animaux. — Il y a dans le Sahara une quantité considérable de lions , de tigres , de léopards , d'autruches et de serpents énormes.

Habitants. — Le Sahara est encore moins peuplé que le Biledulgérid. Quelques misérables hordes de Maures errent dans ces contrées , qui ne semblent avoir été créées que pour les tigres , les léopards et les bêtes les plus féroces.

Guinée.

Limites. — La Guinée est bornée , au nord

et à l'est, par la Nigritie ; à l'ouest et au sud, par l'océan Atlantique.

Division. — La Guinée est divisée en deux parties, qui sont : la Sénégambie, ou Guinée Septentrionale, et la Guinée Méridionale.

Climat et sol. — Les côtes maritimes de cette région ressentent la plus grande chaleur que l'on éprouve sur le globe. On en attribue la cause aux vents d'est qui y soufflent, après avoir traversé le sol brûlant d'Afrique dans toute sa largeur. On ne connaît que deux saisons : l'une tempérée, l'autre excessivement chaude ; mais, pendant toute l'année, on ne peut supporter le soleil, à midi. Depuis les premiers jours de juin jusqu'à la mi-octobre, il tombe de grosses pluies. Pendant le reste de l'année, les rosées sont considérables.

Rivières. — Les principales rivières sont : le Sénégal et la Gambie. Parmi les chûtes du Sénégal, celle près de la Roche-Felou mérite le plus d'attention : cette roche arrête les eaux pendant sept mois ; le reste de l'année, elles sont assez hautes pour passer par-dessus. Les bords du Sénégal seraient enchanteurs, sans le nombre prodigieux de bêtes féroces qui s'y trouvent en quantité. On ne connaît pas exactement les sources de la Gambie. Le commerce de cette rivière est entre les mains des Anglais.

Productions végétales. — La végétation active et superbe, offre les plus beaux arbres, parmi lesquels on remarque l'immense baobad, dont le fruit, nommé *pain de singe*, nourrit abondamment les nègres ; il embellit toute la Guinée et la Sénégambie de sa verdure. Les forêts de ce pays, aussi épaisses que celles de la Guyane et du Brésil, abondent en cocotiers, mangliers, orangers, citroniers et grenadiers. On distingue le faroubier , qui fournit une boisson agréable ; le précieux schéa , ou arbre à beurre , qui forme une des principales richesses du royaume des Bambouks. Parmi les autres plantes aromatiques , la Sénégambie et la Guinée possèdent le poivre appellé *malaguette* ; le piment , le gingembre. La production particulière à cette contrée est la gomme précieuse qu'elle fournit au commerce , et dont on distingue plusieurs espèces. Le tabac , la canne à sucre , la balsamine , le lis , la tubéreuse y abondent et embaument l'air de leurs parfums. On y voit l'herbe croître de 10 à 13 pieds de haut : elle forme de vastes forêts herbacées , où des troupeaux de sangliers et d'éléphants errent sans être vus. L'énorme serpent *boa* se cache sous ce gazon touffu. Souvent les nègres brûlent les savanes , pour rendre l'air plus pur et la culture plus facile. Pendant ces incendies , les oiseaux de proie les suivent en foule pour dévorer les serpents et les lézards étouffés dans les flammes.

Animaux. — On ne voit nullé part une aussi grande quantité de singes, d'éléphants, de gazelles. Parmi les oiseaux , on distingue l'aigrette , dont les plumes sont un objet de commerce , et de fort jolis perroquets.

Mœurs. — Les habitants de la Guinée sont noirs et presque nus. Ils mangent de la chair crue. Ils sont adroits , assez spirituels ; mais orgueilleux , fourbes , paresseux et voleurs. Les nègres de la Côte-d'Or ont le jugement sain ; mais ils sont dissimulés , et conservent leur ressentiment des années entières. Ces peuples professent un paganisme fort grossier. Ils vendent aux Européens beaucoup d'esclaves, qu'ils vont enlever chez leurs voisins , et auxquels ils joignent quelquefois leurs femmes et leurs enfants.

TOPOGRAPHIE.

Sénégambie, ou Guinée Sept^{le}.

Cette partie est souvent nommée le SÉNÉGAL, parce qu'elle est arrosée par le fleuve qui porte ce nom. Elle fournit une espèce de gomme qu'on appelle gomme du Sénégal. Villes principales : *le fort Saint-Louis*, sur le Sénégal ; il appartient aux Français, ainsi que plusieurs autres établissements, qu'on appelle *le Sénégal Français*. — *Saint-James*, fort sur la Gambie, appartient aux Anglais. Les Portugais possèdent aussi de nombreux établissements dans ce pays.

Guinée Méridionale.

Cette partie renferme trois pays : la Malaguette, la Guinée Propre et le Benin.

MALAGUETTE. — Cette partie prend son nom de ce que le poivre, qui y croît abondamment, s'appelle malaguette dans la langue du pays.

GUINÉE PROPRE. — Cette partie, à l'est de la Malaguette, comprend la Côte-des-Graines, la Côte-des-Dents et la Côte-d'Or.

COTE-DES-GRAINES. — Cette côte, à l'ouest des deux autres, finit au cap des Palmes. Elle est ainsi nommée, parce qu'elle abonde en riz, pois, coton et indigo de première qualité. *Sestos*, ou *Sestre*, ville de nègres, assez considérable.

COTE-DES-DENTS. — Cette côte est à l'est de celle des Graines. On la nomme ainsi, parce qu'elle fournit beaucoup d'ivoire. Il s'y trouve un grand nombre d'éléphants , qui sont attirés par la quantité de cannes à sucre sauvages , dont ils sont très-friands. On n'y connaît encore aucune ville remarquable.

Côte-d'Or. — Cette côte , à l'est de celle des Dents , est ainsi nommée de ce qu'on y ramasse une quantité considérable de poudre d'or. La chaleur y est plus grande que dans toute autre contrée de l'Afrique occidentale. Parmi les petits états despotiques , celui de *Fanthée* est le plus redoutable. — *Christian-bourg* , à l'est , fort qui appartient aux Danois , est le chef-lieu de leurs établissements. Les Anglais y ont aussi plusieurs forts sur cette côte.

Bénin. —Cette partie , à l'est de la Guinée Propre , renferme les royaumes de Bénin , de Dahomey , et plusieurs autres peu connus. Bénin , capitale, située sur la rivière du même nom , a des rues longues et larges ; mais les maisons sont fort basses et construites en argile. Les habitants lavent et frottent si souvent leurs habitations qu'elles brillent comme des miroirs. Le Roi réside dans un vaste palais , qui est entouré de hautes murailles. Ce Prince , vénéré comme un demi-dieu , est censé vivre sans nourriture. Les nègres de Bénin aiment à obliger , et recherchent avec empressement les Européens.

Dahomey. —Ce royaume est à l'ouest. Le Souverain exerce des actes de cruauté qui révoltent. Abomey , capitale.

Iles voisines de la Guinée.

Les îles qui avoisinent la Guinée , et qui en dépendent , sont celles de Gorée , de Fernando-Pô , du Prince , de Saint-Thomas, d'Annobon et de Saint-Mathieu.

GORÉE. — Cette île , située près du Cap-Vert , a peu d'étendue. Elle offre aux navigateurs une rade excellente ; mais elle ne produit rien. Elle appartient aux Français.

FERNANDO-PO. — Cette île , près du royaume de Benin , tire son nom d'un gentilhomme du Roi Alphonse V , qui la découvrit en 1472. Elle est assez fertile en fruits et autres denrées. Elle appartient aux Anglais.

ILE DU PRINCE. — Cette île , au sud-ouest de Fernando-Pô , abonde en toutes sortes de fruits rafraîchissants. L'air y est sain et l'eau délicieuse. La ville contient 200 maisons , deux églises et un couvent. Elle appartient aux Espagnols.

SAINT-THOMAS. — Cette île , au sud-ouest de celle du Prince , produit beaucoup de sucre. Le climat est très-malsain. Elle appartient aux Portugais. Pavaocan , capitale. Les habitants sont un mélange d'Européens et d'Africains.

ANNOBON. — Cette île , au sud-ouest de celle de Saint-Thomas , est ainsi nommée , parce que les Portugais la découvrirent le premier jour de l'an , en se souhaitant la bonne année. On y trouve beaucoup de chèvres sauvages. La plupart des habitants sont noirs. Elle appartient aux Espagnols.

SAINT-MATHIEU. — Cette île , à l'ouest de celle d'Annobon , a peu d'étendue , et n'est point habitée ; mais on y trouve un lac d'eau douce. Les Portugais y avaient un petit établissement.

Congo.

Le Congo est borné, au nord, par la Guinée ; à l'ouest, par l'océan Atlantique ; au sud , par

le Mataman , région inconnue , et à l'est ,
par la Nigritie.

Nom. — Le Congo est quelquefois nommé
la Basse-Guinée.

Division. — Le Congo comprend les royaumes
de Loango , de Congo Propre , d'Angola et
le pays de Benguela.

Climat et sol. — Situé dans la zone torride ,
quoiqu'au sud de l'équateur , le Congo jouit d'un
climat très-chaud. On n'y distingue que deux saisons, celle de la sécheresse et celle des pluies.
Depuis notre équinoxe du printemps jusqu'à la
fin d'octobre , il ne pleut pas ordinairement; mais
la chaleur , quoique excessive, est supportable.
Dans les temps brumeux , l'humidité très-
dangereuse mine la santé des étrangers , et les
oblige de se sécher près du feu et de changer
de vêtements. Pendant l'autre moitié de l'année ,
le soleil est une fournaise ardente , qui ferait
périr les habitants , si la fraîcheur des nuits ,
égales aux jours , ne modérait cette chaleur
étouffante. Dès la fin d'octobre , les pluies ,
accompagnées de tonnerre et d'orages , tombent
en torrents , et la végétation reprend toute sa
vigueur. Le sol de cette contrée est , en
général , gras et fertile , quoique sablonneux
sur les côtes.

Productions. — Le Congo produit des cannes
à sucre , du tamarin , de la casse , des dattes
et d'autres fruits. On y trouve beaucoup d'éléphants , de singes et de serpents.

Habitants , mœurs et coutumes. — Les
nègres du Congo paraissent inférieurs à beaucoup
d'autres peuples Africains. Leur manière de
vivre se rapproche tant de l'animal , qu'il ne
faut pas s'étonner s'ils ont regardé eux-mêmes
les singes comme appartenant à leur race. Les
femmes ont seules à supporter toute la charge
d'un pénible travail. Ils n'ont aucune idée de

science , pas même d'écriture. Au nord-est de Loango , les anciens voyageurs placent une nation de nains nommés *Malembas* , qui sont, dit-on , de la taille des enfants de 12 ans , mais très-épais. Leurs femmes tuent les singes avec des flèches empoisonnées.

TOPOGRAPHIE.

LOANGO. — Ce royaume est au nord des autres. Le peuple y est industrieux. Le climat est très-pernicieux aux étrangers. Loango , capitale. On y fabrique de belles étoffes de feuillage.

CONGO PROPRE. — Ce royaume, au sud du Loango , est arrosé par le Zaïre , dans lequel on trouve beaucoup de crocodiles et d'hippopotames. Il produit deux récoltes dans l'année. San-Salvador , capitale, est une grande ville , où le Roi réside dans un vaste palais , qui est le fort construit par les Portugais. La situation en est tout-à-fait romantique. Les maisons sont des chaumières rondes , de même que toutes celles du pays. Les Portugais y ont formé un établissement considérable.

ANGOLA. — Ce royaume a des montagnes couvertes de forêts , des plaines fertiles , qui produisent des citrons , des oranges , des ananas, de grosses cannes à sucre , et le *mapou*, arbre dont la circonférence est quelquefois de 36 pieds , et le fruit de la grosseur d'une citrouille. Ce pays est soumis aux Portugais , qui en tiennent le Souverain dans leur dépendance: ils en tirent beaucoup d'esclaves. Saint-Paul- de - Loanda , capitale des établissements Portugais dans l'Afrique. Elle possède un bon port , un évêché , plusieurs couvents et de belles églises ; rien n'égale la magnificence avec laquelle les fêtes des Saints y sont célébrées. On pêche, pour le Roi de Portugal, dans l'île de Loanda, des cauris fins, bruns. brillants et très-recherchés.

BENGUELA. — Ce pays est au süd du royaume d'Angola. On y trouve de vastes forêts remplies d'éléphants et d'autres animaux sauvages. Les habitants y sont en petit nombre. Il appartient aux Portugais, qui en tirent du sel et des esclaves. SAINT-PHILIPPE-DE-BENGUELA, capitale, a un port sur l'océan Atlantique.

Nigritie.

Limites. —La Nigritie est bornée, au nord, par le Sahara ; à l'ouest, par la Guinée et le Congo ; au sud, par le Mataman et le Monomotapa, et à l'est, par la côte de Zanguebar, la côte d'Ajan, l'Abyssinie et la Nubie.

Noms et fleuves. — La Nigritie, nommée aussi Soudan, tire son nom du Niger, qui y prend sa source, et, après en avoir arrosé une partie, se perd dans un grand lac. Les habitants de Tombouctou et de tout l'intérieur de l'Afrique soutiennent que le Niger et le Nil communiquent ensemble, et que ce n'est qu'un même fleuve.

Climat et sol. — Le climat de la Nigritie est très-chaud, mais sain. Le sol de ce pays est généralement sablonneux et aride.

Productions. —La Nigritie produit du riz, du coton et des dattes. On y trouve beaucoup d'animaux féroces.

Habitants, mœurs et usages. — La nature du sol perpétue chez toutes ces nations une légèreté indolente et une insouciance puérile : vingt jours de travail suffisent pour assurer toute leur récolte. Ils se contentent des plus grossiers aliments. Ils ne sont guère embarrassés pour leur habillement. Le coton vient sans culture. Leurs cabanes ne leur coûtent guère plus de soins : un tronc d'arbre, des branches sans écorce, de la paille ou des feuilles en sont les matériaux. Les villes ne sont que de grandes réunions de cabanes semblables. Il n'y a aucun édifice public ; on y voit seulement une grande case, nommée *bourrie*, ouverte de tous les côtés, qui sert aux délibérations publiques. L'ameublement d'un pauvre se réduit à deux ou trois calebasses. Les palais des grands sont seuls remarquables, par le nombre de cases dont ils sont composés. Les Souverains, qui ornent leurs demeures de crânes, d'ossements et de mâchoires d'hommes, possèdent de la vaisselle et des tapis de fabrique européenne. Leur trône est souvent un morceau d'or purement massif. En général, les nègres ne se font pas remarquer par leur courage à la chasse ; ils sont plus adroits et plus actifs à la pêche, personne ne sait mieux qu'eux conduire un frêle esquif à travers une mer orageuse. Leur industrie se développe dans la fabrication des étoffes et des ustensiles de bois. Les forgerons et les orfèvres se font également remarquer par leurs talents : ils fabriquent, avec une adresse étonnante, des haches, des couteaux et des tubes d'or : ils savent aussi réduire le fil d'or à une finesse extrême. Il attendent le coucher du soleil pour se livrer à la danse. Les chants et les concerts d'un village répondent à ceux d'un autre. Tout ce qui frappe l'imagination du nègre devient son fétiche : il adore, il consulte un arbre, un rocher, un œuf, une arrête de poisson, un fruit. Les habitants d'Ouidah considèrent le serpent comme le dieu de la guerre, du commerce et de l'agriculture.

Nourri dans une espèce de temple, il est servi par un ordre de prêtres. Les enterrements des Princes occasionnent des événements très-déplorables : le sang d'un grand nombre de victimes humaines coule sur la tombe royale.

TOPOGRAPHIE.

Les royaumes d'Agadès, de Bournou, de Tombouctou, de Bambara et de Darfour, sont les moins inconnus parmi ceux qui composent la Nigritie. Les villes principales sont : *Bournou*, ville très-grande, dont les habitations des riches sont construites dans le même genre que celles du Caire. La grande mosquée renferme la principale école, qui possède des ouvrages scientifiques. Le commerce de Bournou est actif, et on y voit un grand nombre de négociants étrangers. On y fabrique des bagues ou anneaux d'or, d'argent et de cuivre jaune, des aiguilles et des étoffes. — *Tombouctou*, située près du Niger, dans une plaine, sous un climat très-sain. On y trouve trois palais, parmi lesquels celui du Roi est construit en pierres de taille. Tombouctou fait un grand commerce d'exportation : les caravanes de cette ville vont jusqu'au Caire, à Tunis, à Alger et à Maroc. On y fabrique beaucoup d'étoffes de soie et de coton mêlés.

Nubie.

Limites. — La Nubie est bornée, au nord, par l'Égypte ; à l'ouest, par le Sahara et la Nigritie ; au sud, par l'Abyssinie, et à l'est, par la mer Rouge.

Climat et sol. — Les chaleurs sont très-fortes dans la Nubie , depuis janvier jusqu'en avril , et les sables , devenus brûlants , ne permettent aux voyageurs de marcher que pendant la nuit. L'air y est malsain pendant la saison des pluies , c'est-à-dire , depuis juin jusqu'en septembre. Les hautes terres de la Nubie ne sont que d'affreux déserts : souvent le voyageur ne trouve pour se désaltérer que des mares infectes ; car l'Arabe assassin , se tient en embuscade auprès des sources , qui sont en petit nombre. En général , la Nubie n'offre qu'un pays misérable , habité par un peuple malheureux. Le sol , presque partout sablonneux et aride , est fertile dans le voisinage du Nil , qui le traverse , et forme une grande cataracte à Géanadil.

Productions — La Nubie produit du grain , des cannes à sucre , du bois de sandal , du tabac , de l'ivoire et de la poudre d'or. On y trouve des chevaux , des civettes , des éléphants , des gazelles et des autruches.

Habitants. — Les Nubiens ont le teint très-basané. Les hommes vont presque nus , et les femmes ont de légers habillements de soie. Ils forment une race distincte des Égyptiens et des Nègres. Ils parlent une langue qui leur est propre. Deux tribus nomades vivent presqu'indépendantes dans la partie septentrionale. La plupart des maisons des Nubiens sont faites avec de la boue , et couvertes de roseaux. Ils sont Mahométans. Ils aiment le commerce , et trafiquent avec les Égyptiens.

DIVISION ET TOPOGRAPHIE.

La Nubie , qui formait autrefois , avec l'Abyssinie, l'ancienne Éthiopie , comprend le royaume de Dongola , celui de Sennaar et le pays de Darfour.

DONGOLA. — Le Souverain de ce royaume est tributaire du Roi de Sennaar. Dongola, capitale, sur le Nil.

SENNAAR. — Ce royaume est au sud de celui de Dongola. Sennaar, capitale, l'est aussi de toute la Nubie. Elle est située sur le Nil, qui, par ses crues subites, y cause souvent beaucoup de dégâts. Sennaar envoie des caravanes en Égypte, en Nigritie et au port de Djedda, en Arabie.

CÔTE D'ABEX. — On comprend sous ce nom toutes les côtes Africaines, depuis l'Égypte jusqu'au détroit de Bab-el-Mandel. La chaleur et la rareté de l'eau rendent la partie la plus basse de la côte presqu'inhabitable. Dans la saison sèche, les éléphants, au moyen de leurs trompes et de leurs dents, creusent des trous dans la terre pour trouver de l'eau. Les vents du nord-est amènent des pluies périodiques. Les palmiers, les lauriers, les oliviers couvrent les îles et les côtes basses.

Les habitants de cette contrée mènent une vie nomade et sauvage. Le lait, la chair de leurs chameaux, de leurs bœufs, de leurs brebis, leur fournissent une nourriture abondante. Chaque père de famille exerce chez lui l'autorité patriarchale; il n'existe pas d'autre gouvernement. Pleins de loyauté entr'eux, hospitaliers envers les étrangers, ils pillent les nations agricoles et les caravanes marchandes. Leurs bœufs portent d'énormes cornes, et leurs brebis ont la peau tigrée. Il y a des tribus qui se font arracher le dents. On y trouve une société de femmes, qui fabriquent des armes, et qui vivent à la manière des Amazones.

Iles du golfe Arabique.

Ce sont : L'ILE DES ÉMERAUDES, qui contient

de beaux cristaux verts.— L'ILE DE ZEMORGET, qui n'est qu'un rocher stérile, et passe pour être l'île aux Topazes des anciens. — DAHALAC, la plus grande du golfe Arabique, où l'on trouve des chèvres qui portent un poil long et soyeux.

Abyssinie.

Limites. — L'Abyssinie est bornée, au nord-est, par la Nubie ; à l'ouest, par la Nigritie, et à l'est, par la mer Rouge. Ce royaume surpasse tout autre état Africain en antiquités et en stabilité.

Nom. — L'Abyssinie, qui formait autrefois, avec la Nubie, l'ancienne Éthiopie, tire son nom moderne d'un mot égyptien qui signifie mélange de peuples.

Climat et sol. — Les rivières, les pluies et l'élévation du sol rendent la température beaucoup moins chaude que celle de l'Égypte et de la Nubie : il y a même des provinces plus tempérées que le Portugal et l'Espagne ; mais, dans les basses vallées, on éprouve les effets réunis d'une chaleur étouffante et des exhalaisons de l'eau stagnante. L'hiver, en Abyssinie, commence en juin, et dure jusqu'au commencement de septembre. La pluie, souvent accompagnée de tonnerre et d'ouragans affreux, oblige les habitants à suspendre tous les travaux. Les autres mois de l'année ne sont pas exempts de mauvais temps ; et les plus beaux sont ceux de décembre et de janvier. Le sol de l'Abyssinie est généralement fertile.

Rivière et *lac.* — La principale rivière est le Nil ; le principal lac est celui de Dembéa, qui change d'étendue selon les saisons.

Productions. — L'Abyssinie abonde en blé, riz, orge, millet, fruits et bestiaux. Elle fournit de l'or et de l'ivoire.

Commerce. — Le commerce que l'Abyssinie fait avec l'Arabie est considérable. Elle reçoit de Djedda plusieurs articles des manufactures d'Europe. Les seuls articles précieux que produit l'Abyssinie sont l'or et l'ivoire. Il arrive à Massuah, dans le mois de février, une grande caravane, qui apporte des esclaves, des mulets, du miel et des cornes de rhinocéros.

Habitants. — Les Abyssins ont le teint bronzé ; les traits de leur figure les rapprochent des Européens. Ils professent le Christianisme, auquel ils mêlent diverses superstitions : ils suivent l'hérésie d'Eutichès et le rit Éthiopien. Ils n'ont qu'un Évêque, qui est ordonné par le Patriarche d'Alexandrie, qui est de leur communion. Ils sont gouvernés par un Roi.

TOPOGRAPHIE.

Les villes principales de l'Abyssinie sont Gondar, capitale, qui est située sur une montagne. Les maisons sont faites avec de l'argile, et couvertes en chaume : le tout a la forme d'un cône, parce que cette forme facilite l'écoulement des pluies. Le palais du Roi est bâti en pierres. — *Adorva.* Ses environs donnent trois récoltes par année. — *Alata* est remarquable par une cataracte qu'y forme le Nil, dont la hauteur est évaluée à 40 pieds. La rivière tombe avec fracas dans un vaste bassin, qu'elle a creusé dans le roc, et de là elle retombe au fond du précipice. Cet impétueux torrent, après s'être ainsi précipité, poursuit son cours rapide dans un lit profond : ses vagues, en se rapprochant, s'agitent avec violence, et s'élèvent en bouillonnant.

Côte d'Ajan.

Limites. — La côte d'Ajan , qui n'offre au navigateur qu'une masse de rochers et de sables , est bornée , au nord , par le détroit de Bab-el-Mandel ; à l'ouest , par l'Abyssinie et la Nigritie ; au sud-ouest , par la côte de Zanguebar , et à l'est , par l'océan Indien.

Division. — La côte d'Ajan comprend les royaumes d'Adel, de Magadoxo et la république de Brava.

Climat et sol. — La chaleur est considérable sur la côte d'Ajan , quand elle n'est pas tempérée par les vents ou par les pluies. Le sol offre généralement des sables arides.

Habitants. — Les habitants de la côte d'Ajan , nommés Berberès par les géographes Arabes , ont le teint olivâtre , les cheveux longs , et ne ressemblent en rien aux Caffres. Les uns sont Mahométans , les autres sont Payens. Ils font un commerce considérable d'or , d'ivoire et d'ambre gris.

TOPOGRAPHIE.

ADEL. — Ce royaume est au sud du détroit de Bab-el-Mandel. Il fournit du grain , de bons pâturages, des moutons dont la queue pèse 25 livres , et des vaches qui ont des cornes de la même forme que celles des cerfs. On y fait un grand commerce en poudre d'or , ivoire et encens. Auçagurel , capitale.

MAGADOXO. — Ce royaume est au sud de celui d'Adel. Il fournit aussi de l'or et de l'ivoire. Magadoxo , capitale. On y remarque le palais du Roi, et des maisons peintes à fresque , avec des toîts en forme de terrasses.

BRAVA. — Cette république est au sud du royaume de Magadoxo. Elle paie tribut aux Portugais. BRAVA, capitale, avec un bon port sur l'océan Indien.

Côte de Zanguebar.

Limites. — La côte de Zanguebar est bornée, au nord-est, par celle d'Ajan ; à l'ouest, par des régions inconnues ; au sud, par le canal de Mozambique, et à l'est, par le même canal et l'océan Indien.

Climat, sol et aspect. — Le climat de la côte de Zanguebar est très-chaud, le sol marécageux et l'air malsain. Un grand fleuve, rempli de crocodiles, l'arrose. Ce pays offre des déserts sablonneux.

Productions. — La côte de Zanguebar produit des fruits, de l'or et de l'ivoire. Les éléphants y sont si communs, que les habitants se servent des dents de ces animaux pour palissader leurs jardins.

Habitants. — Les habitants de la côte de Zanguebar sont noirs. Let uns professent le Mahométisme, les autres sont Payens. La religion Chrétienne est suivie dans les établissements des Portugais, qui tiennent dans leur dépendance tous les Souverains de cette côte.

TOPOGRAPHIE.

La principale ville de la côte de Zanguebar est MÉLINDE, capitale, ville grande et bien peuplée, qui a un port sur l'océan Indien. Les Portugais y ont un établissement considérable.

Mozambique.

Ce royaume, au sud de la côte de Zanguebar, a peu d'étendue. On lui donne aussi le nom de Côte de Mozambique. MOZAMBIQUE, capitale, est une grande ville, située dans une île qui porte le même nom, et qui est voisine de la côte. Elle appartient aux Portugais. Les maisons en sont assez belles. Elles sont bâties en pierres de corail peintes en blanc ou en jaune. Les vaisseaux portugais qui vont dans l'Inde s'arrêtent à ce port pour y prendre des rafraîchissements. Le commerce consiste en ivoire et en esclaves. L'insalubrité qui règne à Mozambique a engagé les habitants à bâtir, au fond de la baie, le vaste bourg de Mesuril, qui est aujourd'hui plus peuplé que la ville. Dans la partie septentrionale du gouvernement de Mozambique, est une petite île nommée Quérimbe, dans laquelle les Portugais ont un fort, et tolèrent le commerce français.

Pays des Hottentots.

Les Hottentots sont pasteurs et errants, excepté ceux qui se trouvent sur le territoire de la colonie du Cap : ils forment un peuple libre, qui est fort jaloux de conserver son indépendance. Les Hottentots ont dans leurs traits quelque chose de particulier qui les distingue en un certain degré de la généralité de l'espèce humaine : ils ont le visage très-large, et il diminue jusqu'à l'extrémité du menton. Les femmes ont les traits plus délicats ; mais l'ensemble de leur figure est le même.

La garde de leurs troupeaux et le soin de leur subsistance sont les seuls objets qui occupent l'esprit des Hottentots. Ils n'ont pas la moindre notion d'agriculture. Leur principale nourriture consiste dans le lait de leurs vaches et de leurs brebis. Leurs huttes sont faites avec des pieux, et couvertes de nattes ou de peaux de bœufs et de moutons. Leurs paniers sont faits d'une manière particulière : ils tiennent l'eau comme une terrine, et servent de vaisselle. Les Hottentots professent un Paganisme fort grossier.

AFRIQUE MÉRIDIONALE.

Monomotapa.

Limites. — Le Monomotapa est borné, au nord et à l'ouest, par des régions inconnues ; au sud, par la Cafrerie, et à l'est, par le canal de Mozambique et l'océan Indien.

Climat et sol. — Le climat du Monomotapa est chaud, mais il est sain. Le sol est fertile.

Rivières. — La principale rivière du Monomotapa est le Zambèze, qui se jette dans la mer par quatre embouchures. Il inonde le pays comme le Nil ; mais c'est dans le mois d'avril. Les crocodiles y sont nombreux et hardis.

Productions. — Le Monomotapa produit du riz, des cannes à sucre et des fruits. On y trouve beaucoup de lions, de tigres, d'éléphants, d'aigles, d'autruches et de vautours.

Habitants. — Les habitants du Monomotapa sont noirs, et ils professent un Paganisme fort grossier.

TOPOGRAPHIE.

Les principales villes du Monomotapa sont : *Zimbaoé*, où le Roi fait sa résidence. — *Sofala*, sur le golfe du même nom. Comme cette ville se nomme aussi *Saphira*, on croit qu'elle est l'*Ophir* où Salomon envoyait sa flotte.

Cafrerie.

Limites. — La Cafrerie est bornée, au nord-est, par le Monomotapa ; au sud-ouest, par l'océan Atlantique, et au sud-est, par l'océan Indien ; le Cap de Bonne-Espérance la termine au sud.

Climat, sol et productions. — La température est variée dans la Cafrerie : il n'y pleut guère qu'en été, et alors la pluie est accompagnée d'orages. Le sol de ce pays est fertile et bien arrosé. La Cafrerie a des montagnes couvertes de forêts où l'on trouve des lions, des tigres et d'autres animaux. Les vallées et les plaines produisent des végétaux de différentes espèces.

TOPOGRAPHIE.

PAYS DES CAFRES. — Les habitants sont plus grands, plus robustes, plus courageux que les Hottentots. Une figure animée, un front élevé, de grands yeux, leur donnent un air ouvert et spirituel. Les Cafres se rassemblent

par kraals , ou villages , comme les Hottentots.
Leurs maisons sont construites avec des pieux,
et enduites en dehors et en dedans de terre
et de fiente de vache. L'entrée en est si
basse , que , pour pénétrer dans l'intérieur , il
faut se traîner sur les mains et sur les genoux :
le foyer est placé au milieu. Les hommes
conduisent aux pâturages de grands troupeaux
de bœufs et de moutons à grosse queue. Les
femmes sont chargées des travaux de l'agriculture : elles cultivent du blé , des haricots,
du chanvre , du tabac et des melons d'eau.
Elles font aussi des paniers et des nattes sur
lesquelles on couche. Chez les deux sexes ,
l'habillement est à-peu-près le même : il
consiste en peaux de bœufs , qui sont aussi
moëlleuses que du drap. Les hommes se parent
aussi de poil de lion , ils s'attachent des plumes
à la tête , et portent d'autres ornements
bizarres. Les Cafres sont payens. Ils obéissent
à un Roi. Leur pays n'offre aucune ville
remarquable.

Gouvernement du Cap.

Cette colonie s'étend , de l'est à l'ouest ,
depuis la pointe du Cap jusqu'au pays des
Cafres , et , du nord au sud , depuis la rivière
Koussie jusqu'à la pointe du Cap. Le pays
renferme un grand nombre de montagnes. La
saison la plus agréable est le printemps , qui
commence au 21 septembre ; l'été se fait
sentir au 22 décembre ; l'automne commence
au 2 mars; l'hiver exerce son influence au
22 juin : cette saison est marquée par des
tempêtes , des pluies et des froids. Le sol

produit actuellement du blé , des fruits , des légumes ; le cafier et l'arbuste à thé commencent à y prospérer. On y trouve des gazelles , des singes , des lions et le zèbre , bel âne , qui est rayé de jaune et de noir , aussi régulièrement que si on l'eût fait avec un pinceau.

LE CAP , capitale , située près du Cap de Bonne-Espérance , c'est-à-dire à la pointe la plus méridionale de l'Afrique , présente un coup d'œil à-la-fois triste et élégant. Son aspect est assez singulier : quand on a mouillé dans la baie , on voit devant soi un vaste amphithéâtre , entouré de hautes montagnes hérissées de rochers stériles. Les maisons , en stuc blanc comme de l'albâtre , contrastent avec le sable aride sur lequel elles sont bâties ; les toîts sont faits en terrasses. Les grandes rues sont ornées de deux rangées d'arbres qui donnent de l'ombre aux galeries et aux perrons qui sont construits devant chaque maison , pour respirer l'air frais dans la soirée. Les rues sont naturellement sablées , et les ruisseaux n'y sont pas bourbeux comme dans nos villes ; mais ils coulent dans de larges canaux , et ce sont de belles eaux bien claires ; ce qui , avec les rangées d'arbres , rend les rues aussi agréables qu'un jardin. Les montagnes ont toutes une forme singulière , principalement celle que l'on appelle la Table , et qui a donné son nom à ce canton appelé Table-Baye. Elle est longue et aussi aplatie par en haut que si on y avait passé le rabot , en sorte qu'on dirait une grande table que l'on a dressée ; et quand des nuages blancs viennent s'étendre sur ce singulier sommet, on dit , au Cap, que la nappe est mise , et , en effet , cela n'y ressemble pas mal. Il y a une grande quantité de fruits dans cette ville , comme des pêches , des poires , des pommes et surtout des oranges, des figues et des raisins muscats de la plus grande beauté. Les Hollandais, chaque matin, établissent deux tables dans leur salon : l'une chargée de l'attirail du thé, l'autre de tous les fruits de la saison, et l'on en fait part à chaque personne qui vient en visite. Dans le voisinage de la ville, on a planté des vignes qui produisent d'excellent vin, auquel on a donné le nom de *vin du Cap*. Tous les vaisseaux Européens, qui vont en Asie ou qui en reviennent, peuvent, en payant le droit d'ancrage, prendre dans cette ville les rafraîchissements dont ils ont besoin. Cette colonie appartient aux Anglais depuis 1806 ; elle leur a été cédée par les Hollandais. A l'est du Cap de Bonne-Espérance, est le Cap des Aiguilles.

CÔTE DE NATAL. — Elle s'étend de la Rivière du Poisson, limites de la colonie, jusqu'à la baie de Lagoa. Elle est arrosée de nombreuses rivières, et coupée de prairies ou savanes magnifiques ; mais aucun port n'offre un asile aux grands navires. Les habitants des côtes de Natal, voisins des Hottentots, sont plus actifs et moins sales : c'est dans ce pays qu'on voit les chiens dans leur état primitif.

ILES DE L'AFRIQUE.

Iles dans l'Océan Indien.

SOCOTORA, à l'est du cap Guardafui, a deux bons ports. Elle est très-bien peuplée. Les habitants sont des Arabes, qui obéissent à un Roi ; ils ont le teint basané. Elle appartient aux Anglais.

AMIRANTES ET SEYCHELLES. — Ces îles forment de petits archipels, découverts par les Portugais, au nord des Iles de France et de Bourbon. Le groupe occidental prend le nom d'Amirantes, et le groupe oriental a reçu le nom de Seychelles. Elles abondent en tortues et en fruits, parmi lesquels il faut remarquer celui qu'on appelle coco de mer, qui ne croît que dans cet archipel et dans celui des Maldives. On le cultive maintenant à l'Ile de France. Elles appartiennent aux Anglais.

COMORES. — Ces îles sont situées au sud-ouest de celles des Amirantes. Elles jouissent d'un air salubre, et produisent toutes sortes de fruits. Les habitants sont noirs. Ils professent le Mahométisme. Ils sont tributaires du Portugal. Les Comorois, très-doux et très-hospitaliers, se distinguent par une adresse étonnante. Leurs habitations, simples et misérables, sont parfumées de musc. Le vol y est puni par la perte d'un poignet.

Madagascar.

Cette île, située au sud-est de celles de Comore, a 340 lieues de long sur 100 de large. Le climat en est très-chaud, mais sain. Le territoire offre une agréable variété de montagnes, de forêts, de vallées, de plaines et de prairies. Les forêts donnent des bois estimés, comme le sandal et l'ébène ; les vallées et les plaines produisent des grains, des fruits et des gommes de différentes espèces. Les prairies donnent d'excellents pâturages, où l'on élève beaucoup de bœufs à bosse et de moutons à grosse queue. On y trouve beaucoup de sources thermales, très-chaudes, où l'on peut faire cuire un œuf frais. Les habitants nommés Madegasses sont un mélange d'Africains et d'Arabes. L'hospitalité est en honneur chez eux : les premiers sont noirs, et professent un Paganisme fort grossier ; les autres ont le teint basané, et suivent le Mahométisme. Les Français sont les seuls Européens qui y aient formé des établissements. Ils en possèdent quatre sur la côte méridionale ; ce sont ceux d'Antongil, de Manahar, de Foulpointe et de Tamatave.

Mascareignes.

Ces îles sont à l'est de Madágascar, on en compte quatre : l'île de Bourbon ; l'île de France ou Maurice, nommée Cerne par les Portugais ; l'île Rodrigue et l'île Gargados.

RODRIGUE. — Cette île, au sud-est des Seychelles, produit du riz et des fruits, et a peu d'habitants.

ILE DE FRANCE. —Cette île, à l'ouest de l'île Rodrigue, a environ 50 lieues de tour. Malgré la chaleur du climat, on y jouit d'une température saine. Le territoire est fertile en riz, café, cannes à sucre et fruits délicieux. On y fait chaque année deux récoltes de froment et de blé de l'Inde ; mais le manioc est la nourriture des nègres Les montagnes produisent d'excellente ébène. En traversant l'intérieur pour aller au *Port-Bourbon*, seconde ville, on remarque de riches cultures. Vers le nord, le quartier des Pamplemousses offre le célèbre Jardin de l'État, où fleurissent les richesses de tout l'Orient. Les Anglais s'emparèrent de cette île en 1812. Ils l'appellent

Maurice, de son premier nom. Le *Port-Louis*, ou *Port-Nord-Ouest*, est la ville où l'on débarque.

ILE BOURBON.—Cette île est située à l'ouest de celle de France. Les Hollandais, qui la possédaient avant les Français, l'appelaient Mascarin. Les Français lui ont donné le nom de Bourbon. Elle a environ 60 lieues de tour, et elle est assez bien peuplée. La température et les productions sont les mêmes que celles de l'Ile de France ; mais on remarque, vers son extrémité méridionale, un volcan qui jette continuellement de la fumée et des flammes, et dont les bruyantes éruptions effraient les navigateurs pendant la nuit. On y a introduit la culture du clou de girofle avec beaucoup de succès. Elle produit d'excellent café, du sucre et du blé. *Saint-Denis*, capitale, n'est pas proprement une ville, mais un bourg.

Iles dans l'Océan Atlantique.

MADÈRE. — Cette île est située à l'ouest de la Barbarie. Elle produit des raisins dont on fait d'excellents vins connus sous les noms de *Malvoisie* et de *Madère*. Elle était couverte de forêts, quand les Portugais la découvrirent : ils y mirent le feu seulement pour se chauffer, et l'incendie dura, dit-on, sept ans. Elle appartient aux Portugais.

Canaries.

Ces îles sont situées au sud de Madère. On les nommait autrefois îles Fortunées. Elles sont

au nombre de huit. Les principales sont:
Canarie, Ténériffe, Palma et l'Ile de Fer, où
l'on plaçait autrefois le premier méridien. La
température de ces îles est très-douce. C'est
de là que nous sont venus les serins. C'est
dans l'île appelée Ténériffe que l'on trouve
une montagne fameuse nommée le *Pic de
Teide*. On l'aperçoit de vingt lieues. Au
pied de ce mont, on voit des coteaux qui
produisent les vins les plus suaves et les plus
recherchés. Il y en a de deux espèces : le
Malvoisie et le *Vidogne*. On admire, dans
le bourg d'Orotava, le célèbre arbre à sang-
de-dragon, de 45 pieds de tour, un peu au-
dessus de la racine. Elles appartiennent aux
Espagnols.

Iles du Cap-Vert.

Ces îles, situées au sud-ouest des Canaries,
prennent leur nom du Cap Vert de l'Afrique,
vis-à-vis duquel elles se trouvent, à la distance
de 100 lieues. On en compte 20. L'air y est
malsain et chaud. La plupart sont stériles, les
autres sont habitées par des Européens et des
Africains d'origine. La principale est *Sant-
Iago*. Elles appartiennent aux Portugais.

Ile de l'Ascension.

Cette île, au sud-est de celles du Cap-Vert,
est stérile et inhabitée ; mais elle a un bon
port où les navigateurs relâchent très-souvent
pour s'approvisionner de grosses tortues de

mer, qui s'y trouvent en grand nombre. La chair de ces tortues est fort nourrissante et très-propre à guérir du scorbut.

Ile de Sainte-Hélène.

Cette île est un point imperceptible dans l'océan Atlantique. Napoléon Bonaparte y fut exilé en 1815. Elle appartient aux Anglais.

Açores.

Ces îles, situées au nord-ouest de celle de Madère, sont au nombre de neuf. Elles ont été, à différentes époques, bouleversées par des tremblements de terre, dont le plus redoutable fut celui de 1591, qui exerça ses ravages pendant douze jours, et détruisit entièrement la ville florissante de Villa-Franca. Un autre phénomène plus extraordinaire est celui des rochers ou des îles qui s'élèvent subitement du sein de l'océan : en 1720, un Capitaine anglais vit, dans les environs de Tercère, une île qui s'élança du sein des flots, avec une explosion aussi forte qu'une décharge d'artillerie. Il fut couvert de cendres par cette éruption, et ne perdit pas de temps pour échapper à un pareil désastre. On jouit, dans les Açores, d'un climat agréable. Le sol y est très-fertile. Le pastel y forme une grande branche de commerce. Le cèdre y fait le plus bel ornement des forêts. Les habitants, blancs en général, sont sobres, actifs et laborieux. — TERCÈRE est la principale île des Açores. Elle est sujette à des tremblements de terre. On y fait de grandes exportations de froment. — Angra, capitale, a un port et un siége épiscopal. Le gouverneur des Açores y fait sa résidence. Ces îles appartiennent aux Portugais. C'est la relâche ordinaire de leurs vaisseaux qui se rendent au Brésil et aux Indes.

AMÉRIQUE.

DESCRIPTION GÉNÉRALE.

L'AMÉRIQUE forme un continent opposé à celui que nous habitons, et qui n'a été découvert qu'à la fin du quatorzième siècle : c'est pour cela qu'on l'appelle souvent le *Nouveau Monde*. En 1492, les Espagnols, conduits par Christophe Colomb, Génois de naissance, abordèrent à Guanahani, une des îles Lucayes, et ensuite à Saint-Domingue, que Colomb nomma Hispaniola. Cet illustre navigateur n'eût pas la satisfaction de donner son nom au Monde qu'il venait de découvrir. Améric-Vespucc, aventurier Florentin, qui y vint cinq ans après lui, et qui toucha la terre ferme, obtint cette gloire qu'il n'avait point méritée. Ayant publié une relation de son voyage, sous le titre de *Relation d'Améric-Vespuce*, on s'accoutuma peu-à-peu à donner le nom du voyageur à la terre dont il essayait de donner une idée.

On appela aussi ces îles les Indes-Occidentales, pour les distinguer de l'Inde proprement dite, qu'on appela les Indes-Orientales.

Les Espagnols coururent aussitôt en foule pour former des établissements dans ce Nouveau Monde, qui offrait des richesses immenses, surtout en mines d'or et d'argent. Les autres nations, attirées par le même avantage, fondèrent des colonies dans l'Amérique. Ces colonies ont prospéré, se sont étendues et ont, pour ainsi dire, repoussé des plus belles contrées les anciens maîtres de ces lieux, qui maintenant réunis par hordes , errent dans de vastes contrées incultes.

SITUATION. — L'Amérique est située à l'ouest de l'Europe et de l'Afrique , dont elle est séparée par l'océan Atlantique, et à l'est de l'Asie , dont elle est séparée par le détroit du Nord et l'océan Pacifique. Elle a environ 3000 lieues de longueur et 1700 lieues de largeur.

MONTAGNES. —Les principales montagnes de l'Amérique sont : les *Cordillières* , ou les *Andes,* qui traversent l'Amérique méridionale du nord au sud, le long de la côte de la mer Pacifique. Elles ont 1433 lieues d'étendue , et leur sommet est toujours couvert de neige , même dans la partie qui se trouve au milieu de la zone torride. Ces montagnes sont les plus hautes de la terre. Les monts *Apalaches* , qui traversent les États-Unis , et les monts *Rocheux* , dans l'Amérique septentrionale ; le mont *Saint-Élie* , dans l'Amérique Russe.

MERS. — L'Amérique est baignée par six mers , qui sont : l'océan *Glacial* et la mer de *Baffin* , au nord ; l'océan *Atlantique* et la mer des *Antilles* ou des *Caraïbes* , à l'est ; le grand *Océan* ou mer *Pacifique* , et la mer de *Bhéring* , à l'ouest.

GOLFES , ou MERS INTÉRIEURES. — L'océan Atlantique qui baigne l'Amérique à l'ouest , y forme plusieurs vastes golfes , qu'on peut regarder comme autant de mers intérieures. Ce sont : la mer d'*Hudson* , le golfe *Saint-Laurent* , le golfe du *Mexique* et le golfe de *Californie* , ou mer *Vermeille*. Ce dernier est formé par le grand Océan.

DÉTROITS. — Les principaux détroits de l'Amérique sont : le détroit de *Lancastre* , au nord-ouest de la baie de Baffin ; le détroit de *Davis* , qui fait communiquer la mer de

Baffin avec l'océan Atlantique ; le détroit de *Cumberland* et celui d'*Hudson*, qui font communiquer la baie d'Hudson avec l'océan Atlantique ; le détroit de *Belle-Ile*, à l'est de la Nouvelle-Bretagne : le canal de *Bahama*, au sud des États-Unis ; le détroit de *Magellan*, entre la Patagonie et la Terre-de-Feu ; le détroit de *Lemaire*, entre la Terre-de-Feu et l'île des États, et le détroit de *Bhéring*, entre l'Asie et l'Amérique.

FLEUVES. — Les principaux fleuves de l'Amérique sont : le fleuve *Saint-Laurent*, le *Mississipi*, la *Delawarre* et le *Rio del Norte*, dans l'Amérique septentrionale ; la rivière des *Amazones*, l'*Orénoque* et le *Rio de la Plata*, dans l'Amérique méridionale. Le fleuve Saint-Laurent sort du lac Ontario, et se jette dans un golfe auquel il donne son nom ; le Mississipi prend sa source dans le Canada, reçoit le Missouri, et après un cours de 600 lieues, se rend dans le golfe du Mexique. Le fleuve des Amazones, le plus grand fleuve de la terre, prend sa source dans les Cordillières, et après un cours de plus de 1000 lieues, se jette dans l'océan Atlantique. Le fleuve de la Plata, formé du concours de quatre grandes rivières, se jette dans l'océan Atlantique, par une embouchure presqu'aussi large que la Manche.

LACS. — L'Amérique septentrionale a beaucoup de lacs. Les principaux sont : le lac *Supérieur*, le lac *Michigan*, le lac *Huron*, le lac *Érié* et le lac *Ontario*.

ILES. — Les principales îles de l'Amérique sont :

Les îles de JAMES et de SOUTHAMPTON, dans la baie de Baffin.

L'île de TERRE-NEUVE ; villes principales : *Plaisance* et *Saint-Jean*. L'île ROYALE, ou du Cap-Breton ; capitale , *Louisbourg.* L'île de Saint-Jean et l'île de l'Assomption, ou d'Anticosti , dans le golfe Saint-Laurent.

Les Bermudes. Ville principale : *Saint-Georges*, située dans l'océan Atlantique.

L'île Longue , sur la côte de la province de New-York.

Les îles Lucayes , ou de Bahama , entre l'océan et la mer des Caraïbes. Les principales sont : *Bahama , Lucaye , la Nouvelle-Providence* et l'île de *Guanahani* , ou *San-Salvador* , qui a été la première terre découverte en Amérique.

Les grandes Antilles , qui sont : Cuba. Capitale , *la Havane.* — Saint-Domingue. Villes principales : le *Cap-Français* , le *Port-au-Prince* et *San-Domingo.* — La Jamaïque. Villes principales : *Kingston* et *Spanisktown.* — L'île de Porto-Rico. Capitale , *Saint-Jean-de-Porto-Rico.*

Les petites Antilles se divisent en trois groupes , qui sont : les *Iles Vierges* , les *Iles du Vent* et les *Iles sous le Vent,* — Les Iles Vierges sont au nombre de treize ; les principales sont : *Saint-Thomas, Tortola* et *Sainte-Croix.* — Les principales Iles du Vent sont : *Anguille, Saint-Martin, la Barboude, Antigoa, Saint-Christophe, la Guadeloupe, la Désirade, Marie-Galande, la Dominique, la Martinique, Sainte-Lucie, la Barbade* et *Tabago.* — Les principales Iles sous le Vent sont : *la Trinité, la Marguerite.*

Les îles de *Falkland,* ou *Malouines , la Nouvelle-Géorgie, l'Ile-de-Feu* et *l'Ile-des-États* , près le détroit de Magellan.

Les îles de *Chiloé,* de *Juan-Fernandez,* de *Gallapagos,* et l'archipel du *Prince de Galles* , dans le grand Océan.

L'île de *Saint-Paul,* l'île de *Saint-Georges* et les îles *Aleutiennes* , dans la mer de Bhéring.

PRESQU'ILES. — Il y en a sept , qui sont : le *Groënland*, le *Labrador* et la *Nouvelle-Écosse*, dans la Nouvelle-Bretagne ; la *Floride*, au sud des États-Unis ; la *Californie* et le *Yucatan*, dans le Mexique , et l'*Alaska*, dans la Russie Américaine.

CAPS. — Il y en a quatorze, qui sont : le cap *Farewell*, au sud du Groënland ; le cap *Breton*, à l'orient de l'Ile-Royale ; le cap *Cod* et le cap *Hatteras*, à l'est des États-Unis ; le cap *Agi*, au midi de la Floride ; le cap *Catoche*, au nord du Yucatan ; le cap *Gratias-à-Dios*, à l'est de la République de Guatimala ; le cap *Nord*, à l'embouchure de la rivière des Amazones ; le cap *Saint-Roch*, à l'orient du Brésil ; le cap *Sainte-Marie* et le cap *Saint-Antoine*, à l'embouchure de la rivière de la Plata ; le cap *Horn*, au sud de la Terre de Feu ; le cap *Saint-Lucas*, au sud de la Californie, et le cap *Occidental*, opposé au cap Oriental, en Asie.

DIVISION. — L'Amérique se divise en deux grands continents ; savoir : l'*Amérique septentrionale* et l'*Amérique méridionale* ; elles sont jointes ensemble par l'isthme de Panama.

AMÉRIQUE SEPTENTRIONALE.

CONTRÉES (*six*)	CAPITALES.
Amérique Russe......	....
Groënland..........	....
Nouvelle-Bretagne....	Québec.
États-Unis..........	Washington.
Mexique............	Mexico.
Guatimala..........	Guatimala.

AMÉRIQUE MÉRIDIONALE.

CONTRÉES (*huit*).	CAPITALES.
Colombie...............	Santa-Fé de-Bogota.
Pérou................	Lima.
Haut-Pérou..........	La Plata.
Chili................	San-Iago.
Patagonie............	*Peu habitée.*
Paraguay , ou Rio de la Plata.............	Buénos-Ayres.
Brésil	Rio-Janeiro.
Guyanne............	Cayenne et Paramaribo.

Habitants. — Il y a dans l'Amérique cinq espèces d'habitants ; savoir : les Américains naturels ; les Européens d'origine ; les Créoles, qui sont nés d'un Européen et d'une Américaine, ou d'un Américain et d'une Européenne ; les Nègres , qui ont été transportés de l'Afrique dans le Nouveau Continent ; les Mulâtres , qui sont nés d'un père blanc et d'une mère noire , ou d'un père noir et d'une mère blanche.

Les Américains naturels ont le teint basané ; ils se couvrent de peaux de bêtes , et se peignent le corps de différentes couleurs. Les hommes s'occupent de la guerre et de la chasse ; le peu d'agriculture qui se fait parmi eux est l'ouvrage des femmes.

Population. — On estime la population de ce continent à 30,000,000 d'habitants.

AMÉRIQUE SEPTENTRIONALE.

Amérique Russe.

L'Amérique Russe, dont on ne connaît que les côtes et les îles, offre les aspects les plus sauvages et les plus sombres. Vitus Bhéring, danois, découvrit le premier ces régions hyperborées ; mais ce fut le capitaine Cook qui y fixa les limites de la côte orientale de l'Asie et de la côte occidentale de l'Amérique. Le chef-lieu des établissements Russes est la Nouvelle-Archangel. Cette contrée, où l'on compte environ 70,000 habitants, fournit des pelleteries aux Russes.

Iles Aléutiennes.

Ces îles sont situées dans le grand Océan-Boréal, vers les côtes de l'Amérique Russe, dont elles font partie. L'hiver y est beaucoup plus doux qu'en Sibérie. Les insulaires habitent sous terre, hiver et été. Ils paient un petit tribut en fourrures à la Russie. On divise ces îles en Aléautes proprement dites, en Iles aux Rats et en Iles aux Renards.

Groënland.

Limites. — Le Groënland est borné, à l'est, par la mer Glaciale et par un détroit qui le sépare de l'Islande ; au nord , par la mer Glaciale ou par le pôle Arctique : à l'ouest , par le détroit de Davis et la baie de Baffin , et au sud-est , par l'océan Atlantique.

Nom. — Le Groënland a pris son nom de la mousse qui tapisse ses côtes.

Climat , sol et aspect du pays. — L'hiver est très-long et très-rigoureux dans le Groënland, et le sol ne produit presque rien. C'est un pays horrible , hérissé de montagnes qui sont couvertes de neige et de glaces. Les côtes sont seules habitées. Sur les terres , qu'un été rapide débarrasse des neiges et des glaces , on ne voit croître que des bruyères , une herbe courte et maigre , et de la mousse ; on chercherait en vain un arbre. L'été n'a point de nuit pour les Groënlandais ; on voit toujours le soleil sur l'horison , mais sa lumière n'est pas aussi vive le soir qu'à midi. La longue nuit d'hiver est à-peu-près de six semaines. A la baie de Disco , on ne voit point la face du soleil, depuis le 30 novembre jusqu'au 12 janvier. Les mers qui baignent les côtes du Groënland sont presque toute l'année couvertes de glace. On voit des montagnes de ces glaces flottantes qui s'élèvent à plus de 600 pieds au-dessus du niveau des eaux On distingue surtout *le Pic de Glace* , masse énorme , qui s'élève auprès de l'embouchure d'une rivière. Il jette un tel éclat, qu'on l'aperçoit distinctement à dix lieues.

Productions. — L'angélique , le cochléaria et le romarin sont les seules plantes du Groënland. Le règne animal n'y produit guère que des ours blancs , des rennes et une espèce de lièvres. On cultive les choux et les navets près des établissements des Danois. On pêche la baleine sur les côtes.

Commerce. — Les Danois sont venus à bout de former quelques établissements sur ces côtes inhospitalières, on y trafique en huile de baleine, en peaux de renards et en veaux marins.

Mœurs. — Le caractère des Groënlandais les porte à une sorte de mélancolie : contents du présent, ils ne se souviennent guère du passé, et s'inquiettent fort peu de l'avenir ; ils ne voient rien de plus utile que la chasse du veau marin, et comme les ignorants s'estiment toujours beaucoup, les Groënlandais se mettent bien au-dessus des Européens. Leur nourriture habituelle consiste en poissons et en oiseaux de mer. Ils mangent une pièce de veau, moitié gelée et moitié pourrie, avec autant d'appétit que de délices. Il ne faut pas demander si ces bons sauvages sont malpropres à table : ils mettent leurs viandes bouillies dans des plats de bois, mais les viandes sèches sont étalées par terre, sur un vieux cuir ; c'est là leur nappe. On mange quand on a faim ; mais le principal repas est le soir, au retour de la pêche. Tant qu'ils sont dans l'abondance, tout va bien, nul soin de l'avenir : ils dansent, ils se réjouissent, dans l'espoir que la mer ne manquera jamais ; mais les mauvais temps sont-ils arrivés, les veaux marins ont-ils disparu au printemps pour deux ou trois mois, voilà les pauvres Groënlandais qui passent des jours entiers sans manger, si ce n'est le peu de moules et d'algues qu'ils trouvent par hasard. Ils sont donc réduits à manger le cuir de leurs souliers, et même les peaux de leurs tentes, qu'ils font bouillir dans l'huile de baleine destinée à leurs lampes. Dans l'hiver, ils habitent des huttes faites en pierres, et dans l'été ils demeurent sous des tentes.

Population et religion. — La population du Groënland est très-peu considérable, on la porte à 10,000 habitants. La religion est un mélange de Chriastianisme et de Paganisme.

TOPOGRAPHIE.

La principale colonie des Danois est Gothaab, qui a un bon port.

Nouvelle - Bretagne.

Limites. — La Nouvelle-Bretagne est bornée, au nord, par la mer Glaciale ; à l'ouest, par la côte du nord-ouest ; au sud, par le Canada et le golfe de Saint-Laurent , et à l'est, par l'océan Atlantique.

Division. — La Nouvelle-Bretagne est divisée en trois parties, qui sont : les côtes de la baie de Baffin ; celles de la baie d'Hudson et le Labrador.

Climat et sol. — La Nouvelle-Bretagne a beaucoup de montagnes couvertes de neige, aussi éprouve-t-elle un froid plus considérable que les autres régions de la terre, qui sont à la même latitude. L'eau-de-vie y gèle , et le froid y fait éclater les rochers. Les aurores boréales éclairent ce pays pendant l'absence du soleil. Le sol est généralement aride. Les campagnes sont couvertes de mousse , et on n'y aperçoit que de misérables arbrisseaux et quelques brins de riz sauvage.

Rivières. — La principale est celle de Churchill, qui se jette dans la baie d'Hudson, après un cours de 50 lieues.

Animaux. — On trouve dans la Nouvelle-Bretagne beaucoup d'oiseaux aquatiques. Les côtes fournissent des baleines et des morues ;

les rivières abondent en brochets, carpes, perches et truites. Les quadrupèdes de ce pays deviennent blancs comme la neige, pendant l'hiver ; les oiseaux éprouvent aussi le même changement de couleur.

Mœurs. — Les Anglais ont formé quelques établissements dans la Nouvelle-Bretagne, mais presque tous les habitants sont des Américains sauvages. Les Esquimaux habitent les environs de la baie d'Hudson et la côte orientale du Labrador : ils sont de petite taille, mais assez robustes ; ils ont la face large, les yeux noirs et étincelants ; ils sont vifs, gais, mais subtils, rusés et fourbes. Il est aisé de les irriter, mais il n'est pas moins facile de les intimider. La pêche et la chasse fournissent à leur subsistance.

Canada.

Limites. — Le Canada est borné, au nord, par la Nouvelle-Bretagne ; à l'ouest, par la côte du nord-ouest ; au sud, par les États-Unis, et à l'est, par la Nouvelle-Écosse et le golfe Saint-Laurent.

Division. — Le Canada est divisé en deux parties, qui sont : le Haut-Canada et le Bas-Canada.

Climat et sol. — Le climat du Canada est très-froid, à cause des rivières et des lacs qui s'y trouvent en grand nombre ; et l'hiver y est long et rigoureux. Le sol est assez fertile.

Rivières. — La principale rivière du Canada est le fleuve Saint-Laurent. Les bords sont peuplés de villages dont les maisons paraissent

suspendues sur le fleuve. Il est navigable
pour les plus grands vaisseaux.

Productions végétales. — Le Canada produit
du grain , du riz , des fruits , des plantes
médicinales et du tabac. Il a de vastes forêts
de sapins , de chênes , de palmiers et de
cotonniers.

Animaux. — Le Canada abonde en loups,
renards , ours , écureuils , buffles , bœufs et
autres bestiaux : on y trouve aussi des serpents
à sonnette et d'autres reptiles. Les rivières
et les lacs fournissent des saumons , des
aloses , des écrevisses et des anchois. On
pêche dans le golfe Saint-Laurent des vaches
marines , des marsouins, des thons , des morues
et des harengs.

Population. — 300,000 habitants.

Habitants. — Le Canada appartenait d'abord
aux Français , qui lui donnaient le nom de
Nouvelle-France. Il appartient maintenant aux
Anglais. Les habitants du Bas-Canada sont un
mélange d'Anglais et d'Américains civilisés ,
qui professent le Christianisme ; ceux du
Haut-Canada sont des Américains sauvages ,
qui suivent encore le Paganisme.

TOPOGRAPHIE.

HAUT-CANADA. — Cette partie est à l'ouest.
On y trouve quelques forts bâtis par les Français ,
pour contenir les sauvages et pour trafiquer
avec eux. YORK , siège du gouvernement de
cette province , a un superbe fort.

BAS-CANADA. — Capitale , QUEBEC, ville
assez considérable sur le fleuve Saint-Laurent
qui est assez profond et assez large pour que
200 vaisseaux puissent y mouiller à l'aise. Les
environs offrent des sites pittoresques. Elle a
un évêque catholique.

MONT-RÉAL, située dans une île du fleuve Saint-Laurent, est la seconde ville du Canada. Elle est bien bâtie, et commerce, ainsi que Quebec, en fourrures.

ILE D'ANTICOSTI. — Cette île est à l'embouchure du fleuve Saint-Laurent : elle est couverte de forêts, et elle n'a point de ports. Elle appartient à l'Angleterre.

Nouvelle-Écosse.

Limites. — La Nouvelle-Écosse est bornée, au nord, par l'embouchure du fleuve Saint-Laurent ; à l'ouest, par le Canada et les États-Unis ; au sud, par l'océan Atlantique, et à l'est, par le golfe Saint-Laurent.

Climat et sol. — Le climat de la Nouvelle-Écosse est très froid pendant une partie de l'année, parce qu'il y règne alors des brouillards épais : le printemps offre quelques jours agréables ; les chaleurs de l'été égalent celles dont nous jouissons en Europe. Le sol est aride et stérile en beaucoup d'endroits.

TOPOGRAPHIE.

La Nouvelle-Écosse est divisée en deux parties, qui sont : le Nouveau-Brunswick et la Nouvelle-Écosse proprement dite. On estime la population des deux pays à 150,000 habitants.

HALIFAX, capitale de la Nouvelle-Écosse, est une ville florissante, qui a un bon port et une forteresse bâtie en bois. *Annapolis*, ancienne capitale, a un port qui peut contenir 1000 vaisseaux. — SAINT-JEAN, capitale du Nouveau-Brunswick, a un bon port.

Iles voisines de la Nouvelle-Écosse.

TERRE - NEUVE. — Cette île , située à l'entrée du golfe de Saint-Laurent , fut découverte par Sébastien Cabot , français. Le détroit de Belle-Ile la sépare du Labrador. Elle a 100 lieues de long sur 90 de large. Sa forme approche de celle d'un triangle. L'hiver y est rude , les baies et les ports sont encombrés de glace et de neige. Les côtes , très-escarpées, sont sujettes à de grands brouillards , qui sont presque toujours suivis de bourrasques de pluie et de neige. Le sol de cette île ne produit guère que des pâturages et des bois de construction. Il offre , çà et là , des marais et des forêts qui donnent au pays un air sauvage , mais pittoresque. On y voit une belle race de chiens , remarquables par leur grande taille et leur poil long et soyeux. Cette île dépend du Bas-Canada. Population , 40 à 50,000 habitants. PLAISANCE en est la principale ville. Elle a un excellent port très-fréquenté par les bateaux pêcheurs. Elle appartient à l'Angleterre.

Près de l'île de Terre-Neuve est le Grand banc de sable qui porte le même nom , et sur lequel on va pêcher la morue. Il a environ 200 lieues de long sur 80 de large. La saison de la pêche commence vers le mois de mai , et ne finit qu'à la fin de septembre.

ILE ROYALE , ou du CAP-BRETON. — Cette île est au sud-ouest de celle de Terre-Neuve. Elle fournit de la volaille sauvage , telle qu'une espèce de grosse perdrix qui ressemble à des faisans pour la beauté du plumage. Elle renferme des mines de houille qui paraissent inépuisables. LOUISBOURG , ou PORT ANGLAIS , capitale , possède un des plus beaux ports de toute l'Amérique. Elle appartient à l'Angleterre.

SAINT-JEAN. — Cette île, à l'ouest de celle du Cap-Breton, est bien supérieure à cette dernière, par la fertilité de son sol et par son aspect riant. Les Français, lorsqu'ils la possédaient, l'appelaient le Grenier du Canada. Les rivières abondent en saumons. Elle a un bon port pour la pêche. Charlotte-Town, capitale. Elle appartient à l'Angleterre.

Côte du Nord-Ouest.

Cette côte, qui a plus de 1200 lieues de long, n'était pas connue avant les voyages de Cook, navigateur anglais. Le climat et le sol y sont très-variés, à cause de la grande étendue qu'elle embrasse. Dans certaines parties, elle est inhabitée ; dans les autres, elle a pour habitants les Américains sauvages, qui vivent de la chasse et de la pêche, et professent un Paganisme fort grossier. L'Amérique Russe, que nous avons décrite plus haut, en forme une partie.

États-Unis.

Limites. — Les États-Unis sont bornés, au nord, par le Canada ; à l'ouest, par la côte du nord-ouest et le Nouveau-Mexique ; au sud, par le golfe du Mexique, et à l'est, par l'océan Atlantique et la rivière de Sainte-Croix, qui les sépare de la Nouvelle-Écosse.

Climat et sol. — Le territoire des États-

Unis ayant une étendue considérable, le climat y est varié. Le sol est généralement fertile.

Rivières. — Les principales rivières des États-Unis sont : le Mississipi, le Missouri, l'Ohio, l'Illinois, la Delaware et la Savannah. — Le *Mississipi* sort du lac du Cèdre-Rouge, reçoit l'Illinois et l'Ohio, et se jette dans le golfe du Mexique par plusiers bouches. Ce fleuve est navigable sans interruption jusqu'au saut Saint-Antoine. Ce saut est une cataracte de 30 pieds perpendiculaires. Les arbres déracinés par les vents, ou tombés de vétusté, s'amassent de toutes parts sur les eaux du Mississipi. Unis par les lianes, cimentés par des vases, ces débris de forêts deviennent des îles flottantes, qui forment des péninsules, des caps nouveaux, qui changent le cours du fleuve, et le forcent à s'ouvrir de nouvelles routes. — Le *Missouri* prend ses sources dans les monts Rocheux, et se réunit au Mississipi, à six lieues au-dessus du confluent de l'Illinois. — La *Delaware* prend sa source dans la Nouvelle-York, et se décharge dans l'Océan, à 40 lieues au-dessous de Philadelphie. La *Savannah* sépare la Géorgie de la Caroline-du-Sud, et se jette dans l'Océan, près de la ville du même nom.

Productions. — Le territoire des États-Unis produit du blé, du sarrasin, du riz, du tabac, du houblon, des légumes, des fruits de beaucoup d'espèces, des plantes médicinales et des plantes propres à la teinture. Il a de grandes forêts. On y trouve beaucoup de buffles, de bœufs, de chèvres et d'autres animaux.

Population et religion. — La population des États-Unis est évaluée à 11,000,000 d'habitants. Toutes les religions y ont le libre exercice de leur culte.

Industrie et commerce. — L'industrie fait des progrès rapides dans les États-Unis. Le commerce consiste en blé, haricots, pommes de terre, tabac, indigo, bestiaux et plantes médicinales.

Curiosités naturelles. — Le Niagara, avant d'entrer dans le lac Ontario, forme une admirable cataracte qui a 160 pieds de hauteur perpendiculaire, et au moins 600 toises de largeur. Le bruit de cette cataracte s'entend quelquefois de quinze lieues. Avant d'y arriver, les eaux de la rivière roulent avec fracas sur un lit de rochers ; dès qu'elles ont atteint le bord du précipice, elle s'y jettent en masse sans rencontrer aucun obstacle dans leur chûte. Elles sont pendant long-temps dans une violente agitation au fond du gouffre, et forment des tourbillons pleins d'écume.

A environ deux lieues et demie du lac Ontario, est une caverne curieuse, que les Indiens, habitants de Niagara, appellent *Maison du Diable*.

Près de Durham, dans le New-Hampshire, on voit un rocher tellement en équilibre sur un autre, qu'on le fait mouvoir en le touchant du bout du doigt.

Le *Pont-Naturel*, dans la Nouvelle-Virginie, offre un aspect effrayant et sublime : c'est un vaste rocher, recouvert de terre et d'arbres, suspendu au-dessus d'un abîme qu'il traverse. Un ruisseau s'y est ouvert un passage dans le cours des siècles. La largeur de ce pont est d'environ 60 pieds.

Histoire. — Les États-Unis sont originairement des colonies anglaises qui se sont établies en Amérique, dans le dix-septième siècle, et qui, pendant long-temps, ont dépendu de leur métropole. Fatiguées des vexations du Gouvernement anglais, elles ont pris les armes pour défendre leur liberté. Après une guerre de plusieurs années, l'Angleterre reconnut leur indépendance, et consentit à ce qu'elles formassent une République fédérative, sous le nom d'États-Unis.

Gouvernement. --- Chacun des États-Unis forme une République particulière. Les États-Réunis forment une République fédérative, dont le congrès est établi à Washington, district de Colombia. Le chef a le titre de Président, et il en exerce les fonctions pendant quatre ans.

Habitants. — Les habitants des États-Unis sont un mélange d'Anglais, d'autres Européens et d'Américains civilisés. Il reste néanmoins dans ce pays des Américains sauvages, qui vivent à-peu-près dans l'indépendance. Les Natchez, les Chactas, les Osages, les Panis sont des nations sauvages qui entourent le Mississipi, qu'ils appellent *Meschasebé*, nom qui signifie *Père des Eaux*. Ces Indiens sont d'une taille médiocre : ils se percent les oreilles, et la plupart y attachent un poids si considérable, qu'elles pendent jusques sur leurs épaules. Beaucoup d'entr'eux ont le nez percé, et y passent simplement un anneau. La plupart des Indiens sont encore idolâtres : les uns adorent le soleil et la lune ; plusieurs adorent un esprit malin, qu'ils craignent. Tout ce qu'ils ont de plus précieux est enterré avec les morts. La vengeance est leur passion dominante ; mais ils sont justes, et s'attachent à ceux qui agissent sincèrement avec eux.

DIVISION ET TOPOGRAPHIE.

On divise les États-Unis en vingt-quatre états, cinq territoires et un district. Les principales de ces provinces sont les onze états suivants :

MASSACHUSSETS. — Cet ésat est situé sur l'océan Atlantique. Boston, capitale, a un bon port. Elle a donné naissance à Franklin. On cultive peu de blé dans ses environs. On n'y voit que des prairies immenses, plantées d'arbres fruitiers. Au milieu de ces prairies, sont des maisons de plaisance ornées de balustrades et surmoutées d'un pavillon chinois, qu'on appelle la chambre à thé, car les Américains, prennent du thé tous les soirs. On voit dans cette ville deux ponts très-remarquables, dont l'un a près d'une demi-lieue de longueur ; et s'ouvre par le milieu pour donner passage aux vaisseaux.

NEW-YORK. — Capitale, New-York, qui est la première ville de commerce des États-Unis. Elle a de belles rues et des maisons bien bâties. Les catholiques, au nombre de 15,000, y ont un Évêque. À l'est de New-York est une île assez considérable, appelée Long-Island.

PENSYLVANIE. — Cet état tire son nom du célèbre Penn, qui, en 1683, y fonda une colonie de Quakers qu'il avait amenés d'Angleterre. Philadelphie, capitale, est une des plus belles et des plus régulières villes du monde. C'est la seule ville des États-Unis où l'on batte monnaie. Elle fait le plus grand commerce avec la Chine et l'Inde. Les catholiques, qui y sont très-nombreux, y ont un Évêque et quatre églises.

MARYLAND. — Capitale, Annapolis, sur la baie de Chesapeak. Ville principale : *Baltimore*, qui fait un commerce considérable. On y remarque la Maison-de-ville, la belle cathédrale des catholiques, et leur collége, qui est en grande réputation.

VIRGINIE. — Capitale, RICHMOND, sur la rivière de James, est très-commerçante.

CAROLINE DU NORD.—Capitale, RALEIGH. Cette ville est peu considérable.

CAROLINE DU SUD. — Capitale, CHARLES-TOWN, ville très-commerçante, et dont les environs offrent un aspect agréable.

GÉORGIE. — Capitale, MILEDGEVILLE. Ville principale, *Savannah*.

LOUISIANE. — On n'a pas encore fixé avec exactitude les limites de cette vaste région, et cependant on peut dire que le Mississipi en forme la frontière occidentale. Une grande partie de son territoire est marécageux. Il produit du sucre, du riz et les fruits de la zône torride. LA NOUVELLE-ORLÉANS, capitale, sur le Mississipi, à 30 lieues de son embouchure, est une grande ville, qui est très-malsaine, et sujette aux inondations et aux incendies, la plupart des maisons étant en bois. C'est une des villes les plus commerçantes et les plus importantes de l'univers. La plupart des habitants ne parlent que français.

FLORIDE. — La Floride est bornée, au nord, par la Géorgie ; à l'ouest, par la Louisiane ; au sud, par le golfe du Mexique, et à l'est, par l'océan Atlantique. On la divise en deux parties : la Floride-Orientale et la Floride-Occidentale. Le climat passe pour être humide et malsain. On y jouit d'un hiver si doux, que les végétaux les plus délicats des Antilles, les orangers, les bananiers, se ressentent rarement de la rigueur de cette saison. Aux équinoxes, il pleut abondamment chaque jour pendant plusieurs semaines. Le sol y est fertile. On y voit des forêts entières de mûriers rouges et de blancs, qui sont plus beaux que dans aucune partie de l'Amérique. Tous les fruits de l'Europe y ont été naturalisés :

l'orange y vient plus grosse et plus succulente qu'en Portugal ; le myrthe à cire y croît en très-grande quantité. Sébastien Cabot découvrit la Floride. Ponce reconnut la côte orientale, et y aborda le Dimanche des Rameaux, que les Espagnols appellent Pâques-Fleuri, de là vient le nom de Floride, qu'on donne à ce pays. SAINT-AUGUSTIN, capitale, est une petite ville fortifiée. De larges bancs d'huîtres, qui souvent contiennent des perles, s'étendent le long de la côte. Ville principale : *Pensacola*, au fond de la baie du même nom, a un vaste port.

COLOMBIA. — Ce petit district renferme la métropole. WASHINGTON, capitale de tous les États-Unis, est la ville fédérale où siége le congrès. Elle n'est pas encore achevée. Chacun des États-Unis y doit avoir une vaste place, où il pourra ériger des monuments en l'honneur des hommes qui auront illustré leur patrie.

Mexique, ou Nouvelle-Espagne.

Le Mexique est borné, au nord et à l'est, par la Louisiane ; au sud-ouest, par l'océan Pacifique ; au sud-est, par le golfe du Mexique. Les limites du nord-ouest ne sont pas déterminées. Il est joint à l'Amérique méridionale par l'isthme de Panama. —

Climat, sol et aspect du pays. — Une moitié seulement du Mexique appartient à la zône tempérée ; l'autre est sous le ciel brûlant des tropiques. En général, la température de tout le grand plateau du Mexique est semblable à celle de Rome ; mais les régions froides, telles que les provinces intérieures, ne jouissent que d'un climat égal à celui de la France. La

végétation y est même beaucoup moins vigoureuse, le soleil n'échauffant pas assez l'air raréfié
des montagnes : aussi la température des régions
équinoxiales du Mexique et du Pérou dépend-
elle bien moins de la latitude géographique que
de l'élévation du sol au-dessus de la surface des
mers. Sur la pente de la Cordillière, à la hauteur
de 1200 mètres, il règne perpétuellement une
douce chaleur ; là sont trois villes célèbres par
la salubrité de leur climat et l'abondance des
arbres fruitiers. Dans la région équinoxiale, on
ne connaît que deux saisons : celle des pluies,
qui commence au mois de juin et finit en septembre, et celle des sécheresses, qui dure
huit mois, depuis octobre jusqu'à la fin de mai.
Les côtes maritimes seules jouissent de cette
chaleur soutenue, nécessaire aux productions
des Antilles. Le sucre, le coton, l'indigo y
viennent en abondance ; mais pour peu que les
Européens non acclimatés s'y réunissent dans
des villes populeuses, la fièvre-jaune change
ces belles contrées en un séjour mortel. Cependant, à l'exception de quelques ports et de
quelques vallées profondes et humides, le
Mexique passe pour un pays très-sain. Des
tempêtes violentes rendent les côtes occidentales et orientales de l'isthme inabordables,
pendant plusieurs mois, et empêchent presque
toute navigation dans ces parages.

Montagnes et volcans. — Tout l'intérieur
du Mexique forme un plateau immense, élevé
de 2,500 mètres au-dessus du niveau des mers
voisines. La chaîne qui compose ce vaste
plateau peut être considérée comme une pro-
longation des Andes du Pérou.

Le volcan de Colima est le plus occidental
de la Nouvelle-Espagne. Il vomit des cendres
et de la fumée. Celui de Tuxtla, au sud-est de
Vera-Crux, mérite aussi d'être remarqué.

(275)

Rivières. — La Nouvelle-Espagne manque
de rivières navigables , et souffre de la disette
d'eau. Les principales rivières sont : le Rio-
del-Norte et le Rio-Colorado-de-Texas.

Productions végétales et animales. — Le
sol du Mexique produit en abondance toutes
les nécessités et les superfluités de la vie.
Parmi les plantes propres à l'Amérique septentrionale , on distingue le nopal , sur lequel vit
l'insècte appelé cochenille ; le caout-chou , qui
produit la gomme élastique , et le tabac , qui
a été trouvé dans le Mexique , près de la ville
de Tabascon. Ses arbres particuliers sont le
bois d'acajou et celui de Campêche. Ce dernier
vient en abondance sur la côte du même nom ,
au fond du golfe du Mexique ; il s'emploie dans
la teinture , et donne une très-belle couleur
noire ou violette , suivant la manière dont on
le prépare. Parmi les animaux , on distingue
le chat sauvage appelé Ocotochli. Le Mexique
a un grand nombre d'oiseaux curieux : le plus
remarquable est l'espèce de rossignol appelé
oiseau moqueur, parce qu'il contrefait le
chant de toutes les autres espèces d'oiseaux.
Dans cette contrée , les reptiles parviennent
à des dimensions prodigieuses.

Population et religion. — On compte au
Mexique 7,000,000 d'habitants. Les colons
Espagnols professent la religion catholique.

Langue. — On parle vingt langues dans le
Mexique. La Nouvelle-Espagne a plusieurs
établissements pour l'éducation. A Mexico , il
y a une Académie où l'enseignement se donne
gratis.

Histoire. — Le Mexique était depuis long-
temps habité par les Aztèques , peuple puissant
et civilisé. Les Espagnols , sous la conduite de
Cortez , en firent la conquête en 1518. Il
fut depuis gouverné par des vice-rois Espagnols.

En 1820 , il s'est séparé de sa métropole, et a formé un état indépendant.

Mœurs. — Les habitants du Mexique sont principalement des Indiens , que les Missionnaires Espagnols ont rendus Chrétiens , et auxquels ils ont appris à cultiver le grain et la vigne. Ils sont en général fort lents. La générosité et le désintéressement forment les traits distinctifs de leur caractère. Les Mexicains ont conservé un goût particulier pour la peinture et la sculpture en pierre et en bois : ils exécutent de fort jolis dessins , avec de mauvais couteaux , sur le bois le plus dur ; ils s'exercent surtout à peindre des images et à sculpter des statues de saints. En général , ces Indiens présentent le tableau d'une grande misère. Les Espagnols qui vivent dans le Mexique ont à-peu-près les mêmes mœurs que dans la mère-patrie.

DIVISION ET TOPOGRAPHIE.

On divise le Mexique en dix-neuf états et cinq territoires , dont les villes principales sont : MEXICO , capitale du Mexique propre et de toute la Nouvelle-Espagne , est une des plus belles villes que les Européens aient fondées dans les deux hémisphères. Les maisons y ont des terrasses au lieu de toîts. La plupart des rues ont des trottoirs , et il y règne une excellente police. Les églises y sont richement décorées. On voit dans la cathédrale une lampe d'argent si grande , que trois hommes peuvent y entrer. Mexico est le centre d'un vaste commerce entre Vera-Crux et Acapulco. — *Santa-Fé*, capitale du Nouveau-Mexique. On y voit trois grandes rues et deux églises, dont les clochers magnifiques contrastent avec l'extérieur misérable des maisons. — *Zacatecas,* où l'exploitation des mines entretient une grande activité. — *San-Louis-de-Potosi.* — *Guadalaxara.* — *Guanaxuato* , qui a dans ses environs les plus riches mines d'argent que l'on connaisse. — *Queretaro* , qui égale les plus belles villes de l'Europe par l'architecture de ses édifices. — *La Puebla-de-los-Angelos.* (la Ville-des-Anges), où l'on fabrique beaucoup d'armes blanches. — *Vera-Crux* , qui est le centre du commerce avec l'Europe et les Antilles , jolie ville , dont le port est peu sûr et d'un accès difficile.

Guatimala.

Le Guatimala , après avoir été pendant trois siècles une Colonie Espagnole , qui faisait partie de la vice royauté du Mexique , s'est séparé de la métropole , en 1821 , et forme maintenant une République fédérative. On y compte 2,000,000 d'habitants. Les villes principales sont : *Guatimala* , qui fait un grand commerce en cacao et indigo. Les femmes , en cette ville , passent pour les plus belles de toute l'Amérique espagnole. — *San-Salvador.* — *Comayagua.* — *Léon de Nicaragua* , près de laquelle est le lac du même nom. Il est rempli d'îles riantes et peuplées. Les côtes surtout , près le cap Gracias-à-Dios , sont habitées par une tribu d'Indiens appelés les Mosquitos.

Îles de l'Amérique septentrionale.

Les îles de l'Amérique septentrionale sont

situées , les unes dans l'océan Atlantique , et les autres dans le golfe du Mexique.

Îles dans l'Océan Atlantique.

MIQUELON et SAINT-PIERRE. — Ces îles , à l'est de l'île Royale , quoique peu considérables , sont très-importantes pour la France , sous le rapport de la pêche de la morue ; car il y a des échafauds où les pêcheurs français viennent préparer et sécher le produit de leur pêche avant de l'envoyer en Europe.

BERMUDES. — Ces îles sont au nombre de 400. Elles offrent la forme d'une houlette de berger. Les pêcheurs de baleine les fréquentent. Elles appartiennent à l'Angleterre.

Îles du golfe du Mexique.

ANTILLES , ou INDES OCCIDENTALES.

Les îles du golfe du Mexique forment une espèce de demi-cercle. On leur donne le nom général d'Antilles. Ce furent les premières terres découvertes par Christophe Colomb. Elles étaient autrefois habitées par les Caraïbes ou Cannibales , hommes belliqueux, qui résistèrent long-temps aux Espagnols , et qui ont disparu entièrement de ces îles. Elles sont habitées aujourd'hui par des Européens , des Créoles et des Nègres transportés d'Afrique en Amérique. La population des Antilles est de 2,400,000 habitants. On ne connaît dans ces îles que deux saisons : la sèche et la pluvieuse. La saison sèche commence en janvier ; la chaleur serait insupportable, si des brises de mer ne la tempéraient. Dans la saison des pluies, l'eau tombe par torrents ; des ouragans ou violentes tempêtes de vent, de pluie, de tonnerre, accompagnés d'un gonflement de la mer et quelquefois d'un tremblement de terre, renversent les arbres et les habitations. Les rivières s'enflent en un moment, et tout le plat pays est submergé. L'humidité et les chaleurs excessives rendent le séjour de ces îles malsain et même dangereux pour un Européen. La fièvre jaune est un autre fléau auquel elles sont exposées. Le sucre et le café sont les principales productions des Antilles : le jus de la canne à sucre est très-sain, lorsqu'on le suce naturellement ; l'écume qui en sort, quand on le fait bouillir, sert à faire du rhum. Les extrémités des cannes et les feuilles qui en garnissent les nœuds, fournissent une excellente nourriture aux bestiaux, et l'on fait du feu avec le marc des cannes, après qu'elles ont été moulues. Tout, dans cette plante, est utile. Un champ de cannes, au mois de novembre, époque de leur floraison, offre un des coups-d'œil les plus ravissants qu'on puisse voir.

Les Antilles se divisent en grandes et en petites.

Grandes Antilles.

CUBA. — Cette île, la plus grande des Antilles, a été découverte par Christophe Colomb, dans son premier voyage. Elle a 230 lieues de long sur 40 de large. On y fabrique beaucoup de sucre, et son tabac est regardé comme le meilleur de l'Amérique. L'île de Cuba renferme de bons ports, et elle possède un sol excellent : on y jouit d'un climat chaud et sec., mais plus tempéré que celui de Saint-Domingue, parce qu'il est rafraîchi par les vents et les pluies. On y trouve des cèdres si gros, qu'on en fait des canots capables de contenir cinquante hommes. Elle appartient aux Espagnols. LA HAVANE, capitale, ville très-commerçante, qui a un des meilleurs ports de l'Amérique. Ville principale : *San-Yago.*

LA JAMAÏQUE. — Cette île, au sud de celle de Cuba, fut découverte par Colomb. Elle a 50 lieues de long sur 20 de large. Malgré les brises de mer, la chaleur y est étouffante. Elle abonde en café, sucre, cacao, coton, tamarin, piment et légumes. On y trouve le savonnier, dont la graine a toutes les qualités du savon. On tire de cette île d'excellent rhum. KINGSTON, capitale, a un bon port. Elle appartient aux Anglais.

SAINT-DOMINGUE ou HAÏTI. — Cette île, nommée Hispaniola, par Colomb, est à l'est de celle de la Jamaïque. Elle a 150 lieues de long sur 60 de large. Elle était autrefois partagée entre les Français, qui en occupaient la partie occidentale, et les Espagnols, qui possédaient la partie orientale. En 1793, elle fut bouleversée par les orages de la Révolution française : les Nègres, après avoir massacré presque tous les blancs, se sont déclarés indépendants, et ont rendu à l'île le nom d'Haïti, qu'elle avait originairement porté. Ils ont formé une République, gouvernée par un Président, et dont l'indépendance a été reconnue, en 1825, par le Roi de France. La langue française et la religion catholique y dominent. Le CAP-FRANÇAIS, capitale de toute l'île, était une ville riche et florissante : elle a un très-bon port. Villes principales : *Le Port-au-Prince. — Santo-Domingo* , ancienne capitale de la Colonie Espagnole , est la première ville que les Européens ont fondée en Amérique : elle a un bon port. Elle est célèbre pour avoir été le lieu où les conquérants du Mexique, du Pérou et du Chili formèrent leurs vastes projets , et trouvèrent le moyen de les exécuter.

PORTO-RICO. — Cette île , à l'est de Saint-Domingue , a 33 lieues de long sur 15 de large. Elle fut découverte par Colomb. Les montagnes de l'intérieur , ornées de cascades pittoresques , renferment des vallées très-salubres ; mais dans les plaines basses , l'air est malsain pendant la saison pluvieuse. Elle est un lieu de relâche pour les vaisseaux qui vont à la Terre-Ferme ou à la Nouvelle-Espagne. Elle est fertile en fruits et en légumes. Elle appartient aux Espagnols. SAINT-JEAN-DE-PORTO-RICO , capitale , a un bon port.

Petites Antilles, ou îles Caraïbes.

Ces îles prennent leur nom de la mer des Caraïbes , qui les baigne. Cette mer , une des plus fréquentées du globe , présente plusieurs phénomènes dignes d'attention. Entre Cuba et le Yucatan , on voit des sources d'eau douce jaillir du milieu de la mer. Les navires côtiers viennent quelquefois y prendre une provision d'eau douce ; plus on puise profondément , plus l'eau a de douceur. La tranquillité habituelle de la mer des Caraïbes est troublée de temps en temps par des coups de vents épouvantables. En temps ordinaire , l'eau est assez transparente pour qu'on puisse distinguer les objets à 60 brasses de profondeur.

On divise les Petites Antilles en trois groupes ; les îles Vierges , les îles du Vent et les îles sous le Vent.

Iles Vierges.

Les principales sont :

SAINT-THOMAS. — Cette île est située à l'est de celle de Porto-Rico. Saint-Thomas, capitale , a un port excellent.

SAINTE-CROIX. — Le sucre de cette île tient un des premiers rangs pour la finesse et la blancheur , et son rhum égale celui de la Jamaïque, Sainte-Croix , capitale, a un bon port. Elle appartient au Danemarck.

Iles du Vent.

ANGUILLE. — Cette île fournit d'excellent tabac. On n'y trouve aucune ville remarquable. Elle appartient à l'Angleterre.

SAINT-MARTIN. — Cette île , au sud de celle de l'Anguille , est peu considérable. Elle a un marais salant , dont le profit annuel est estimé à 300,000 francs. Elle appartient à la France.

LA BARBOUDE. — Cette île abonde en bestiaux et en noix de cocos très-recherchées. On n'y trouve aucune ville remarquable.

ANTIGOA. — Cette île produit du sucre , de l'anis et du tabac. Elle est une des plus importante îles des Anglais. *English Harbour* en est le port principal.

SAINT-CHRISTOPHE. — Cette île est fertile en fruits , sucre et coton.

LA GUADELOUPE. — Cette île consiste en deux îles séparées par un bras de mer fort étroit : l'une appelée Grande-Terre, a quatorze lieues de long sur six de large ; l'autre , la Basse-Terre , a quinze lieues de long sur sept de large. Celle-ci offre un sol agréablement diversifié par des collines , des baies et des plantations : elle contient quelques montagnes volcaniques , dont l'une jette encore de la fumée ; on l'appelle la *Soufrière.* La Grande-Terre est marécageuse et stérile en plusieurs endroits. Elle abonde en fruits , sucre , gingembre , miel et indigo. Elle appartient aux Français. — LA BASSE-TERRE , chef-lieu , a un bon port , des rues régulières et ornées de jolis bâtiments , des jardins et des fontaines qui contribuent à l'embellir. LA POINTE-A-PITRE , chef-lieu de la Grand-Terre , ville bien bâtie et régulière , possède un port vaste et l'un des meilleurs de l'Amérique.

LA DÉSIRADE , MARIE-GALANTE et ILES DES SAINTES. — Ces îles , au sud-est de celle de la Guadeloupe , n'ont pas une grande étendue. Elles produisent principalement du manioc , du maïs , du café , du sucre , du tabac et des patates. On n'y trouve aucune ville remarquable. Ces îles dépendent de la Guadeloupe , et font partie de son gouvernement.

LA DOMINIQUE. — Cette île , au sud de la Guadeloupe , fournit du maïs , du sucre , du café et du cacao. On n'y trouve aucune ville remarquable. Elle appartient aux Anglais.

LA MARTINIQUE. — Cette île , au sud-est de la Dominique , a vingt lieues de long sur dix de large. Elle produit le meilleur café des Antilles ; et elle est fertile en maïs , manioc , fruits et sucre. Elle possède plusieurs ports et baies très-commodes. Elle appartient aux Français.

SAINTE-LUCIE. — Cette île est au sud de la Martinique. Elle fournit du sucre, du coton. Le sol y est excellent ; mais le climat est extrêmement chaud et malsain. On y voit beaucoup de reptiles venimeux. Elle appartient aux Anglais. Carénage de Sainte-Lucie, chef-lieu, a un excellent port. On en sort avec tous les vents ; mais il ne peut y entrer qu'un vaisseau à-la-fois. C'est un des séjours les plus dangereux pour la santé des Européens.

LA BARBADE. — Cette île fournit du sucre, du coton et de l'indigo. Bridge-Town, capitale, a un bon port. Elle appartient aux Anglais.

TABAGO. — La position de cette île lui donne une grande importance, en temps de guerre. Elle produit du maïs, des fruits et du tabac. Elle appartient aux Anglais.

Îles sous le Vent.

LA TRINITÉ. — Cette île, au sud-ouest de celle de Tabago, fut découverte par Christophe Colomb. Il y pleut beaucoup depuis mai jusqu'en octobre. A l'ouest, un vaste port offre un abri sûr dans toutes les saisons. C'est là que sont les principaux établissements. Elle produit du maïs, des fruits et du tabac. Elle est très-importante par sa position qui domine l'Orénoque et la fameuse Bouche du Dragon. Elle appartient aux Anglais. Saint-Joseph d'Oruna en est la capitale.

LA MARGUERITE. — Cette île est bien fortifiée et fertile en fruits et en pâturages. On y fabrique des bas d'une finesse extrême. On pêche des perles sur ses côtes. Elle appartient aux Espagnols. L'Assomption en est la capitale.

CURAÇAO. — Cette île fournit beaucoup de sucre. Elle appartient aux Pays-Bas.

Lucayes, ou Bahamas.

Cette immense chaîne d'îles, au nord des Grandes Antilles, est séparée de la Floride occidentale par le nouveau canal de Bahama. Elles ne font point partie des Antilles. Elles appartiennent aux Anglais. Les habitants forment deux classes : les résidents et ceux qui s'occupent de sauver les vaisseaux naufragés avec leurs cargaisons. Nassau, capitale de toutes les Bahamas, a un bon port.

AMÉRIQUE MÉRIDIONALE.

Climat et saisons. — La différence des climats de l'Amérique Méridionale ne provient pas seulement des degrés de latitude sous lesquels les contrées sont situées, mais de la plus ou moins grande élévation des terres, de l'éloignement ou de la proximité des mers ou des rivières, et du grand nombre de forêts environnantes. Dans la chaîne des Andes, les climats sont tellement différents, que pendant qu'on a l'hiver dans les vallées, l'été règne dans les régions plus élevées. La saison des pluies et celle de la sécheresse règnent à diverses époques, dans des lieux qui ne sont séparés que par une petite distance. En général , les contrées situées à l'est des Andes sont sujettes à des pluies très-violentes , tandis que celles qui sont situées à l'ouest , étant abritées par de hautes montagnes , en sont assez souvent exemptes. Au sud de la Terre-de-Feu, on éprouve l'hiver presque perpétuel du Groënland. La Patagonie , couverte de savanes , et dont les rivières sont à peine bordées de quelques saules, jouit d'une température plus douce , quoique froide.

Montagnes et volcans. — Les montagnes de l'Amérique Méridionale sont remarquables par leur immensité prodigieuse et par les volcans qu'elles recèlent , et qui les rendent le siège de scènes terribles et admirables. Les Andes, ou Alpes Américaines , s'étendent depuis le golfe de Darien jusqu'au cap Los-Pilares , espace d'environ 1,300 lieues. Les principaux sommets sont dans le voisinage de l'équateur, assez près de Quito. Ils sont d'une hauteur si prodigieuse , qu'ils forment les points les plus élevés du globe. Le Chimborazo , la plus haute de ces montagnes , est à environ 30 lieues de Quito. Le sommet est couvert d'une neige éternelle. Le Cotopaxi est le plus redouté des volcans qui bouleversent cette contrée.

Fleuves. — Les trois principaux fleuves de l'Amérique Méridionale sont : l'Orénoque , la rivière des Amazones et celle de la Plata.

Lacs. — Les principaux lacs de l'Amérique Méridionale sont : ceux de Maracaïbo et de Titicaca. Le lac Maracaïbo est très-poissonneux. Il a la forme d'une carafe couchée du sud au nord , dont le col communique avec la mer. Dans la partie la plus stérile de ses bords, au nord-est , il existe un fond inépuisable de poix minérale , qui , mêlée avec du suif, sert à goudronner les bâtiments. Les vapeurs bitumineuses qui s'exhalent de cette mine ;

s'enflamment si facilement, que, pendant la nuit, on voit sans cesse des feux qui font l'effet des éclairs : on les appelle *la lanterne du Maracaïbo*, parce qu'ils servent de phare et de boussole à ceux qui naviguent sur ce lac. Ces feux sont plus multipliés dans les grandes chaleurs que dans les temps frais. Le Titicaca est le plus vaste des lacs de l'Amérique Méridionale.

Productions végétales. — Dans le voisinage des côtes, le sol produit naturellement tous les végétaux et les fruits du tropique, tels que le chou-palmiste, l'ananas, le gingembre, la canne à sucre ; dans l'intérieur des terres et le long de la chaîne des Andes, croissent des plantes d'une dimension bien plus grande et d'une nature bien plus vigoureuse. Le tabac, le quinquina, le jalap, croissent naturellement dans l'intérieur de l'Amérique, principalement dans les petites forêts qui sont au pied des Andes.

Productions minérales. — Les richesses minérales consistent en or, en argent, en étain et en émeraudes. Les mines d'argent, beaucoup plus nombreuses, plus productives et d'une exploitation plus facile que celles d'or, ont fixé principalement l'attention des colons. La célèbre montagne de Potosi a offert pendant deux siècles et demi des trésors iné-puisables. Les mines les plus intéressantes aujourd'hui sont celles de Gualgayos, dans la province de Truxillo, et celle de Lauricocha, dans la province de Tarma. Les mines de vif-argent sont aujourd'hui si considérables, qu'on dit qu'il y a des rues et des chapelles où l'on célèbre la messe. C'est dans la vallée de Tunca, près de Santa-Fé-de-Bogota, qu'on trouve les principales mines modernes des émeraudes du Pérou, préférées à toutes les autres, depuis qu'on a négligé celle d'Égypte.

Animaux. — Les animaux particuliers à l'Amérique Méridionale sont : le lama , espèce de petit chameau, et la vigogne , petit animal qui porte une laine fine et de couleur brune. On y rencontre encore des tigres aussi gros et aussi sauvages que ceux de l'Afrique : un ou deux suffiraient pour désoler une province, heureusement ils y sont en petit nombre. Un des animaux les plus curieux de l'Amérique Méridionale est le tatou, dont on compte huit espèces. Le grand tatou se trouve dans les bois du Paraguay.

Colombie.

Limites. — La Colombie est bornée, au nord, par le golfe du Mexique ; à l'ouest, par l'océan Pacifique ; au sud, par le Pérou et le pays des Amazones, et à l'est , par la Guyane Française. Elle est jointe à l'Amérique Septentrionale par l'isthme de Panama.

Climat et sol. — Le climat de la Colombie est extrêmement chaud et humide. Les chaleurs excessives pompent les vapeurs de la mer, qui retombent ensuite en torrents si considérables, qu'une grande partie du pays est idondé. La Colombie n'a que deux saisons: celle des pluies et celle de la sécheresse. Le sol est très-fertile.

Golfes. — Les principaux sont ceux de Panama et de Darien.

Fleuves. — Le principal est l'Orénoque. A San-Fernando-de-Atabapo , ce fleuve perce une partie de la chaîne des montagnes, et c'est là que sont situées les grandes cataractes d'Aturès et de Maypurès. Là, son lit est rétréci par des masses d'îlots ou de rochers gigantesques. Ces cascades n'offrent pas , comme le saut du Niagara, la chûte d'un énorme volume d'eau qui se précipite à-la-fois tout entier : mais une quantité innombrable de petites cascades qui se suivent , en tombant, de degré en degré. L'Orénoque , à environ quarante lieues de la mer , forme , comme le Nil , une espèce d'éventail parsemé d'une multitude de petites îles , qui le divisent en plusieurs bras. Ce fleuve a cinquante bouches, dont sept seulement sont navigables. Elles sont peuplées de caïmans amphibies , plus gros que le crocodile , et qui ont la figure d'un gros lézard. On y voit aussi beaucoup de chiens d'eau et de lamentins ou vaches marines. L'Orénoque se précipite dans la mer avec tant de force et de rapidité, que ses eaux se conservent douces à plus de trente lieues de son embouchure : ses ondes verdâtres , ses vagues d'un blanc de lait, au-dessus des écueils , contrastent avec le bleu foncé de la mer. Ce fleuve éprouve, comme le Nil, une crue annuelle et périodique : elle commence régulièrement avec le mois d'avril, et finit avec le mois d'août. On estime la longueur de son cours à plus de 500 lieues.

Productions. — Les arbres les plus remarquables par leur grosseur sont : le caobo, le cèdre et l'arbre à baume. Le mancenillier , particulièrement remarquable , porte un fruit ressemblant à la pomme d'api : mais sous cette apparence trompeuse , il cache le poison le plus subtil , contre lequel l'huile commune est regardée comme l'antidote le plus efficace. Cet arbre a des qualités si pernicieuses , que lorsqu'on s'endort sous ses branches , le corps enfle , et on éprouve les douleurs les plus aigues. Les animaux l'évitent toujours par instinct. L'habella de Carthagène est le fruit d'une espèce de saule : il contient un noyau extrêmement amer , qui est un remède infaillible contre la morsure des vipères et des serpents les plus venimeux , qui sont très - fréquents dans ce pays.

Animaux. — Parmi les animaux particuliers à la Colombie , on distingue le paresseux , qui ressemble à un singe ; il ne bouge jamais , à moins qu'il n'y soit contraint par la faim , et quand il marche , ses efforts sont accompagnés d'un cri si larmoyant et si désagréable , qu'il excite à-la-fois la pitié et le dégoût. Ce cri est la seule défense de ce malheureux animal ; car , lorsqu'on l'approche , il est naturel pour lui de se mettre en mouvement , ce qui est toujours accompagné de hurlements si dégoûtants , que celui qui le poursuit , est obligé de fuir à son tour , pour ne plus entendre ce bruit affreux.

Curiosités. — Parmi les vallées admirables , on distingue celles d'Icononzo, où l'on voit le petit torrent de Rio-de-la-Summa-Paz encaissé dans un lit presque inaccessible , où la nature a formé deux ponts de rochers, qui sont une des merveilles du pays.

Histoire. — La République de Colombie a été formée des possessions espagnoles, connues sous les noms de Terre-Ferme, ou Nouveau Royaume de Grenade et de Guyane-Espagnole. La Colombie a commencé à se détacher de la métropole en 1811 ; mais elle n'a achevé la conquête de son indépendance qu'en 1821.

Habitants. —Les principales tribus indigènes de la Colombie sont les Otomaques, qui mangent de la terre , et les Caraïbes, qui , dit-on , dévorent leurs ennemis.

DIVISION ET TOPOGRAPHIE.

La Colombie se divise en 12 départements, dont les villes principales sont :

SANTA-FÉ-DE-BOGOTA , capitale de toute la République. Elle jouit d'un printemps perpétuel. Cette ville est célèbre par le saut du Rio-de-Bogota , qui se précipite du haut d'un rocher élevé de 580 pieds. Le sommet de la montagne qui environne la chûte est couronné d'arbres majestueux et orné des fleurs les plus belles. — *Panama* , sur l'isthme du même nom , a un bon port sur l'océan Pacifique. — *Porto-Bello* , sur l'isthme de Panama , a un port sur le golfe du Mexique. Son commerce est bien déchu de ce qu'il était autrefois. — *Carthagène* a un excellent port sur la mer des Antilles. — *Maracaïbo* , sur le lac du même nom. — *Truxillo* , où l'on fait de bonnes confitures. — *Varinas* , renommée par l'excellent tabac de son territoire. — *Caraccas* , d'où l'on tire le meilleur cacao. — *Cumanacoa* , ville située dans une vallée célèbre par son tabac , qui est préféré à tous ceux de la Terre-Ferme. — *Quito*. Cette ville fut bouleversée par un affreux tremblement de terre qui , en 1797 , engloutit 40,000 personnes. Malgré ces horreurs et ces dangers , dont la nature les a environnés , les habitants sont vifs , gais , ne respirent que le plaisir et le luxe , et on ne trouve aucune ville dans le monde qui offre tant de plaisirs en tout genre. Elle est dominée par le Pichinca , volcan enflammé , qui cause des ravages affreux. — *Guayaquil*. Sur la route de cette ville à Quito , on voit la plus belle cascade qu'on puisse s'imaginer. Le rocher d'où l'eau se précipite , a 150 toises de haut : il est taillé à pic et bordé d'arbres extrêmement hauts et touffus. La blancheur de l'eau éblouit la vue, rien n'égale la clarté et le cristal des ondes dont elle forme la nappe de sa chûte. Les Indiens nomment cette cataracte Paccha.

Pérou.

Limites. — Le Pérou est borné, au nord, par la rivière de Guayaquil, qui le sépare de la Colombie ; à l'ouest, par le Grand-Océan ; au sud, par le Haut-Pérou, et à l'est, par le Brésil.

Montagnes. — Les Cordillières du Pérou sont les montagnes les plus élevées du monde, et les masses qui les composent sont les plus solides et les plus pesantes ; c'est donc le Pérou qui forme et maintient l'équilibre de notre globe. Elles sont couvertes d'une neige aussi ancienne que le monde, et leurs flancs vomissent continuellement de la fumée et des flammes, dans cette région où règne un hiver perpétuel.

Climat, sol et aspect du pays. — Le Pérou, relativement au sol et au climat, est divisé en trois parties : la première offre une température chaude et des pluies continuelles ; la seconde jouit des saisons régulières, et est remarquable par des météores ; la troisième éprouve la sécheresse, et voit un printemps continuel. On n'a jamais vu tomber de pluie dans cette contrée, qui est comprise entre les Andes et le Grand-Océan. Les vents y règnent constamment, ils amènent toujours des brouillards qui tournent en rosées. Le Pérou est sujet à de fréquents tremblements de terre. Lima , capitale , a été plusieurs fois renversée par ces tremblements qui bouleversent des provinces entières. Parmi les scènes majestueuses et variées que présentent les Cordillières du Pérou , les vallées offrent au voyageur Européen un aspect sauvage, affreux et étonnant. Plus profondes et plus étroites que celles des Alpes et des Pyrénées , ce sont des crevasses ornées , dans leurs fonds et sur leurs bords , d'une végétation florissante ; il y en a qui seraient assez profondes pour contenir le Vésuve et le Puy-de-Dôme , sans que leur cîme excédât le rideau des montagnes voisines. Le sol du Pérou est en grande partie stérile : on y trouve des déserts de 20 à 30 lieues , et des plaines sablonneuses et arides où l'on ne voit pas une seule plante.

Productions végétales et minérales. — Les productions naturelles du Pérou sont : le quinquina , écorce d'une espèce d'arbre que l'on emploie pour guérir la fièvre ; la vanille , le baume du Pérou , et plusieurs sortes de bois propres à la teinture. On y recueille aussi du grain , du maïs , du poivre et du coton. Les mines les plus riches d'or et d'argent se trouvent dans des contrées désertes , dans des montagnes escarpées , et situées dans une contrée inhabitable par sa stérilité.

Animaux. — Avant l'arrivée des Européens, la lama , qui est une espèce de bélier, était la seule bête de somme connue dans ces contrées. On y trouve aussi une espèce de brebis nommées vigognes, qui fournissent , ainsi que le lama , une laine très-fine.

Manufactures et commerce. — On fabrique au Pérou une grande quantité de chapeaux, de toiles de coton et de vases. Le sucre , la laine de vigogne , le piment, la cochenille , le quinquina , sont avec les métaux les seuls articles d'exportation.

Population et religion. — On évalue la population du Pérou à 1,500,000 habitants. Ils professent le christianisme.

Histoire. — Les Espagnols , sous la conduite de François Pizarre , ont fait la conquête du Pérou en 1553. Quand ils sont arrivés dans ce vaste pays , ils l'ont trouvé dans un état de civilisation assez avancée. Les Péruviens avaient des lois et des arts , et ils obéissaient à des Rois qui portaient le titre d'Incas, et qui se disaient fils du Soleil. Cette riche contrée resta soumise à l'Espagne jusqu'en 1821 , époque où elle se révolta , et se constitua en République.

Mœurs. — Les indigènes ou Indiens forment une classe très-laborieuse ; ils ressemblent dans le Pérou aux habitants du Mexique , par leur constitution et par leur caractère. La vivacité d'esprit et la pénétration des blancs , ainsi que leur goût pour l'étude , ont infiniment propagé parmi eux les connaissances utiles. On y connaît et on y suit toutes les découvertes faites en Europe. Le bon goût et l'urbanité semblent héréditaires parmi eux. Les mulâtres sont en général ceux dont la conduite est la moins régulière.

DIVISION ET TOPOGRAPHIE.

On divise le Pérou en sept intendances , dont les capitales sont :

Lima , capitale de tout le Pérou, a été fondée par Pizarre. On y remarque de beaux édifices publics. On y compte 56 églises, qui sont ornées d'or , d'argent et de diamants. Les maisons y sont basses, à cause des tremblements de terre; celui de 1747 faillit la détruire entièrement. Lima jouit d'un climat sain et agréable. — *Truxillo*, bâtie par Pizarre, qui lui donna le nom de sa ville natale. — *Guanca-Belica*, située dans une crevasse des Cordillières, a une fontaine dont l'eau est pétrifiante. Elle est célèbre par la riche mine de vif-argent exploitée dans ses environs. — *Tarma*, dans une vallée étroite et profonde, a des mines d'argent dans ses environs. — *Guamanga*. On fait beaucoup de conserves dans cette ville : elles sont, ainsi que les cuirs, l'objet d'un grand commerce. — *Cusco*, ancienne capitale de l'Empire des Incas. Les jardins impériaux de cette ville étaient ornés d'arbres en or, tant ce métal était commun chez les anciens péruviens. — *Aréquipa*, près d'un célèbre volcan, jouit d'un climat délicieux ; mais elle est sujette aux tremblements de terre.

Haut - Pérou.

Limites. — Le Haut-Pérou est borné, au nord, par le Brésil et le Pérou ; à l'ouest, par le Pérou et le Grand-Océan ; au sud, par le Chili et la République de la Plata, et à l'est, par le Brésil.

Aspect et productions. — Au nord et à l'est du Haut-Pérou, sont d'immenses forêts et des plaines sablonneuses inondées pendant la saison des pluies. Au milieu, se trouvent de hautes montagnes dont les cîmes sont couvertes de glace, et au sud desquelles s'étendent de fertiles vallées, où règne un printemps éternel, et où croissent l'olivier, le palmier, l'arbre à quinquina, le cirier des Andes et la canne à sucre. Entre les Andes et le Grand-Océan est un pays inhabitable qu'on nomme le Désert d'Atacama. Les montagnes renferment des mines d'or et d'argent.

Lac. — Entre le Pérou et le Haut-Pérou, on trouve le lac de Titicaca, qui est parsemé d'îles, dans l'une desquelles était un temple magnifique consacré au soleil. Lors de l'invasion des Espagnols, les Incas jetèrent, dit-on, dans ce lac, des trésors considérables.

DIVISION ET TOPOGRAPHIE.

On divise la République du Haut-Pérou, en cinq provinces, dont les capitales sont :

LA PLATA, ou CHUQUISACA, le nom de cette ville signifie argent, à cause de la riche mine de ce métal qui se trouve dans son voisinage. — *La Paz.* Le principal commerce de cette ville consiste en herbes du Paraguay, que l'on fait passer en grande quantité dans le Pérou. A 20 lieues de cette ville se trouve le lac de Titicaca. La Paz est arrosée par une rivière qui roule des paillettes d'or. — *Oropesa.* — *Santa-Cruz-de-la-Sierra*, située au milieu d'un pays coupé de montagnes peu élevées, et dont le climat est chaud et assez humide. — *Potosi*, ville considérable et commerçante, est située sur une éminence et sur la pente méridionale d'une montagne dans un pays froid et stérile. Elle est fameuse par la montagne de Potosi, qui, depuis sa découverte, en 1515, jusqu'à nos jours, a fourni une énorme quantité d'argent.

Chili.

Limites. — Le Chili est borné, au nord,

par le Haut-Pérou et la République de la Plata ;
à l'ouest, par l'océan Pacifique ; au sud, par
la Patagonie, et à l'est, par la République
de la Plata.

Climat, sol et productions. — Le Chili, le
plus beau pays de toute l'Amérique Méridionale,
jouit d'une température douce et saine. On y
recueille des fruits délicieux, du vin, du lin,
du tabac; les forêts abondent en arbres énormes.
On tire du Chili beaucoup de cuivre, d'or,
d'argent, des topazes, des rubis et des saphirs.
On y trouve le chinchilla, recherché pour sa
fourrure ; le condor, l'autruche, le colibri,
le pélican et le cygne à tête noire.

Population. — On évalue la population du
Chili à 1,140,000 habitants.

Habitants. — Une partie du Chili est habitée
par les Araucans, peuple belliqueux, que les
Espagnols n'ont jamais pu soumettre, et qui
sont encore payens. Les autres habitants sont
un mélange d'Espagnols, d'Américains civilisés,
qui professent le christianisme.

DIVISION ET TOPOGRAPHIE.

On divise le Chili en trois parties :

1.º LE CHILI-PROPRE. Capitale, Santiago, où l'on remarque quelques édifices
magnifiques. Les principales mines d'or sont
à l'est de cette ville, à l'étorça, dans la région
des neiges. Villes principales : *Valparaiso*,
qui est le principal entrepôt du commerce de
ces contrées. *La Conception*, ou *la Mocha*,
a un port excellent ; l'ancienne ville de ce
nom ayant été bouleversée et détruite par la
mer, dans un tremblement de terre, on en a
bâti une nouvelle à quelque distance du rivage.

2.º L'ARAUCANIE. Ville principale : *Val-
divia*, qui a un port excellent.

3.º Les îles , savoir :

L'ILE DE CHILOE , dont le port principal est *San-Carlos-de-Chacao*. On trouve dans cette île des sangliers , dont on fait d'excellents jambons. Elle est la principale de l'Archipel du même nom , qui est composé de 47 îles, dont 27 sont peuplées et cultivées.

JUAN-FERNANDEZ. Ces îles, peu éloignées l'une de l'autre , sont situées à 140 lieues de la côte. C'est dans l'une d'elles que fut délaissé Selkirk , marin écossais : il y vécut seul pendant plusieurs années , et ses aventures ont fourni le sujet du roman si connu sous le nom de *Robinson Crusoé*.

Patagonie,

ou

TERRE MAGELLANIQUE.

Limites.—La Terre Magellanique est bornée, au nord, par le Paraguay ou Rio-de-la-Plata ; à l'ouest , par le Nouveau Chili et l'océan Pacifique ; au sud, par le détroit de Magellan , et à l'est, par l'océan Atlantique.

Climat et sol. — La Patagonie est un pays froid , sauvage, stérile, presque désert et très-peu connu. Sa situation entre trois océans immenses , son élévation due à une vaste chaîne de montagnes qui la remplit presque tout entière, l'exposent en tous temps à des vents impétueux, et à des changements subits de température.

Habitants. — Les Patagons sont nomades ; leur taille est généralement de six pieds et demi, les plus grands ont sept pieds un pouce ; ils s'habillent de peaux de bêtes ; ils sont stupides et peu industrieux, mais ils ont un bon caractère ; ils vivent de la chasse et de la pêche. Le chien et le cheval sont leurs animaux favoris. Ils adorent le soleil, la lune et les étoiles. La lune, surtout, a leur premier hommage ; le jour de son renouvellement est un jour de fête pour eux. Ils éprouvent la crainte et la douleur aussitôt qu'un nuage passe sur cet astre et le cache à leurs yeux. Quoique cette région soit stérile, les troupeaux de bœufs et de chevaux sauvages abondent dans l'intérieur.

Détroit de Magellan.

Ce détroit, qui borne au sud le continent Américain et le sépare de la Terre-de-Feu, fut ainsi appelé en l'honneur du célèbre navigateur Portugais, qui le découvrit en 1519. De nombreux courants, de fréquentes sinuosités y rendent la navigation pénible. Sa longueur est de 180 lieues, sa largeur varie depuis 2 lieues jusqu'au-delà de 15.

Terre-de-Feu.

On a donné ce nom à un groupe d'îles qui se trouvent au sud du détroit de Magellan, à cause de quelques volcans qui vomissent des torrents de flammes, au milieu de neiges éternelles. On crut d'abord que ce n'était qu'une seule terre, mais on reconnut par la suite qu'elle était divisée en un grand nombre d'îles montagneuses , par plusieurs passages étroits et tortueux, où les courants sont très-violents , et où le vent soufle avec tant d'impétuosité , qu'il est dangereux de s'engager dans ce labyrinthe. Les habitants semblent avoir été créés exprès pour ce pays sauvage. Ils sont d'un aspect aussi repoussant que la terre qu'ils habitent, gros, courts , mal faits; ils ajoutent à leur laideur naturelle par les peintures et les ciselures dont ils se couvrent le corps.

Le cap Horn est la pointe la plus australe de cet archipel.

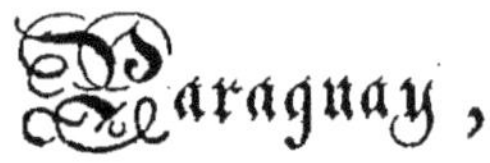

Paraguay ,

OU

RIO DE LA PLATA.

Limites. —. La République de la Plata est bornée , au nord, par le Brésil et le Haut-Pérou ; à l'ouest, par le Chili; au sud , par la Patagonie , et à l'est , par l'océan Atlantique et le Brésil.

Climat , sol et aspect du pays. — Cette vaste contrée éprouve une grande variété de climats. Partout l'atmosphère est humide et gâte les meubles : on voit la mousse et le gazon attachés aux murs ; les toîts se couvrent d'herbes touffues, hautes de près de trois pieds. Dans toutes les saisons, il tombe fréquemment dans ce pays , des pluies suivies d'un grand nombre d'éclairs et de violents coups de tonnerre , qui se succèdent avec tant de rapidité , que souvent il n'y a pas d'intervalles : on croirait le ciel embrâsé. On attribue ces violents orages à la nature inflammable de l'atmosphère. A latitude égale, l'atmosphère du sud est plus froide que celle du nord. Il n'existe pas de pays plus sain que le Paraguay. Le sol est plat et marécageux.

Fleuves. — Les principaux fleuves sont : le Paraguay, qui a donné son nom à cette vaste contrée ; le Rio-de-la-Plata et l'Uruguay. Le Paraguay sort des montagnes de Sierra-del-Paraguay, se réunit au Parana et à l'Uruguay, et forme la rivière de la Plata, qui passe pour une des plus grandes du monde, et qui se jette dans l'océan, par une embouchure aussi large que la Manche.

Productions. — Le Paraguay produit du blé, du vin, de la racine de manioc, qui sert à faire du pain, des oranges, de l'huile de palma-christi, une espèce de thé, connu sous le nom d'*herbe du Paraguay*, et l'arbre dont on extrait la liqueur appelée *sang-de-dragon*.

Animaux. — Les chevaux et les bœufs apportés d'Europe par les Espagnols, sont devenus sauvages, et se sont tellement multipliés, qu'on ne les tue que pour en avoir la peau. Tous les ans, on exporte de Buénos-Ayres près d'un million de cuirs. On y voit aussi des troupes de chiens, devenus sauvages, qui vivent en société dans des antres souterrains, et qui souvent attaquent les hommes avec acharnement. On remarque l'insecte nommé sustillo, qui ressemble beaucoup à notre ver-à-soie, et qui fait du papier.

Habitants. — Les Jésuites Espagnols fondèrent, au commencement du dix-septième siècle, de célèbres missions dans le Paraguay : elles formaient autant de colonies, que gouvernaient deux membres de leur société. Ils avaient pour but de propager le christianisme, et demandèrent au Roi d'Espagne que leurs établissements fussent indépendants des Gouverneurs Espagnols, et qu'il fût même défendu aux Européens d'y entrer, de peur qu'ils ne communiquassent leurs vices aux nouveaux convertis, et ne détruisissent ainsi le principal fruit des missions : ces demandes leur furent accordées. Dans la suite, par leur patience et sans employer la force, ils acquirent une autorité absolue sur ce peuple, qu'ils rendaient heureux, en lui inspirant l'amour de la vertu et le goût du travail ; mais en 1767, le Roi d'Espagne a expulsé les Jésuites de ses étas d'Amérique, et les habitants du Paraguay ont été assujétis aux Gouverneurs Espagnols. Cette contrée forme aujourd'hui un état indépendant, gouverné par un chef absolu, qui a pris le nom de Dictateur.

DIVISION ET TOPOGRAPHIE.

On divise la République de la Plata en neuf provinces, dont les villes principales sont :

Buenos - Ayres, capitale, ainsi nommée à cause de l'air salubre qu'on y respire ; ville très-commerçante située sur la rive droite de la rivière de la Plata, qui, dans cet endroit, a sept lieues de large, quoiqu'elle soit à soixante-dix lieues de son embouchure. Buénos-Ayres est le centre de tout le commerce du Pérou avec l'Espagne. — *Santa-Fé*, sur la rivière de Paranas. — *Cordova.* — *Monte-Video*, sur la rive gauche de la Plata, à vingt lieues de son embouchure. La plupart des habitants passent le temps à dormir, causer, fumer et monter à cheval. Les femmes pincent de la guitare. — *L'Assomption*, sur la rive droite du Paragnay. L'air y est sain et tempéré.

résil,

ou

AMÉRIQUE PORTUGAISE.

Limites.—Le Brésil est borné, au nord, par la Guyane et l'océan Atlantique, qui baigne aussi les côtes à l'est; à l'ouest, par la Colombie, le Pérou, et au sud, par le haut Pérou et la république de la Plata.

Climat et sol. — On ne connaît, au Brésil, que deux saisons, la sèche et la pluvieuse. Au nord, presque sous l'équateur, le climat est chaud et malsain, et dans le mois de mars et dans celui de septembre il y a des ouragans, des orages si furieux et des pluies si abondantes, que le pays est inondé. Mais au sud, vers le tropique du capricorne, on jouit d'un air serein et sain qui est rafraîchi, d'un côté par les douces brises de l'océan, et de l'autre par les vents frais des montagnes. Le sol est en général fertile.

Baies et caps. — L'Océan Atlantique baigne les côtes du Brésil pendant un espace de mille lieues, formant plusieurs belles baies et de superbes ports, tels que ceux de Fernambouc; de Tous-les-Saints, qui a douze lieues de large; de Porto-Séguro, le port de Rio-Janeiro et de San-Salvador. Les principaux caps sont : le cap Saint-Roch, le cap Trio, et le cap Sainte-Marie.

Fleuves et rivières. — Les principaux fleuves sont : celui des Amazones, le Rio-Madeira, la rivière de Topayos, celle de Xingu, la rivière des Tocantins, l'Araguay et le fleuve Saint-François.

La rivière des Tocantins, grossie de l'Araguay, forme un des fleuves les plus majestueux du monde ; il se réunit à l'Amazone par un large canal , et forme , à son embouchure , l'île Marajo-dos-Joanes.

Production. — Le Brésil doit son nom au bois rouge , qui y forme des forêts entières, et qui est le meilleur bois de teinture que l'on connaisse. L'acajou , l'ébène , le bois de campêche, le bois de rose y viennent d'une grosseur prodigieuse. Ce pays produit du riz, du manioc , du coton , du tabac , du sucre , du café , de l'indigo et le véritable ipécacuánha.

Parmi les animaux indigènes, on remarque les crocodiles, le serpent à sonnettes, les perroquets, les autruches, les colibris et de suberbes papillons.

Population. — On évalue la population du Brésil à quatre millions d'habitants.

Langue. —La langue la plus généralement répandue dans le Brésil , outre le portuguais, est celle de Guaranis. On la désigne habituellement sous le nom de langue brésilienne.

Gouvernement. — Le Brésil, ancienne colonie du Portugal , était gouverné par un vice-roi que la cour de Lisbonne y envoyait, il l'est aujourd'hui par le roi lui-même, qui a pris le titre d'empereur.

Habitants. — Les habitants du Brésil sont un mélange de Portuguais , d'Américains civilisés qui professent le christianisme , d'Américains sauvages , qui sont encore païens , et de nègres esclaves. Les Portugais ne parlent qu'avec effroi des naturels du Brésil , qu'ils désignent sous le nom d'antropophages, Cependant les Jésuites , à force d'application et de patience, étaient venus à bout d'en faire des êtres sociables , bons , doux et dociles comme des enfants. Ils ont le teint cuivré , le visage court et rond, le nez large , la chevelure noire et lisse.

DIVISION ET TOPOGRAPHIE.

On divise l'empire du Brésil en dix-neuf provinces dont les villes principales sont :

Rio-Janeiro, capitale de l'empire, située au fond d'une vaste baie, qui forme un des ports les plus beaux et les plus sûrs du monde. La douceur des mœurs, l'amabilité des femmes, la magnificence des processions, tout fait de Rio-Janeiro une ville de l'Europe méridionale. C'est le principal marché du royaume. Parmi les édifices, on distingue le ci-devant collége des Jésuites.

Villa-Rica, bâtie sur le flanc d'une haute montagne, a des rues irrégulières, mais variées par de charmants jardins en terrasse, et remplis de fontaines qui conduisent l'eau dans presque toutes les maisons.

Saint-Paul, situé sur une éminence agréable, environnée de trois côtés par des prairies basses et baignées par de petits ruisseaux très-clairs, qui en forment presque une île dans la saison des pluies, et vont se réunir dans la jolie rivière de Tiète, jouit d'un climat très-sain.

Bahia, ou San-Salvador, ancienne capitale du Brésil, a un port sur la baie de Tous-les-Saints. Elle consiste en deux parties : l'une habitée par le peuple, l'autre par les gens aisés, dont la société est plus gaie et meilleure qu'à Rio-Janeiro. On y voit des églises et des édifices remarquables par un grand style d'architecture.

Fernambouc, ou Pernambouco, ville très-commerçante, sur l'océan Atlantique, est divisée en deux quartiers, joints par deux ponts : *Olinda*, sur le penchant d'une montagne, et le *Récif*, sur le bord de la mer.

Saint-Louis de Maranham , bâtie par les Français , dans une île.

Bélem , ou Grand-Para , situé près de l'équateur , à l'embouchure de la rivière des Tocantins, qui en forme le port. Le climat y est brûlant ; mais, dans l'après-midi, il s'élève ordinairement des orages accompagnés de pluie qni rafraîchissent beaucoup l'air , et rendent la chaleur supportable.

Villa-Boa, située dans les montagnes, a un hôtel d'avérage pour toute la province.

Porto-Seguro, ainsi nommée à cause de l'excellence de son port.

Rio-Grande. — Sainte-Catherine , ville située dans l'île du même nom , qui offre un aspect riant et varié par des bouquets d'orangers et de citronniers chargés de fleurs et de fruits.

Pays des Amazones.

Limites. — Le pays des Amazones est borné , au nord, par la Colombie et la Guyane ; à l'ouest , par le Pérou ; au sud, par le Paraguay , et à l'est , par le Brésil.

Nom. — Le pays des Amazones a été ainsi appelé par Orellana, le premier européen qui le parcourut , en 1539 , parce qu'il y rencontra des femmes armées.

Rivières. — La rivière des Amazones , ainsi appelé d'une nation de femmes armées , que les premiers navigateurs assurent avoir rencontrées sur ses bords, mais mieux nommée le fleuve Maragnon, est regardée comme le fleuve le plus célèbre, non seulement de l'Amérique méridionale, mais du monde entier, par l'étendue de son cours. Elle sort des Andes , sépare le Pérou de la Colombie , baigne le nord du Brésil , reçoit un grand nombre de rivières , et se jette dans l'océan , après un cours de 1000 à 1100 lieues. Ses bords étaient peuplés , il y a un siècle , d'un grand nombre de nations , qui se sont retirées dans l'intérieur des terres , aussitôt qu'elles ont vu les Européens. On n'y rencontre aujourd'hui qu'un petit nombre de bourgades des naturels du pays récemmeut tirés de leurs bois , les uns par les Missionnaires Espagnols du haut du fleuve ; les autres par les Missionnaires Portugais établis dans la partie inférieure.

Productions animales. — On trouve , dans la rivière des Amazones , des poissons singuliers , et , sur ses bords , différentes espèces d'animaux rares. Le plus grand des poissons d'eau douce qu'on y voit est le lamentin , ou vache marine , qui paît l'herbe sur les bords de la rivière. On y voit aussi une espèce de lamproie qui a la même propriété que la torpille : celui qui la touche avec la main , ou même avec un bâton , ressent un engourdissement douloureux dans les bras , et quelquefois , dit-on , en est renversé. Les tortues sont si abondantes , dans ce fleuve , qu'elles seules et leurs œufs suffiraient à la nourriture des peuples qui habitent sur ses bords. Les crocodiles sont fort communs dans tout le cours de l'Amazone : dans le temps des inondations , on en a vu entrer dans les cabanes des Indiens , enlever un homme à la vûe de ses camarades , et le dévorer. Les animaux terrestres sont les tigres , qui font une guerre cruelle aux crocodiles : ils leur enfoncent les griffes dans les yeux , le seul endroit où ils trouvent à les enfoncer , à cause de la dureté de leurs écailles ; les crocodiles se plongent dans l'eau, et y entraînent les tigres, qui se noient plutôt que de lâcher prise. Les serpents et les couleuvres abondent en ce pays ; un des plus dangereux est le serpent à sonnettes. Les chauves-souris, qui sucent le sang des chevaux et même des hommes, quand ils ne savent pas s'en garantir, y sont aussi très-nombreuses.

TOPOGRAPHIE.

On ne connaît guère, du vaste pays des Amazones, que ce qui est le long du fleuve. Les Espagnols y ont quelques établissements.

Guyane.

On comprend sous ce nom tout le pays situé entre l'Orénoque et le fleuve des Amazones. Une partie de cette contrée appartient au Brésil, une autre à la Colombie ; le reste appartient aux Français, aux Anglais et aux Hollandais.

Climat, sol et aspect du pays. — Le climat de la Guyane est chaud et malsain. La saison des pluies y dure huit mois. Le sol y est si fertile, qu'on y fait quelquefois jusqu'à huit récoltes. Les côtes de la Guyane sont basses et marécageuses, couvertes de forêts impénétrables. La partie intérieure offre de vastes savanes, et est coupée par de nombreuses rivières obstruées de bancs de sable.

Forêts. — Les forêts font la principale richesse de la Guyane. Les bois propres à la construction ne sont nulle part plus abondants que dans ce pays : les uns, durs et pesants, résistent aux outils, et sont susceptibles du plus joli poli, tels sont le gayac, le bois de fer, le bois de rose, et beaucoup d'autres, qu'on appelle bois incorruptibles ; les autres présentent une plus grande facilité pour le travail : ce sont l'acajou, le bois d'amarante, le cèdre. La Guyane produit aussi l'arbre qui fournit le baume copahu et celui d'où découle la gomme élastique.

Productions végétales et animales. — Les denrées coloniales abondent dans la Guyane : le café de Cayenne jouit à-peu-près de la même réputation que celui de Bourbon ; le coton, doux, moëlleux et très-long, se récolte deux fois l'an. On y trouve aussi la vanille, l'ipécacuanha ; divers arbres à épices, apportés des Moluques ; le cannellier et le giroflier y ont réussi, ainsi que la vigne, le figuier et le grenadier. La Guyane a donné à la médecine le précieux quassia ou bois de Surinam. A côté de ces arbres salutaires, les forêts de ce pays cachent les poisons les plus subtils : la duncane, petit arbrisseau, donne à l'instant la mort à ceux qui en mangent. Les ravages du poison végétal, nommé wourara, sont terribles.

Parmi les animaux, on remarque le chat-tigre ; le grison, si féroce, que, sans être pressé par la faim, il immole tout animal vivant qu'il rencontre et qu'il peut saisir. Les forêts, les savanes, sont habitées par une multitude d'oiseaux : les colibris, les oiseaux-mouches et beaucoup d'autres. Ils font l'ornement des cabinets des curieux, ainsi que les toucans, dont le bec monstrueux est d'une substance singulièrement légère.

Habitants. — Les Français, les Hollandais et les Anglais, qui partagent la Guyane, n'y ont pas encore fait des établissements bien étendus ; et la plupart de ses habitants sont des Américains sauvages et païens. Les Nègres révoltés ont établi, dans l'intérieur, plusieurs petites républiques : ils vivent dans l'abondance, ils font du beurre avec la graisse clarifiée des vers-palmistes, et tirent une très-bonne huile des pistaches de terre. Leurs champs sont couverts de riz, de manioc, d'ignames. Ils ont toujours en abondance le vin de palmier, qu'ils se procurent par une incision d'un pied carré dans le tronc.

DIVISION ET TOPOGRAPHIE.

On divise la Guyane en trois parties : la Guyane Française, capitale *Cayenne* ; la Guyane Anglaise, capitale *Strabrock* ; la Guyane Hollandaise, capitale *Paramaribo*.

GUYANE FRANÇAISE. — L'Oyapock est reconnu comme limites de la Guyane française. Cette colonie n'est pas florissante : on y en tire du girofle ; le rocou et l'indigo y réussissent parfaitement. Cayenne, capitale, est située dans une île du même nom.

GUYANE ANGLAISE. — Strabrock, capitale, sur le fleuve Démérari, qui donne son nom à toute la colonie.

GUYANE HOLLANDAISE. — Le climat y est malsain. Le principal établissement est Surinam. Cette superbe colonie est le chef-d'œuvre de l'industrie humaine. Paramaribo, capitale, sur la rivière de Surinam, fournit beaucoup de café, de sucre, de coton et de cacao. Elle a des rues bordées d'orangers, de citroniers, de tamarins. Les murs des maisons sont lambrissés de bois précieux. Elle fait un grand commerce.

ILES

DE L'AMÉRIQUE MÉRIDIONALE.

Iles dans l'Océan Atlantique.

MALOUINES, ou FALKLAND. — Ces îles sont situées à l'est de la Terre Magellanique. Le climat y est rigoureux. On n'y rencontre point de bois. L'herbe y abonde et croît à une grande hauteur. Ces îles produisent une gomme aromatique. Elles appartenaient d'abord aux Français, qui les nommaient *Malouines*; elles ont ensuite appartenu aux Anglais, qui leur ont donné le nom de *Falkland*. Elles dépendent maintenant des Espagnols, qui y ont une petite factorerie.

ILE DES ÉTATS. — La Terre des États est séparée de la Terre-de-Feu par le détroit de Lemaire. Le froid y est extrèmement rigoureux. Elle est très-peu connue : on sait seulement qu'elle est habitée par des Américains sauvages, lesquels ressemblent à ceux qui habitent la Terre-de-Feu.

ILE DE GÉORGIE, ou SAINT-PIERRE. — Cette île n'a pas une grande étendue, et ne produit presque rien : elle ne présente que des montagnes entièrement gelées, et des vallées dépourvues d'arbres et d'arbustes, et couvertes de neige éternelle. Cook, qui la visita en 1776, y vit un grand nombre de veaux marins, de pingoins et de manchots.

TERRE DE SANDWICK. — C'est le nom qu'on donne à des îles situées au sud-est de la Géorgie, et plus affreuses que cette dernière, s'il est possible. On peut les regarder comme le siége de l'empire de l'hiver, dans cet hémisphère méridional : ce ne sont que de vastes masses de noirs rochers, toujours couverts de neige et de glace.

Îles dans le Grand Océan.

ILES DE GALLAPAGOS. — Ces îles, situées à l'ouest de la Colombie, abondent en tortues, et ne sont point habitées.

SAINT-AMBROISE et SAINT-FÉLIX. — Ces deux îles, situées à l'ouest du Pérou, n'ont pas une grande étendue, et ne sont point habitées.

ARCHIPEL DE TOLÈDE. — Ce nouvel Archipel a été découvert dernièrement par les Espagnols : il est situé au nord-ouest de la Terre Magellanique. Il borde la côte de la partie occidentale du détroit. La grande île de Madre-de-Dios en fait partie. On l'appelle aussi l'Archipel de la Sainte-Trinité.

Îles dans le grand Océan Boréal.

ILES DE SANDWICH. — Ces îles, situées au sud-est des îles aux Renards, ont été découvertes par Cook, célèbre navigateur Anglais, qui leur a donné le nom d'îles de Sandwich. Elles produisent des arbres à pain

et des cannes à sucre d'une grosseur extraordinaire. Les habitants sont civilisés ; leur
manière de cultiver la terre ferait honneur aux
Européens. Ils aiment la musique et la danse :
mais leur jeu favori est une espèce de jeu de
dames , plus compliqué que le nôtre. Ces
peuples ont, comme les autres insulaires de la mer
du Sud, une violente inclination pour le vol , c'est
ce qui attira la colère de Cook , et ce qui occa-
sionna la mort de cet illustre navigateur. Les
insulaires de Sandwick sont d'une taille médiocre , leur teint est d'une couleur un peu
foncée , mais plus flatteuse que celle des autres
Américains. Ils portent la tête élevée ; l'agilité
surprenante de leurs mouvements leur donne
un air qui les distingue des autres insulaires.
Le chef des prêtres porte le nom d'Orono,
très-grand , très-sacré. La religion se mêle
aux repas : on chante une hymne avant de
manger.

La principale des îles de Sandwich est
appelée. *Owhyhée*, par les insulaires. Cook
y fut tué par eux , en l'an 1779.

Îles dans le grand Océan Austral,

OU

OCÉANIE.

On donne le nom d'*Océanie* à un immense
groupe d'îles situées dans le Grand Océan
Austral , qui occupe plus de la moitié de
notre Globe. Presque toutes les terres de
ce Monde maritime ont été successivement

découvertes dans les trois derniers siècles. Les voyages qui ont fait faire le plus de progrès à la géographie sont ceux de Magellan, dans le seizième siècle ; de Tasman, de Lemaire et de Cook, dans le dix-septième, et de La Pérouse, dans le dix-huitième. On peut diviser les habitants de l'Océanie en deux races distinctes : les Malais et les nègres Océaniens. Ceux-ci sont tout-à-fait insociables. Leurs cheveux ne sont pas laineux comme ceux des nègres d'Afrique. Les Malais sont sortis de l'Archipel Asiatique. Il ne subsiste aucune trace historique de cette grande émigration ; mais on trouve une conformité frappante dans les cérémonies religieuses, les mœurs et les idiômes multipliés de leurs habitants. Dans les îles les plus éloignées, on a remarqué les mêmes usages, entre autres celui de se toucher le nez en forme de salut.

ILES MULGRAVES. —Cette longue chaîne d'îles se joint aux Carolines par les îles Pescadores. Elles produisent des cocos, des oranges et des choux palmistes. La race cuivrée qui les habite paraît hospitalière.

NOUVELLE-GUINÉE, ou TERRE DES PAPOUS. — Cette île, à l'est des Moluques, a été découverte par Savédra, navigateur espagnol, qui la nomma *Guinée*, parce que les habitants lui parurent ressembler à ceux de la Guinée. Ils vont presque nus, et professent un paganisme fort grossier. Le sol est d'une grande fertilité. Il y a dans l'intérieur des terres une race d'hommes qui vivent sur des arbres. L'oiseau du Paradis est particulier à la Nouvelle-Guinée.

NOUVELLE - HOLLANDE.

Quoique cette partie soit moins étendue que l'Europe , elle a reçu le nom de CONTINENT, et on l'appelle la *cinquième partie du monde*. Elle a été découverte par des Hollandais , dans le dix-septième siècle. Le capitaine Cook a découvert la côte orientale , qu'il a appellée Nouvelle-Galles.

Climat , saisons et aspect du pays. — La Nouvelle-Hollande étant située sous le tropique du Capricorne , les saisons y sont l'inverse de celles de l'Europe. L'été correspond à notre hiver , et le printemps à notre automne ; la température y est très-chaude , au mois de décembre : on a vu les forêts et les herbes prendre feu. Néanmoins, le climat est salubre. Le sol est parsemé de collines ombragées de grands arbres qui s'étendent jusque sur les côtes bordées de vastes marais. A Botany-Bay , un sol noir , gras et fertile est couvert d'une grande quantité de plantes, ce qui lui a fait donner le nom de *baie Botanique*. On y fait déjà de belles moissons , surtout dans l'île de Norfolk.

Productions végétales et animales. — La moëlle du sagou , la noix de coco , les ignames , la patate , la banane , sont les végétaux nourriciers des insulaires. Les animaux les plus remarquables sont : le kangourou , le casoar , le cygne noir , et une sorte de chiens qui n'aboient point.

Habitants , mœurs et usages. — La Nouvelle-Hollande est habitée , dit-on , par trois ou quatre races d'hommes différents. Ils sont petits, mal faits, et très-peu avancés dans la civilisation. L'huile dont ils se frottent, pour se garantir des insectes, leur fait, dans les chaleurs, exhaler une puanteur épouvantable ; ils se barbouillent le visage avec de l'argile blanche ou rouge. Leurs huttes grossières ont la forme d'un four. Elles sont construites d'écorces d'arbres : le feu est à l'entrée, ils y demeurent couchés pêle-mêle. Les femmes sont distinguées par la perte des deux premières phalanges du petit doigt de la main gauche. C'est une épreuve destinée à leur apprendre à supporter la douleur avec courage. Une tribu nombreuse a aussi le droit singulier d'arracher une dent aux jeunes gens des autres familles. Ces pauvres sauvages sont livrés à la superstition la plus grossière : ils croient à la magie, ils ont des charmes contre le tonnerre, et prétendent prédire les événements par cette sorte de météores appelés étoiles tombantes.

TOPOGRAPHIE.

Les Anglais ont fondé en 1786 la colonie de Botany-Bay, où ils déportent les malfaiteurs. *Sidney*, chef-lieu de la colonie, est à quatre lieues de Botany-Bay.

Terre de Van-Diémen.

Cette terre fut découverte en 1647, par Tasman, célèbre navigateur hollandais, qui lui donna ce nom en l'honneur de Van-Diémen, gouverneur-général des Indes-Orientales. On a reconnu tout nouvellement que c'était une île ayant la forme d'un triangle. Elle est séparée de la Nouvelle-Hollande par un détroit d'environ trente lieues de large, connu sous le nom de *Détroit de Bass*. Les habitants, doux et affables, sont peu industrieux. Quelquefois des arbres creusés, au moyen du feu, jusqu'à la hauteur de six à sept pieds, leur servent d'habitation. Ils se nourrissent d'huîtres, de homards, de crabes, qu'ils font griller : ce sont les femmes qui sont principalement chargées du soin de procurer la nourriture, de la préparer, ainsi que de presque tous les travaux.

ILES DE L'AMIRAUTÉ. — Ces îles, au nord-est de la Nouvelle-Guinée, ont peu d'étendue. Elles ont été découvertes par Carteret, navigateur anglais. Les insulaires ont la peau d'un noir peu foncé, une physionomie agréable, qui diffère peu de celle des Européens. Ils sont insociables et voleurs. Ils paraissent se nourrir de noix de cocos, qui croissent en abondance dans leur île.

NOUVELLE-IRLANDE. — Cette île a une étendue assez considérable. Elle a été reconnue par Carteret. Les habitants ressemblent à ceux de la Nouvelle-Guinée. On y trouve l'arbre à pain. Les cases des sauvages sont faites avec beaucoup d'art.

NOUVELLE-BRETAGNE. — Cette île, au sud de celles de l'Amirauté et de la Nouvelle-Irlande, fut découverte par Dampier, navigateur anglais. Les habitants ressemblent à ceux de la Nouvelle-Guinée. Elle abonde en cocotiers.

LOUISIADE. —Ces îles forment un Archipel, dont la reconnaissance entière est loin d'être complète. Elles ont été découvertes par Bougainville, navigateur français. Les habitants sont d'un noir un peu foncé, ils ont des cheveux laineux et entourés de touffes de plumes.

ILES DE SALOMON. — Ces îles, situées au sud-est de la Nouvelle-Bretagne, forment un groupe considérable. Elles ont été découvertes par Mendana, navigateur espagnol. Quelques-unes présentent un très-bel aspect. Elles produisent le giroflier, le cafier, le gingembre, l'arbre à pain et beaucoup d'arbres aromatiques. Les forêts nourrissent des serpents et des crapauds à crête sur le dos. Les habitants sont laids, mais leur physionomie est expressive.

NOUVELLES-HÉBRIDES, ou ARCHIPEL DU SAINT-ESPRIT. — Ces îles ont été découvertes par Fernandès-de-Quiros, espagnol, qui les appela *Archipel du Saint-Esprit*. Cook les visita ensuite, et leur donna le nom de *Nouvelles-Hébrides*. Elles abondent en bananiers, cannes à sucre et patates. Les habitants sont très-basanés. Une des principales îles de ce groupe est *Mallicolo*, où il paraît maintenant certain que fit naufrage M. de La Pérouse.

NOUVELLE-CALÉDONIE. — Cette île, au sud-ouest des Nouvelles-Hébrides, doit son nom au capitaine Cook, qui l'a découverte. Les habitants ont les cheveux laineux et la peau noire. Leur nourriture principale consiste en coquillages, en poissons et en racines. Ils sont anthropophages. Il est peu de peuples aussi misérables et moins industrieux.

NOUVELLE-ZÉLANDE. — La Nouvelle-Zélande, au sud-est de la Nouvelle-Calédonie, a été découverte par Tasman, navigateur hollandais, qui lui a donné le nom qu'elle porte. Elle forme deux îles séparées par un détroit. Les habitants des deux îles sont basanés. Ils sont féroces, et font griller les membres encore palpitants de leurs ennemis. Ils sont partagés en différentes peuplades. La Nouvelle-Zélande produit une espèce de lin remarquable par sa hauteur et son apparence soyeuse.

NORFOLK. — Cette île est au nord-ouest de la Nouvelle-Zélande. Les Anglais y ont établi une colonie déjà nombreuse et puissante. La végétation y est abondante. Le lin de la Zélande y vient beaucoup mieux que dans la Grande-Terre. Les habitants ont le teint brun, obscur, et les cheveux noirs. L'intérieur des chaumières offre un tableau parfait de la malpropreté de ces insulaires.

CHATHAM ET BOUNTY. — Ces îles, à l'est de la Nouvelle-Zélande, sont remarquables en ce qu'elles sont la terre la plus proche des antipodes de Paris, qui n'en sont éloignées que de 50 lieues sud-est.

ILES DES AMIS. — Ces îles, à l'est de la Nouvelle-Calédonie, ont été découvertes par Cook, qui leur a donné le nom d'*Iles des Amis*, à cause des bons traitements qu'il a reçus de ces insulaires. Leur contenance est gracieuse, leur accueil ouvert, et leur physionomie annonce la franchise et la gaieté. Ils fabriquent des étoffes lustrées, rayées, à carreaux et à divers dessins de figures. Les ouvrages qui sortent des mains des femmes sont faits avec goût et élégance. Ce peuple, si doux dans sa conduite ordinaire, est inhumain envers ses prisonniers, et les temples font frissonner d'horreur le voyageur qui y met le pied pour la première fois.

ILES DES NAVIGATEURS. — Ces îles, au nord-est de celles des Amis, ont été découvertes par Bougainville, qui leur a donné le nom d'*Iles des Navigateurs*, parce que les habitants avaient un grand nombre de pirogues. Elles ont été visitées par M. de La Pérouse, selon lui, cet Archipel est un des plus importants qu'on ait encore découvert. Les villages sont au milieu de riches vergers sans culture , les cabanes sont fort propres et ornées de colonnades grossières , couvertes de feuilles de cocotiers. Elles abondent en porcs , en chiens et en oiseaux ; on y trouve l'arbre à pain , le cocotier et l'oranger. Les bois sont peuplés de pigeons et de tourterelles , que les habitants s'amusent à apprivoiser. Tout féroces que paraissent ces insulaires , ils sont très-industrieux.

ILES DE LA SOCIÉTÉ. — Ces îles , au sud-est de celles des Navigateurs , ont été découvertes par Cook. Elles abondent en fruits , et l'on y trouve des cochons et de la volaille. Les habitants sont basanés et bien faits.

OTAITI. — Cette île , au sud-est de celles de la Société , a été découverte par Waillis , navigateur anglais , qui lui a conservé le nom que les insulaires lui donnent. Elle a mérité , par sa fertilité et son riant aspect , d'être appelée la Reine de l'Océan Pacifique. Les habitants en sont doux , hospitaliers , et remarquables par leur propreté. Ils se baignent trois fois par jour. Les Otaïtiennes ne vont jamais au soleil sans être couvertes , elles portent un petit chapeau de cannes garni de fleurs, qui défend leur visage des rayons du soleil. Les Otaïtiens sont bons et sensibles , mais légers , et passent en un moment de la douleur à la joie. L'usage de se toucher le nez en s'abordant est la forme de leur salut. Ils ont un grand nombre de divinités , et ils leur immolent , dans certaines circonstances, des victimes humaines , qui sont ordinairement des criminels ; on leur ôte la vie pendant le sommeil. Leur langage est doux et mélodieux. Le chef de la religion l'est aussi de tout l'état. Dès qu'il devient père d'un enfant mâle , la couronne passe à l'enfant , et le père n'est plus que régent.

ARCHIPEL-DANGEREUX. — Cet Archipel , à l'est des îles de la Société , offre une région singulière , vraiment dangereuse pour les navigateurs , et semée de petites îles basses , sablonneuses et entourées de récifs de corail.

ILES MARQUISES. — Ces îles , au nord-est d'Otaïti , ont été découvertes par Mendana , qui leur a donné le nom de *Marquises* , en l'honneur de Don Garcia de Mendoza , vice-roi du Pérou ; c'est pourquoi on les appelle aussi *Mendozes*. Les habitants l'emportent sur tous les autres insulaires par la régularité de leurs traits. Ils ne sont que basanés. Excepté les porcs , on n'y voit aucun quadrupède ; mais il y a de la volaille domestique , et les bois sont remplis de plusieurs espèces de beaux oiseaux.

Nouvelles Marquises ,

OU

ILES DE WASHINGTON.

Ces îles furent découvertes en 1791 , par Lemarchand. La principale est *Nukahiva*. Elle jouit d'un climat chaud et très-sain , on n'y connaît pas de maladies. Les productions ressemblent à celles des Marquises. Les habitants surpassent tous les insulaires de la mer du sud , par leur beauté et leur taille ; leur teint est presque aussi blanc que celui des Européens. Le tatouage y est porté au plus haut degré de perfection. Ils sont anthropophages , et aiment beaucoup les sortilèges.

Nouveau-Shetland Austral.

Cette nouvelle Terre a été découverte en 1819, par le capitaine Smith. Sa position au passage du Cap Horn, et dans une mer riche en baleines, la rend importante, et le port, que le capitaine Smith a nommé *Shireff*, peut devenir extrêmement utile aux Anglais.

FIN.

TABLE DES MATIÈRES.

FIN DE LA TABLE.